Unger, Theodor (Hg.)

Hannover 1882

Ein Führer durch die Stadt und ihre Bauten

AF142911

EUROPÄISCHER
HOCH
SCHUL
VERLAG

Unger, Theodor (Hg.)

Hannover 1882

Ein Führer durch die Stadt und ihre Bauten

ISBN: 978-3-86741-493-7

Auflage: 1
Erscheinungsjahr: 2011
Erscheinungsorte: Bremen, Deutschland

Bei diesem Titel handelt es sich um den Nachdruck eines historischen, lange vergriffenen Buches aus dem Klindworth's Verlag (1882). Da elektronische Druckvorlagen für diese Titel nicht existieren, musste auf alte Vorlagen zurückgegriffen werden. Hieraus zwangsläufig resultierende Qualitätsverluste bitten wir zu entschuldigen.

Unger, Theodor (Hg.)

Hannover 1882

Ein Führer durch die Stadt und ihre Bauten

Hannover.

Führer

durch die

Stadt

und ihre

Bauten.

Kohn.

Vorwort.

Zwei Jahrzehnte sind verflossen, seitdem die deutschen Architekten und Ingenieure als Gäste in der Königlichen Residenzstadt Hannover weilten. Hannovers Grenzen haben in diesem Zeitraume wiederum erheblich sich erweitert; sein Reichthum an Bauten, welche künstlerisches oder technisches Interesse in Anspruch nehmen, ist abermals aufserordentlich vermehrt worden.

Für den hannoverschen Architekten- und Ingenieur-Verein geziemt es sich daher wohl, den wiederkehrenden Fachgenossen Rechenschaft abzulegen von der kräftigen baulichen Entwicklung, welche in der Heimstadt unter seinen Augen sich vollzog.

Wenn nun der Weg solcher Rechenschaftsablagen durch die von Seiten der vormaligen Verbands-Vororte, namentlich von Berlin und Dresden veranlafste Herausgabe umfangreicher und stattlicher Werke gewissermafsen vorgezeichnet war, so hat der hannoversche Verein es doch nicht unternehmen mögen, diesem Wege zu folgen, vielmehr ein sehr viel beschränkteres Programm für die diesmalige Publikation aufgestellt.

Die vorliegende kleine Schrift erscheint nach diesem Programme nur als bescheiden ausgestatteter «Führer» mit dem wesentlich praktischen Zwecke, den Hannover besuchenden Technikern in anspruchsloser, gedrängter und bequemer Form zu bieten, was zur Vorbereitung auf den Besuch der Stadt, zur direkten Benutzung bei der Besich-

tigung ihrer Bauten und günstigen Falles zur Rück-
erinnerung, sowie zum gelegentlichen Nachschlagen
dienen kann. Demgemäfs ist die Schrift in wenige
Abschnitte zerlegt, von denen der erste neben dem
Hauptplane eine tabellarische Zusammenstellung
und Charakteristik der hervorragenderen Bauanlagen enthält, die übrigen allgemeine Ueberblicke
über die geschichtliche und architektonische Entwicklung der Stadt gewähren, bezw. ihre wichtigsten
neueren Ingenieurbauten und industriellen Anlagen
etwas eingehender beschreiben.

Wesentlich bestimmend für solche Beschränkung
war unter anderen Rücksichten der Umstand, dafs
die seit 1852 bestehende Vereins-Zeitschrift fort-
dauernd auch die Bauthätigkeit in der Stadt
Hannover durch Text und Bild verfolgt hat und
ausführliche Beschreibungen vieler ihrer Bauanlagen
bereits enthält. Die ‹Zeitschrift des Architekten-
und Ingenieur-Vereins zu Hannover› hat daher
auch diesem Führer das beste Material geliefert,
und es ist in seinem Texte bei den von ihr bereits
veröffentlichten Bauobjekten auf die betreffenden
Jahrgänge verwiesen. Daneben haben die nachfolgend verzeichneten Werke als Literatur bei der
Bearbeitung, namentlich des geschichtlichen Theiles,
gedient:

1. H. Wilh. H. Mithoff: Archiv für Niedersachsens
   Kunstgeschichte.   Abth. I.
2. Desselben: Kunstdenkmale und Alterthümer
   im Hannoverschen.   Bd. I.
3. Grupen: Origines et Antiquitates Hano-
   verenses.
4. R. v. Hartmann: Geschichte der Residenzstadt
   Hannover.
5. Adrefsbuch, Stadt- und Geschäfts-Handbuch
   der K. Residenzstadt Hannover 1882.

Den kurz gefaſsten textlichen Uebersichten sind zahlreiche, auf phototypischem Wege (Aetzung photographischer Uebertragung des Originals auf Zink) hergestellte Skizzen eingefügt, welche vielleicht geeignet sein werden, ebensowohl den Hauptzweck der Schrift — die Führung — zu erleichtern, als dem jungen Verfahren der Reproduktion von Originalzeichnungen neue Freunde zu gewinnen. Neben den von Seiten des Herrn Verlegers beschafften lithographischen Beilagen sind sodann einige Holzschnitte aus anderen Werken verwandt worden, für welche die Clichés von den betreffenden Herrn Verlegern bereitwilligst zur Verfügung gestellt wurden, gleichwie die Benutzung einiger anderer Abbildungen zur phototypischen Uebertragung freundlichst gestattet ist.

Noch erübrigt, den Herrn Fachgenossen, welche durch gütige Mittheilung von Zeichnungen und Notizen das kleine Werk unterstützten, sowie den Herrn Ingenieuren, welche die Redaktion seiner ingenieur-wissenschaftlichen Theile freundlichst besorgten, den Dank des Unterzeichneten abzustatten, gleichzeitig aber wegen der — in einer solchen Schrift nicht immer zu umgehenden — kritischen Bemerkungen allseitige freundliche Aufnahme zu erbitten.

Hannover, im Juli 1882.

Theodor Unger.

Inhalts-Verzeichniſs.

Anhang. Geschäftsanzeigen.

Illustrationen-Verzeichnifs.

Lithographien.

Holzschnitte.

Phototypien.

Kurze

Beschreibung und Charakteristik

der Stadt,

ihrer Bauten und Umgebungen.

Die den Baubeschreibungen vorgedruckten laufenden Nummern und Buchstaben dienen zur Benutzung des beigefügten Stadtplanes.

Topographisches und Statistisches.

Die Königliche Residenzstadt Hannover liegt auf der Grenze des deutschen Mittelgebirgs- und Küsten-Flachlandes, nördlich nahe den letzten vorgeschobenen Erhebungen des Deistergebirges und Hildesheimer Waldes (Lindener Berg, 44 m über dem Ihmespiegel, Benther-, Tönjes- und Kronsberg) unter 52° 22' nördl. Br., 27° 24' östl. L. und 58 m üb. M.

Der von S. nach NW. sich wendende, schnelle und nur abwärts zur Aller und Weser für kleinere Bockschiffe zu befahrende *Leinefluſs* trennt die am nord-östlichen Ufer angebaute *Altstadt* von der (Calenberger-) *Neustadt*, und ein mittels Wehres („*Schneller Graben*") vor Hannover in ein Nebenflüſschen (Ricklinger Beeke) abgeleiteter Leine-Arm, die *Ihme*, scheidet diese Neustadt von dem Vororte *Linden*.

Die Altstadt wird in engerem Kreise von den, zu breiten und verkehrsreichen Straſsen umgestalteten, alten Wällen östl. und südl. in weitem Bogen von einem 603 ha bedeckenden Walde, der *„Eilenriede"*, umzogen, deren Anziehungskraft eine rasche Bebauung der angrenzenden neueren (Ernst-August-, Marien-, Tivoli- u. a.) Stadttheile, und zwar vorzugsweise mit Wohnhäusern und Villen gefördert hat. Der Handel ist dabei von der Altstadt mehr nach den nächstgelegenen östlichen Theilen vorgeschoben, während der Fabrikenbau zumeist längs des unteren Laufes der Ihme in der Glocksee und in Linden sich ausgebreitet hat.

Die Leine durchflieſst oberhalb und unterhalb der kaum 1 km langen höheren bebaueten Ufer breite Wiesenstrecken, welche als ‹Aegidien-*Masch*› im S. und ‹Steinthor-*Masch*› im NW. keilförmig in das Weichbild der Stadt sich einschieben. An die letztgenannte schlieſsen sich nördlich die ausgedehnten und herrlichen *Georgs-, *Welfen- und **Herrenhäuser *Gärten* an.

Die groſsen Verkehrsstraſsen *Berlin-Köln* und *Hamburg-Frankfurt a. M.*, welche sich in Hannover treffen und hier, bezw. in der Nähe Abzweigungen nach Braunschweig-Magdeburg, Hildesheim, Altenbeken (Deister und Wesergebiet), Bremen und den Nordseehäfen aufnehmen, haben Hannover zu einem wichtigen Knotenpunkte der *Eisenbahnen* gemacht, die auf vielfach durchschnittenem Damm das innere Stadtgebiet östlich und parallel der Leine durchziehen und deren **Personen-Bahnhof am Ernst-August-Platze gelegen ist. Der letztere und der *Marktplatz der Altstadt bilden die neuerdings durch breite Straſsen verbundenen Centren der Stadt. Die alten Mauern und Thore sind bis auf äuſserst geringfügige Reste verschwunden. Dagegen hat die Altstadt noch ihren mittelalterlichen Charakter zumeist behalten, während die neueren Theile weite Bebauung und vielseitige, zum Theil originelle Ausbildung der Architektur aufweisen. Die neueste *Eintheilung* grenzt 4 Gebiete, nämlich das *innere* und *äuſsere Stadtgebiet*, den *Vorort*

Linden und den *Königl. Schlofs- und Garten-Bezirk* von einander ab. Aufserdem bildet die dem Herzog von Cumberland verbliebene Besitzung Herrenhausen einen besonderen *Gutsbezirk*.

Durch seine günstige Lage und seine geschichtliche Bedeutung als herzoglich calenbergische und kurfürstlich hannoversche Residenz bis 1714, als königliche Residenz von 1837 bis 1866 und seitdem als preussische Provinzial-Hauptstadt ist Hannover zum Sitze bedeutender politischer, militärischer und Verkehrs-Behörden, sowie sehr zahlreicher Institute, Stiftungen, Vereine u. s. w. geworden. Eine Grofshandelsstadt ist Hannover nicht, dagegen besitzt es zahlreiche und zum gröfsten Theile bis in die jüngste Zeit prosperirende Fabriken und gewerbliche Anlagen. Seine *Einwohnerzahl* hat namentlich seit der Trennung des Königreichs von England im Jahre 1837 in starker Progression zugenommen. Dieselbe betrug

im Jahre 1822: 25 000 einschl. Lindens,
  „   „   1842: 39 000   „   „
  „   „   1862: 72 000   „   „
  „   „   1882: 148 000   „   „

In der letzten Zahl sind Einwohner Lindens: 23 000.

Die Zahl der *Wohnhäuser* betrug am 1. Dec. 1880 8252, wovon 6867 im Stadtgebiete gelegen sind.

Hannover sieht einer neuen Periode des Aufschwunges von Handel und Industrie dann entgegen, wenn die seit 1860 geplante grofse West-Ost-Wasserstrafse des *Rhein-Weser-Elbe-Kanales*, der auf 60 km westlich und 105 km östlich von der Stadt schleusenfrei und mit grofsen Hafenanlagen unmittelbar bei Hannover und Linden projektirt ist, zur Ausführung kommt.

2. Kirchen.

1. ***Marktkirche.** (S. S. Georgii et Jacobi.) Backsteinbau, roth mit dunklen Glasuren durchsetzt. Gothische dreischiffige Hallenkirche ohne Querschiffe mit hohem Satteldache in mächtigen Verhältnissen und einfachen norddeutschen Formen. Grundrifs mit 2 m starken gemauerten Rundpfeilern und 3 unter sich verbundenen, zu je 7 Seiten des Zehnecks sich erweiternden Chorschlüssen. Aeufserst schmale Rundstab-Dienste, birnenförmige Rippen und Gurten zwischen den Kreuzgewölben aus Backstein. Gewölbhöhe 19,57 m. Viergiebliger, massiger Thurm mit verkümmerter Dachreiter-Spitze 95,5 m hoch. *Restaurirt.* Glasmalereien von 1340 und nach Krelings Entwürfen vom Glasmaler Horn. Gothisches, messingenes Taufgefäfs, vorreformatorischer Kirchenschatz, Epitaphien und Grabsteine. Zweiflügeliger Altarschrein aus dem 15. Jahrh., jetzt im Welfenmuseum (s. Seite 8).

D 5.

Marktplatz.
1349—59.

1702.
† Stadtbaum. **Droste.**
1852—55.

Aeufseres der Kirche für norddeutsche
Backstein-Kirchen charakteristisch. Inneres imposant, aber durch Putzüberzug und
überladene Holzeinbauten bei der Restauration vielfach geschädigt. Backstein-
mafswerke der Fenster entfernt.

2. **Aegidienkirche.** Hausteinbau. Gothische drei-
D 6. schiffige Hallenkirche ohne Querschiff mit
polygonalem Chorschlufs am Mittelschiff,
Giebeldächer-Kranz um Seitenschiffe und
Chor, sowie Renaissance-Thurm. Aeufseres
gut erhalten und *restaurirt.* Inneres durch
frühere Restauration entstellt, namentlich
Pfeiler und Gewölbe beseitigt. Spätgothi-
sches Taufgefäfs aus Messing.

Breitestr.
1347.

1703.
Baurath **Hase.**
1874.
† Ober-Hof-Bau-Dir.
Laves.
1825.

3. **Kreuzkirche.** Hausteinbau. Gothisches Schiff
D 5. mit polygonalem Chorschluss, jüngeren gothischen Backstein-Anbauten und *Renais-
sance-Thurmhelm. Gothisches bronzenes
Taufgefäfs.

Knochenhauerstr.
1333.
1496.
Bürger **Duve.**
1654.
1400.

4. **Nikolai-Kapelle,** jetzt englische Kirche. Hau-
D 3. steinbau. Gothischer polygonaler Chor.
Schiff *renovirt.* Malerische Friedhofska-
pelle.

Nikolaistr.
1334.
1742.

*Die übrigen Kirchen des 17. und 18. Jahr-
hunderts ohne architektonischen Werth.*

5. *Die katholische St. Clemenskirche,* ein Cen-
C 5. tralbau.

Bäckerstr. 29.
1710—18.

Königl. Schlofskapelle s. Schlösser (Seite 26).

6. ****Christuskirche.** Stiftung Königs Georg V.
C 2. Gemischter Bau von rothem Backstein
mit weifsem Deister-Sandstein. Gothische
dreischiffige Hallenkirche mit Emporen in
den Querschiffen und Kapellenkranz am polygonalen Chor. Giebel über allen Gewölb-
jochen der Seiten- und Querschiffe, des
Chors und der Kapellen. Thurm mit offener
Vorhalle und massivem Helm von farbigen
Glasuren mit Sandstein-Rippen über dem
ersten Joch des Mittelschiffes, 73 m hoch.
Inneres in Backstein mit geputzten Wand-
und Gewölbflächen. Altar von Marmor mit
vergoldetem Bronze-Aufsatz. Hölzerne
Kanzel und bronzener Taufkessel. Glas-
und Wandmalereien. 1100 Sitzplätze. Baukosten 480000 ℳ. Aeufseres bei nur 62 m
Länge gedrungen, das Innere reich und
stilistisch streng durchgearbeitet.

Klagesmarkt.
Baurath **Hase.**
1859 – 64.
Zeitschr. d. Arch.- u.
Ing.-Ver. 1864, S. 408,
1867, S. 358 m. Abb.

Maler **Welter,** Köln.

7. ***Apostel-Kirche.** In Ausführung begriffen.
F 2. Backsteinbau, roth ohne Glasuren; am
Aeufsern alle Wasserschläge mit unglasirten
Klinkern, im Innern die Flächen mit gelben

Cellerstr. 41.
Baurath **Hase.**
1880—83.

Backsteinen verblendet. Kleine gothische dreischiffige Emporenkirche mit Strebesystem, niedrigen Querschiffen und polygonalem Chor. Thurm mit Vorhalle und massivem Helm. 800 Sitzplätze. Baukosten nach Anschlag 100000 ℳ. Im Aeußeren und Inneren prinzipiell durchgebildeter Backsteinbau.

8. *Dreifaltigkeitskirche. In Ausführung begriffen. Backsteinbau, roth mit schwarzen Glasuren, im Innern Säulen von Deister-Sandstein und verputzte Wand- und Gewölbflächen. Gothische dreischiffige Emporenkirche mit Strebesystem und polygonalen Chor- und Querschiffarmen im W. Thurm im O. mit Vorhalle und massivem Helm von glasirten Backsteinen. Sakristei westl. vor dem Chore. 798 Sitzplätze. Baukosten nach Anschlag 160000 ℳ.
F 3.

Bödekerstr. 88.
Architekt Hehl.
1880 - 83.
Zeitschr. d. Arch.- u. Ing.-Ver. 1882, S. 16.

9. Martins-Kirche, älterer Theil ohne architektonischen Werth.
Thurmhelm in farbigen Backsteinen 53 m hoch.
A 6.

Linden, Kirchstr.
1727.
Baurath Hase.
1853—55.
Not.-Bl. d. A - u. I.-V. 1853/54, S. 237, m. Abb.

10. Godehardi-Kirche, kathol., nach rheinischer Schablone in rothen Backsteinen mit Maßwerken von Alfelder rothem Sandstein.
A 7.

Linden.
1875.

11. Zions-Kirche. Kleiner Backsteinbau, roth mit farblosen Glasuren. Thurmhelm von unglasirten Klinkern.
B 7.

Linden.
Baurath Hase.
1878 - 81.

12. **Synagoge. Gelbe Backsteine mit viel rothen Sollinger- und weißen Deister-Sandsteinen. Dreischiffiger Centralbau mit achteckiger, 12 m weiter und 32 m hoher Kuppel, im Uebergangsstile. Im Osten und in den Querschiffen Giebel mit Rosen, im Westen schöne Vorhalle und 2 schlanke Treppen-Thürme mit Schornsteinen. Frauen-Emporen mit 450 Plätzen in den Seiten- und Querschiffen. Außerdem Vorsynagoge, Sitzungszimmer, Garderoben u. s. w. *Im Aeußeren und Inneren höchst stilvolle Formen-Ausbildung und prächtige Farbenvertheilung.* Reichste Ausstattung an inneren Bauten (al memmor unter der Kuppel, Kanzel vor der östl. Apsis mit dem Allerheiligsten) in Sandstein und Holz, Geräthen in Bronze und Schmiedeeisen, Glasmalereien u. s. w. in stilistisch-einheitlicher Durchführung. 1100 Sitzplätze. Grundfläche 850 qm.
C 5.

Bergstr.
† Baurath Oppler.
1864 - 70.

3. Denkmale.

An und in den vorbezeichneten älteren Kirchen finden sich zahlreiche alte Denksteine. Von hervorragenderem Interesse:

D 6. *Stein an der Aegidienkirche*, wahrscheinlich zum Andenken an sieben, von Herzog Heinrich dem Aelteren von Braunschweig hingerichtete Bürger, die den Döhrener Thurm (Wachte) vertheidigten.
Breitestr.
1490.

C 5. *Platte* über Leibniz' Grab in der St. Johanniskirche mit der Aufschrift «Ossa Leibnitii».
Neustädter Markt.
1716.

13. **Leibniz-Monument.** Jonischer Rundtempel von 12 Säulen mit Kolossalbüste in carrarischem Marmor.
C 6.
Waterlooplatz.
† Hofrath Kamberg
u. † Bildh. Hewetson, Rom.
1790.

14. ***Waterloo-Säule**, am Ende des gleichnamigen Exerzierplatzes, 64,7 m hoch, von weifsem Sandstein auf Postament mit Inschriften der bei Waterloo gefallenen Hannoveraner und mit 8 erbeuteten Kanonen. Im Innern Wendeltreppe von 188 Stufen, auf der Spitze 6,3 m hohe, in Kupfer getriebene Victoria.
C 6.
Waterlooplatz.
† Ober-Hof-Bau-Dir. Laves.
1826—32.

† Bildh. Hengst.

15. **General von Alten**, vor dem Archive. Schöne stehende Bronze-Figur auf Postament von Marmor.
C 6.
Friederikenplatz.
† Bildh. Kümmel, Rom.
1849.

16. ***König Ernst August**, vor dem Personen-Bahnhofe. Fein gearbeitete, wenig bewegte Reiterfigur von (7500 kg) Bronze auf rothem Granit-Sockel.
E 4.
Ernst-August-Pl.
† Bildh. Wolff. Berlin.
1859—60.

17. **Schiller**, vor dem Lyceum. Mantelfigur in Bronze.
E 6.
Georgsplatz.
Prof. Engelhard.
1863.

18. ***Marschner**, vor dem Kgl. Theater. Schönes Standbild auf edel gezeichnetem Sandstein-Postament mit 2 reizvollen sitzenden Figuren der lyrischen und dramatischen Musik in Bronze.
E 5.
Georgstr.
Bildh. Hartzer, Berl.
1877.

19. ***Bödeker** (Pastor), neben der Marktkirche. Lebenswahres Bronze-Standbild auf gothischem Unterbau von weifsem Sandstein mit Becken und Reliefs.
D 5.
Schmiedestr.
Bildh. Dopmeyer.
1880.

20. **Kriegerdenkmal**, vor der Eilenriede. Im Bau. Nach dem preisgekrönten Konkurrenz-Modell mächtiger Säulen-Aufbau von polirtem Granit mit Inschriften der 1870-71 gefallenen Krieger der Provinz, Trophäen und schönen Figuren in Bronze. Die *Hannovera mit Siegeskranz über einem Gruftportal und 2 *Löwen auf den Stufen; die Germania, von 2 Genien gekrönt, auf der Spitze. Anschlagssumme 100 000 ℳ.
F 4.
Königstr.
Bildh. Voltz, Karlsruhe.
1875—83.

E 5. *Standbilder* von Direktor Karmarsch, General-Stabsarzt Stromeyer u. A. sollen nach einem neueren Projekte mit dem alten Leibniz-Monument auf dem *Theaterplatz* aufgestellt werden, um diesen zu einem *Ehren-Forum* zu gestalten.

Baurath **Köhler.**
1881.
Zeitschr. d. Arch.- u. Ing.-Ver. 1882. S. 315, m. Abb.

Schöne Denkmäler von Karl Devrient, Maler Edm. Koken, *Hof-Kapellmstr. C. L. Fischer, Baurath Droste u. A. auf dem Engesohder Friedhofe.

Alte Döhrenerstr.
Baurath **Köhler.**
1874.
Bildh. **Täger,**
Medailleur **Brehmer.**
1877.

E 6. *Historisch* bemerkenswerthe Denksteine von
C 3. Charlotte Kestner (Werther's Lotte) auf
D 3. dem Garten-, andere auf dem Neustädter und Nikolai-Kirchhofe. *Gedenktafeln* an den Geburtshäusern der Gebrüder Schlegel, Böhmer's, Hölty's, Iffland's u. s. w.

Marienstr.
Langelaube.
Nikolaistr.

21. **Markt-Brunnen**, vor dem alten Rathhause,
D 5. Stiftung von Bürgern zum Andenken an dessen Restauration. Gothischer Aufbau mit Blumen- und Fischverkäuferinnen über dem Becken in Bronze-Guß.

Marktplatz.
Baurath **Hase.**
1881.

---

4. Gebäude für Sammlungen und Vereine.

22. **Königliches Archiv.** Einfaches Gebäude der
C 6. Spät-Renaissance mit werthvoller Königlicher Bibliothek von 175 000 Bänden, 3000 Handschriften, Leibniz' und Anderer handschriftlichem Nachlasse; von Leibniz bis 1716 verwaltet.

Am Archive 1.
1719.

Die sequestrirten *Kunstsammlungen des Herzogs von Cumberland*, nämlich:
1. *Antike Skulpturen*,
2. **Vormals Hausmann'sche Gemälde* älterer Schulen,
3. ***Historische Porträts*,
4. *Welfen-Museum mit namentlich kunstgewerblichen Alterthümern und
5. ***Bilder älterer und neuerer Meister*, sind sämmtlich höchst werthvoll, aber zerstreut und in Wohnhäusern, bezw. ungünstigen Räumen gegenwärtig aufbewahrt.

Herrenhausen 6.
    „   *2.*
    „   *6.*
    „   *4.*
Landschaftstr. 3.

Kunst-Sammlung des Privat. Herm. Kestner.
Druck- und kunstgewerbliche Sammlung des Senators Culemann.

23. ***Museum für Kunst und Wissenschaft.**
E 5. Romanischer Bau von verschiedenfarbigem Backstein und Mehler Sandstein, enthält die Räume des Künstler-, des Architekten- und Ingenieur-Vereins, des Kunst- und des

Sophienstr. 2.
Baurath **Hase.**
1853—55.
Zeitschr. d. Arch.- u. Ing.-Ver. 1859. S. 227, m. Abb.

naturhistorischen Vereins, sowie die nicht unbedeutenden Skulpturen- und öffentlichen Kunst-Sammlungen, ferner die permanente Gemälde-Ausstellung, die ethnographischen, historischen und naturhistorischen Sammlungen. Die Façade, *welche in der sorgsamen Durchbildung und Ausführung im Material die Anfänge der Architektur Hannoverscher Schule charakterisirt*, enthält gute Standbilder von Dürer, Vischer, Leibniz und Humboldt in Sandstein und auf den Wangen der Freitreppe 2, den kapitolinischen in Rom nachgebildete Löwen von Granit. Die Lauben sind für (noch unausgeführte) Fresken bestimmt. Die Räume des Künstlervereins (350 Mitglieder) im Erdgeschosse stilvoll dekorirt.

Professor **Engelhard** Bildhauer **Dopmeyer.** 1870.

† Bildh. v. **Bandel** u. Maler **Belsner.**

24. **Gewerbevereinshaus,** früher Wohnhaus des
C4. Bankiers Simon. Hausteinbau aus Deister-Sandstein in neu-romanischen Formen. Gute kunstgewerbliche Sammlung, Bibliothek und permanente Gewerbeausstellung. Kunstgewerbliche Lehranstalt.

Brühlstr. 1. † Hof-Baumeister **Tramm.** 1858—59.

25. **Evangelisches Vereinshaus.** Backsteinbau,
E6. gelb mit blauen, bereits stark zerstörten Glasuren. Façade gesucht mittelalterlich. Oberer Saal kirchlich, mit Holzgewölbe.

Prinzenstr. 12. Bau-Insp. **Hotzen.** 1873.

26. **Turnhalle** des Turnklubs. Kräftige gothische
E7. Architektur in rothen Backsteinen mit farbigen Glasuren. An der Façade offener Erker und an der Seite kleiner Treppenthurm. Die Halle in Backstein- und Holz-Architektur ausgeführt und bemalt.

Maschstr. 3. Architekten **Hauers** und **Schultz.** 1866.

5. Theater, Konzerthäuser, Gasthöfe und Gärten.

27. ** **Königliches Theater.** Gröfstentheils Hau-
E5. steinbau von Deister-Sandstein in antiker Renaissance. Der vierhöfige Grundrifs bildet ein Rechteck von 82 m Breite und 55,5 m Tiefe aufser vorderer Einfahrtshalle und Vestibülbau von 29 m Br. und 17,5 T., sowie Hinterbühnenbau von 8,8 m T. und Freitreppe an der Rückseite. Der Bau enthält die Bühne von 28,6 m Br., 33,3 m T. und 25 m H. (32 m einschl. Maschinenkeller), das Logenhaus von 17,5 m H. mit 5 Gallerien für 18(X) (—2000) Zuschauer, ferner einen *Konzertsaal* von 32,7 × 12,3 m für 760 Zuhörer, fürstliche Räume mit be-

Theaterplatz 17. † Ober-Hof-Bau-Dir. **Laves** u Ober-Hof-Baurath **Molthan.** 1845—52. Ztschr. d. A.- u. I.-V. 18⁵⁵/₅₄ S. 497, m. Grdr.

sonderer Zufahrt, Garderoben, Probesäle und Magazine für Geräthe und Mobiliar. (Ein Dekorations-Magazin befindet sich aufserhalb.) Das Vestibül führt zn dem schönen 29 m l. und 5,8 m br. Foyer des 1. Ranges und einem solchen von gleicher Br. und 47 m L., an welches sich je 2 massive und gewölbte Aufgänge zu allen übrigen Stockwerken anschliefsen. Die Treppen haben originelle und raumersparende Führung, aber ausnahmslos ungleiche Schwungstufen ohne Podeste. Feuersichere Trennungen zwischen Logenhaus u. Bühne, sowie zwischen Logen und Logengängen fehlten bislang. Decken und Dach in Holzkonstruktion (Laves'sche Träger). *Die Gruppirung des Aeufseren mit Staffeln und vielen Standbildern an der Vorderseite bei herrlicher Lage imposant.* Das Logenhaus (mit Deckengemälden und schön konzipirtem *Vorhange*) sowie die Gänge und Garderoben, sind gegenwärtig wegen Sicherung gegen Feuersgefahr und Erneuerung der Dekoration *in Umbau begriffen.* Anschlagssumme dafür pptr. 150000 ℳ.

Maler Kreling.
† Hofmaler Ramberg.
H.-B.-Cond. Frühling.
1882.

28. **Residenztheater.** Freundliches Logenhaus in
D 6. Renaissance-Architektur fafst 1374 Plätze.
Umbau des vormaligen Thaliasaales.

Marktstr. 47.
Architekt Goetze.
1879.
Ober-Hof-Baurath Molthan.

29. **Stadttheater.** *Umbau einer Hälfte der Reit-*
D 4. *bahn* am ehemaligen Königl. Marstalle.
Aeufseres einfacher Putzbau. Inneres in
Renaissance-Formen hübsch ausgestattet.

Reuterstr. 10.
Arch. Wallbrecht.
1877.

30. **Konzerthaus** in der anderen Hälfte der vor-
C 4. genannten *Reitbahn,* fafst 1800 Personen
in 2 verbundenen Sälen von einfacher Renaissance-Dekoration.

Am Marstalle 7.
Arch. Wallbrecht.
1878.

Die *Hôtels* gegenüber dem Personen-Bahnhofe sind sämmtlich Putzbauten. Davon

31. **Rheinischer Hof,** in gut durchgeführten ro-
E 4. manischen Formen, früher Privathaus und
erster Bau des Baumeisters in Hannover.

Ernst-Aug.-Pl. 7.
Baurath Hase.
1850—51.
Zeitschr. d. A.- u. I.-V.
1855 u S. 382, m. Abb.

32. **Hôtel Hartmann,** in Uebergangsformen, mit
E 4. gewölbtem, in gothischer Dekoration und
Mobiliar gut ausgestatteten *Biertunnel* im
Erdgeschosse.

Ernst-Aug.-Pl. 8.
Baurath Hase.
1858.

33. ***Continental-Hôtel.*** Umbau der *ehemaligen*
D 5. *polytechnischen Schule* in Putz und florentinischer Palast-Renaissance unter Aufsetzung zweier Stockwerke. Schönes glasgedecktes Vestibül; gute Ausstattung im Speisesaal und in den Zimmern.

Georgstr. 14.
Architekt Heine.
1881.
† Kriegs-Baumeister Ebeling.
1834—1837.
Zeitschr. d. A.- u. I.-V.
1857, S. 54,135, m. Abb.

Weinstuben:

34. *Walhalla.** Schöner romanischer Saal, leider
E 5. durch spätere Holzeinbauten verändert.
Windmühlenstr. 4.
Architekt Goetze.
1860.

35. *Drei Männer.** Holzbau von gutem Grund-
E 4. risse und gothischen Formen, mit flott ge-
malten Landschaftsbildern.
Luisenstr. 10 b.
Architekt Goetze.
1878.

Restaurationen:

36. **Winter.** Romanischer Bau. Saal mit Holz-
E 7. gewölbe.
Hildesheimerstr.
Reg.-u.BaurathRasch.
1858.

37. **Tonhalle.** Gothischer Backsteinbau.
F 4.
Hinüberstr.
Architekt Schultz.
1869.

38. **Kasten.** Halle mit Logen und Saal in Holz-
E 5. konstruktion.
Theaterplatz 8.
Architekt Goetze.
1860.

39. **Börse.** Gothisch durchgeführt. Oben Säle
D 5. vom Stadt-Baumstr. Droste.
Seilwinderstr. 6A.
Architekt Hehl.
1874.

40. **Rabe.** Saal in guter Renaissance.
E 6.
Aegidienplatz.
Architekt Heine.
1876.

41. **Münchener Bierhalle.** Gothisch durchge-
E 4. führt.
Luisenstr. 5.
Architekt Heine.
1880.

42. **Königshalle.** Renaissancebau mit Spiegelsaal.
E 5.
Königstr. 1.
Architekt Goetze.
1877.

Cafés:

43. **Robby.** Pavillon von gutem Grundrisse.
E 5.
Theaterplatz 16B.
Architekt Goetze.
1869.

44. **Wiener-.** Putzbau in reicher Renaissance.
E 6.
Georgsplatz.
Arch. Brockmann.
1875.

Konzert-Gärten:

45. *Tivoli.** Schöne Anlage mit Terrassen,
F 5. Springbrunnen, Holzbauten, Grotten im
Eisenbahndamm, ausgedehnten und effekt-
vollen Illuminations-Anlagen u. s. w.
Königstr. 1.
Architekt Goetze.
1860—78.

46. **Odeon.** Baumreicher Garten mit Gipsbauten in
D 3. römischer Architektur, Säulengängen u. s. w.
und dem 1200 Personen fassenden älteren
Königssaale.
Vorderhaus in Greppiner Steinen und
Renaissance-Formen.
Nikolaistr. 10.
† Baurath Oppler.
1865.
Architekt Hehl.
1878.

47. **Parkhaus** bei Herrenhausen. Konzertsaal mit
A 1. Holzdecke und schmiedeeisernen Kron-
leuchtern.
Nienburgerstr.
Architekten
Ludolf & Heussner.
1874.

48. ***Zoologischer Garten** in der Eilenriede. Originelle, malerische und dabei *stilvolle Anlage* mit zahlreichen, in Form und Material charakteristischen Einzelbauten gothischer Architektur.

Thiergartenstr.
† Architekt **Lüer**.
1863—69.

F 4.

Eingangsbau in Back- und Sandstein und

Architekt **Bösser**.
1870.

Elephantenhaus in Sandstein, beide stilentsprechend ausgeführt.

Stdtb.-Insp. **Wilsdorff**.
1881.

49. ***Aquarium.** Origineller gothischer Portalbau in Sand- und Grottensteinen mit freitragender Treppe. Im Innern Halle aus Grottensteinen gewölbt.

Hinüberstr. 16.
† Architekt **Lüer**.
1865.

F 5.

50. ***Palmengarten.** Schöne Anlage von Cement-Grotten mit Lauben in Schmiedeeisen, Kaskaden zwischen Wasser-Gewächsen, Schlingpflanzen und guten Palmen in der ehemaligen Wagenhalle, mit Glasdach in Eisenkonstruktion. Beleuchtung durch 6 elektrische Lampen, Brush-System.

Goethestr. 15.
Architekt **Goetze**.
1881.

C 4.

† Hof-Baumeister **Tramm**.
1856—58.

---

6. Justiz- und Verwaltungsgebäude.

51. **Justizgebäude,** hinter dem Personen-Bahnhofe. Hausteinbau von Nesselberger weifsem Sandstein in florentinischer Renaissance und von sehr ausgedehntem E-Grundrifs, enthält sämmtliche Gerichte, welche bisher in vielen älteren Gebäuden zerstreut waren.

Hallerstr. 1.
Ministerial-Entwurf.
(Bau-Insp. **Runge**.)
1880—82.
Zeitschr. d. A.- u. I·V.
18·2 S. 326, m. Grundr.

E 4.

52. **Altes Schwurgerichtsgebäude.** Romanischer Bau von rothen Back- und weifsen Sandsteinen. Schmale Façade.

Georgsplatz 3.
Geh. Regier. Rath
Hunaeus.
1853.

E 6.

53. **Königliches Zellengefängnifs.** Rother Backsteinbau in derben Formen und +-Grundrifs. Eingangsbau, Verwaltungs- und drei Zellenflügel für 274 Männer und 17 Frauen mit Kirche, Schule und Krankenstation für 13 Betten. Zellen 3,8 m lang, 2,3 m breit, 2,9 m hoch, in 3 Geschossen durch Gallerien verbunden. Luftheizung mit Pulsion und Ventilation.

Leonhardtstr. 1.
Int.-Baurath **Schuster**
1865—75.

E 3.

54. ****Königliche Finanz-Direktion.** Früher Ministerial-Gebäude, an der Leine und drei Strafsen. Hausteinbau von gelblichem Osterwalder Sandstein in schöner romanischer Stildurchbildung und reicher vortrefflicher Ausführung. Klare Grundrifs-Disposition, schönes Treppenhaus und gut ausgestatteter Sitzungssaal. Baukosten des neuesten nördl. Theiles 461,20 ℳ pro qm. (Pfahlrost.)

Archivstr. 2.
Geh. Regier.-Rath
Hunaeus.
1845 (Am Archiv).
1866 (Archivstr.).
1879 (Calenbergerstr.).

C 5.

55. **Provinzial-Ständehaus,** gegenüber der So- *Schiffgraben 5.*
E 5. phienstraße. Weißer Nesselberger Sand- Arch. **Wallbrecht.**
stein mit wenig gelblichem (Laubaner) **1879—81.**
Backstein in den Flächen. Klarer zwei- Z. itschr d. Arch.- u.
höfiger Grundriß im Rechteck von 62 m Br. Ing.-V. 1881, S. 367 u.
und 30 m T. mit Vestibül; oben Festsäle 537, mit Abbild.
im Mittelrisalit der Vorderseite, Registratur
und Sitzungssaal mit Oberlicht im Vorbau
der Rückseite, Treppenhaus mit umgeben-
den Korridoren im Mitteltrakt, Büreau-
räumen im Erdgeschofs und im nördl., Wohnung des Landes-Direktors im südl. 1. Obergeschofs. Die dreigeschossigen Façaden von
markvollen *bestgelungenen Verhältnissen*
in italienischer Renaissance und vortrefflich
in der Ausführung. Vorn kräftiger Giebel-
bau mit Unterfahrt, Zwickelfiguren (Ge- Bildh. **Dopmeyer.**
schichte und Poesie) und 2 Reliefs (Gewerbe „ **Narten.**
und Landwirthschaft, beschützt von Han-
novera, bezw. Kunst und Wissenschaft von „ **Engelhard.**
Germania) ferner 7 Landschaftswappen im „ **Hartzer,**
Friese in Sandstein. Inneres im Treppen- Berlin.
hause, Fest- und Sitzungssälen in schönen
Verhältnissen und Formen gezeichnet, theilweise auch gut ausgemalt.

56. **Calenberg · Grubenhagensche Landschaft.** *Theaterplatz 2.*
E 5. Sandsteinfaçade und innere Dekoration in † Kriegs-Baumstr.
englisch-gothischen Formen mit Zinnen- **Ebeling.**
bekrönungen und sehr flachem Schiefer- **1846.**
dache, würdigen Charakters, aber schwer-
fällig und vielfach unkonstruktiv.

57. **Vereinigte Landschaftliche Brandkasse.** Ge- *Landschaftstr. 2.*
E 5. mischter Bau von gelben und rothen Back- † Arch. **Simon.**
steinen und wenig weißen Sandsteinen in **1868.**
gothischer Architektur.

58. **Landes-Kredit-Anstalt.** Romanischer Bau in *Herrenstr. 4.*
D 3. rothen Backsteinen mit Sandstein-Einfas- Baurath **Pape.**
sungen. **1860.**

59. **Altes Rathhaus.** Backsteinbau, dunkelroth *Marktplatz.*
D 5. mit schwarzen Glasuren durchsetzt. Zwei- 1435 (Marktstr.).
geschossig mit sehr unsymmetrischen Ach- 1455 (Marktplatz).
sen der gekuppelten Fenster. Hohes Sattel- 1480 (Spritzen-
dach in Ziegeln mit 2 grofsen und zahlreichen haus, Marktstr.).
kleinen Erkergiebeln, die aus stark profi- Zeitschr. d. Arch.- u.
lirten Pfeilern mit glasirten Bekrönungen Ing.-Ver. 1877, S. 547.
und schmiedeeisernen Wimpeln, sowie aus
Flächen mit Backstein-Ornamenten oder
Figuren im Relief gebildet sind. Die beiden
Geschosse werden durch Gurtgesims mit
reich ornamentirtem und höchst stilvoll gezeichneten Friese von 0,70 m Höhe getrennt.
Alle Theile, auch die Ornamente und Figuren, sind aus Backsteinen gleichmässigen
grofsen Formates gebildet. Laube am alten

«Kaak» (Pranger) am Giebel der Köbelingerstrafse, jetzt Zugang zum Keller.
*Im äufseren Aufbau und der strengen
Durchführung in Material, Form wie
Technik charakteristisches Beispiel mittelalterlicher Backstein-Profanbauten und
als solches Muster für den neueren
Backsteinbau hannoverscher Schule.* Im
Innern ist aufser dem gewölbten Raths-
keller und einigen Räumen im Erdgeschosse
nicht viel Ursprüngliches erhalten.

Nach langen Kämpfen gegen eine Ab-
bruchs-Partei in pietätvollster Weise aufsen
ergänzt und nach überkommenen Nachrichten im Innern eingerichtet. Dabei fast
alle Räume *in stilechtester und phantasie-
vollster Weise ausgemalt,* namentlich das
alte «Dantzhus» am Marktplatze, welches
**Bilder aus stadthannoverscher Geschichte
auf Leinen an den Wänden und prächtig
charakterisirte heraldische Figuren (Flüsse,
Meere, Städte des Hansabundes) an dem
hölzernen Kleeblattgewölbe erhielt, sowie
der *Rathsweinkeller, der auf Wand und
Gewölbe in launig-poetischer Weise das
zechende Mittelalter in Wein- und Rosen-
laub verflicht. — Gesammtkosten der Restauration 210 000 ℳ. — Zukünftig soll das
Haus nur ein städtisches Archiv, Spritzenhaus und einige Büreaus im Erdgeschofs,
sowie Sitzungszimmer des Bürgervorsteher-
Kollegiums im Obergeschofs aufnehmen,
im Uebrigen festlichen städtischen Versammlungen dienen.

Baurath **Hase.**
1878—82.

Maler Herm. **Schaper**

60. **Rathhaus-Flügel,** Stadtbauamt. Gemischter
D 5. Bau im venetianischen Pallaststile an Stelle
des leider abgebrochenen schönen Apothe-
kenflügels (dessen reiche Façade deutscher
Renaissance in Sandstein und Holz aus dem
Jahre 1566 stammte).

Köbelingerstr. 59.
† Stadt-Baumeister
Andreae.
1845—50.

61. **Neues Rathhaus.** Aelterer Putzbau ohne ar-
D 6. chitektonischen Werth, ursprünglich Wohnhaus der Grafen von Wangenheim und bis
1862 Residenz des Königs Georg V.

Friedrichstr. 17.

---

7. Militärbauten.

62. **Königliches Zeughaus.** Kastellartiger Sand-
C 6. stein- und Putzbau in florentinischen Architekturformen mit Zinnen. Daneben ältere
Kasernen, Artilleriedepots und *Kriegs-
schule* (bis 1866 Kadettenanstalt).

Waterlooplatz 6.
† **Stremme.**
† Kriegs-Baumstr.
Ebeling.
1849.

63. **Hauptwache.** Romanischer zweithoriger Bau *Marktstr. 58.*
D 5. in rothen Backsteinen mit Sandstein und †Stadtbaum.**Andreæ.**
Majoliken-Fries, jetzt zu Passage und Woh- 1848.
nungen umgebaut. Arch. **Wallbrecht.**
1882.

64. **Königliches Militärkrankenhaus.** Langge- *Adolfstr. 8 u. 9.*
B 6. streckter Backsteinbau, roth mit weifsem † Kriegs-Baum.
Sandstein in romanischer Architektur, mit **Ebeling** u. Geh. Reg.-
Krankenzimmern von 10, 5 und 4 Betten. Rath **Hunæus.**
Gegenüber das *Hülfskrankenhaus*, ur- 1846—56.
sprünglich Bekleidungsmagazin. Geh. Regier.-Rath
Hunæus.
1859.
Zeitschr. d. Arch.- u.
Ing.-V. 1859, S. 21, 24,
m. Abb.

65. *****Königliche Welfen-Kasernen.** Dreitheiliger, *Welfenplatz 1—4.*
E 2. imposanter, romanischer Bau von rothen Geh Rath **Jüngst.**
Backsteinen und wenig weifsem Sandsteinen. 1858 — 60.
Pro Mann 7,5 cbm Wohn- und 12,5 cbm Zeitschr. d. Arch.- u.
Schlafraum. Exerzierhaus von 29,2 m Br. Ing.-Ver. 1865, S 467,
und 58,4 m L. mit freier eiserner Dachkon- m. Abb.
struktion.

66. **Königliche Bult-Kaserne.** Rother Backstein- *Seelhorst 15.*
F 4. bau mit Glasuren und weifsem Sandstein in Int.-Baurath **Schuster**
theils spätgothischen Formen. u. Bau-Insp. **Habbe.**
1876—78.

67. *****Königliches Militär-Reitinstitut** vor Vah- *Vor Vahrenw. 24.*
E 1. renwald. Dienstwohnungsgebäude, Offizier- Int.-Baurath **Schuster**
Speiseanstalt, 6 Reitbahnen, Kasernen, u. Arch. **Wallbrecht.**
Stallungen (für 400 Pferde), in rothem Back- 1875—76.
stein und Nesselberger Sandstein. Einfache, Zeitschr. d. Arch.- u.
aber gute Renaissance. Platz 63837 qm, Ing.-Ver. 1878, S. 309,
Platz- und Baukosten 2521288 *M.* m. Abb.

68. **Königliches Proviantamt.** Fourage-Magazine *Misburgerd. 12D.*
F 6. und Feldbäckerei des X. Armeekorps. Back- Int.-Baurath **Schuster**
öfen liefern 550 Bröde à 3 kg per Tag und u. Bau-Insp. **Habbe.**
Ofen. Aeufseres rothe Backsteine und Gla- (1872) 1875—77.
suren. Zeitschr. d. Arch.- u.
Ing.-Ver. 1879, S. 315.

69. **Königliche Intendantur.** Gemischter gothi- *Calenbergerstr. 1.*
C 5. scher Bau in Greppiner Backsteinen und Int.-Baurath **Schuster**
Nesselberger Sandstein, mit Thurm-Aus- u. Bau-Insp. **Habbe.**
bildung einer Ecke und Portal mit Erker 1876—78.
und Balkon.

70. **Königliche Militär-Waschanstalt.** Back- *Gneisenaustr.*
F 4. steinbau. Int.-Baurath **Schuster**
u. Bau-Insp. **Habbe.**
1879—81.
Zeitschr. d. Arch.- u.
Ing.-Ver. 1882, S. 158.

8. Lehranstalten.

71. *Lyceum I. Romanischer Bau aus rothem
E 6. Backstein und viel weifsem (Deister) Sandstein. Vortrefflich disponirter E-Grundrifs
mit Stadt-Bibliothek ·und Aula im Mitteltrakt, Gymnasium im linken, Realgymnasium im rechten Theile und zwei einge-
schlossenen Spielhöfen. An der dreigeschossigen und wenig gruppirten Hauptfaçade offene Halle mit derben Pfeilerbün-
deln und Kreuzgewölben. — Baukosten
393000 ℳ oder 181,50 ℳ pr. qm.

Georgsplatz 13.
† Stadtbaum. **Droste.**
1850—54.
Zeitschr. d. Arch.- u.
Ing.-Ver. 1855, S. 155,
m. Abb.

72. Lyceum II,
C 4.

73. Höhere Bürgerschule I,
C 4.

74. Höhere Töchterschule I,
E 7.

75. Stadt-Töchterschule I,
E 7.

sämmtlich ähn-
liche romanische
Bauten, in Mate-
rial- und Formen-
ausbildung wenig
abweichend. Die
Sandstein-Ver-
wendung häufig
mehr dekorativ, als
konstruktiv.

Cleverthor 4.
1854—56.
Cleverthor 3.
1866.
Am Graben 9.
1870.
Aegidiendamm 4.
1871.
† Stadtbaum. **Droste.**

76. Königliche Hebammenlehranstalt. Schöner
E 7. zweigeschossiger Bau romanischen Stils in
gelbem Back- und weifsem Deister-Sandstein. Pr. Bett 35 cbm Raum. Central-
wasserheizung mit Ventilation durch Pulsion. Baukosten 149160 ℳ oder 163 ℳ
pr. qm.

Meterstr. 28.
Geb. Ober-Baurath
Funk, Reg.- u.Baurath
Rasch.
1862—63.
Zeitschr. d. Arch.- u
Ing.Ver. 1864, S. 293,
m. Abb., 1865, S. 247.

77. Israelitische Schule. Gothischer, gut durch-
C 4. geführter Backsteinbau von rothen Ziegeln
mit braunen Glasuren.

Lützowstr. 3.
† Baurath **Oppler.**
1875.

78. Königliche Thierarzneischule. Aeltere An-
C 4. lage mit einfachen Bauten. Neues zweistöckiges *Verwaltungsgebäude* in griechischen Formen von rothem Back- und Nesselberger Sandstein. 211 ℳ pr. qm Baukosten.

Cleverthor 2.
Ministerial-Entwurf
(Baurath **Pape**).
1876—77.

79. *Leibniz-Realschule. Dreigeschossiger Back-
E 3. steinbau, roth mit farbigen Glasuren und
weifsem Sandstein-Thurmbau mit Vorhalle,
oben Aula auf spitzer Ecke. Baukosten
bei 1523 qm 414477 ℳ oder 14 ℳ pr.
cbm, Eckbau mit Treppenhaus: 310,66 ℳ
pr. qm., Flügel: 266,18 ℳ pr. qm. — Gute
Material-Zusammenstellung und konstruktive Formen-Ausbildung gothischen Stils.

Alte Celler Heer-
strasse 1.
(†Stadtbaum. **Droste.**)
Stadt-Bau-Inspektor
Wildorff.
1876 78.
Zeitschr. d. Arch.- u.
Ing.-Ver. 1879, S. 511,
m. Abb.

80. *Königliche Technische Hochschule, vormals
B 2. unvollendetes *Welfenschlofs* an Stelle des
alten Schlosses «Monbrillant». Gröfstentheils Hausteinbau von weifsem Deister-

Welfengarten 1.
† Hof-Baumst. **Tramm**
und Reg.-Baurath
Heldberg.
1857—66.

Grundrisse

der

Technischen Hochschule.

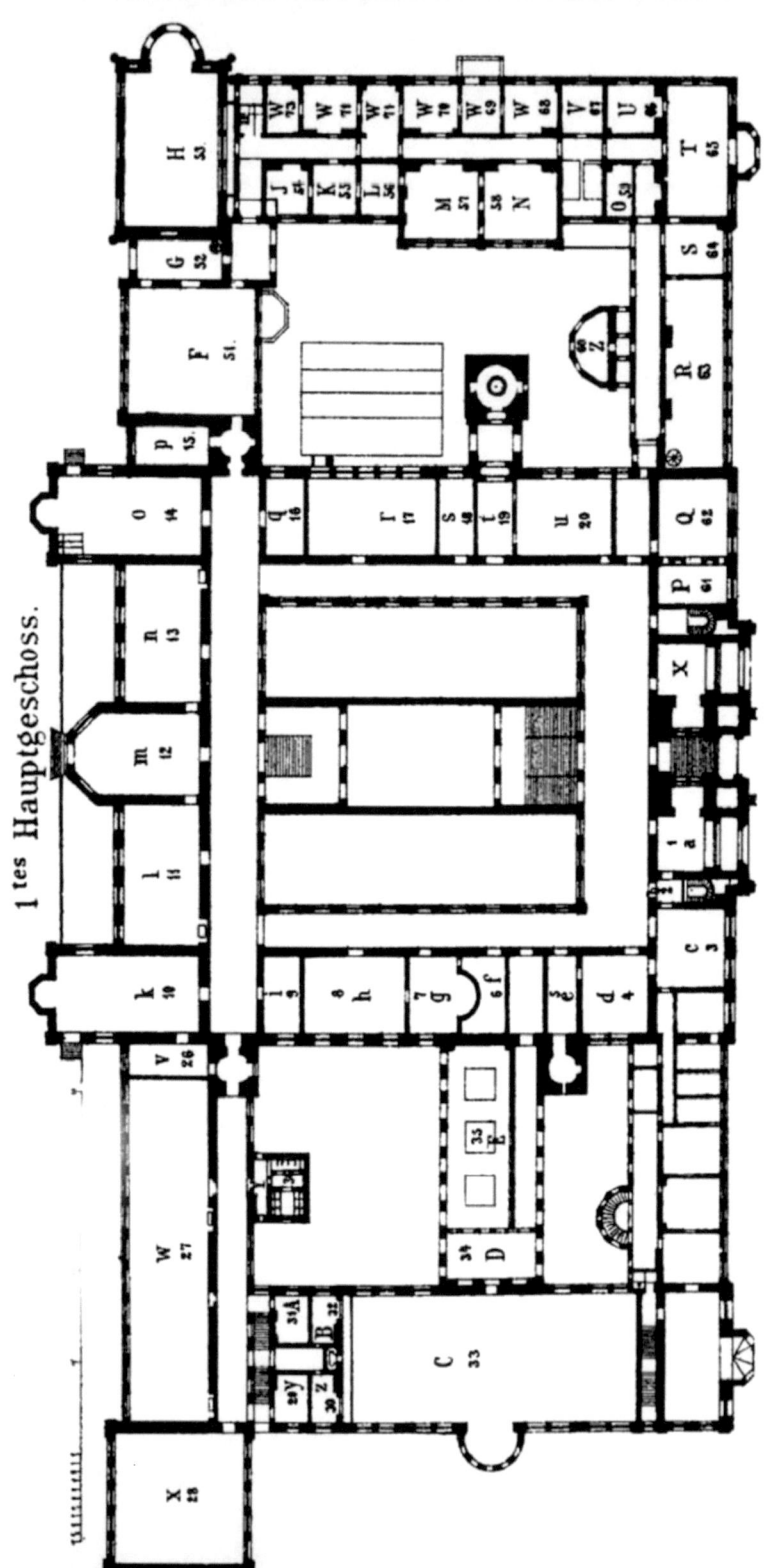

1tes Hauptgeschoss.

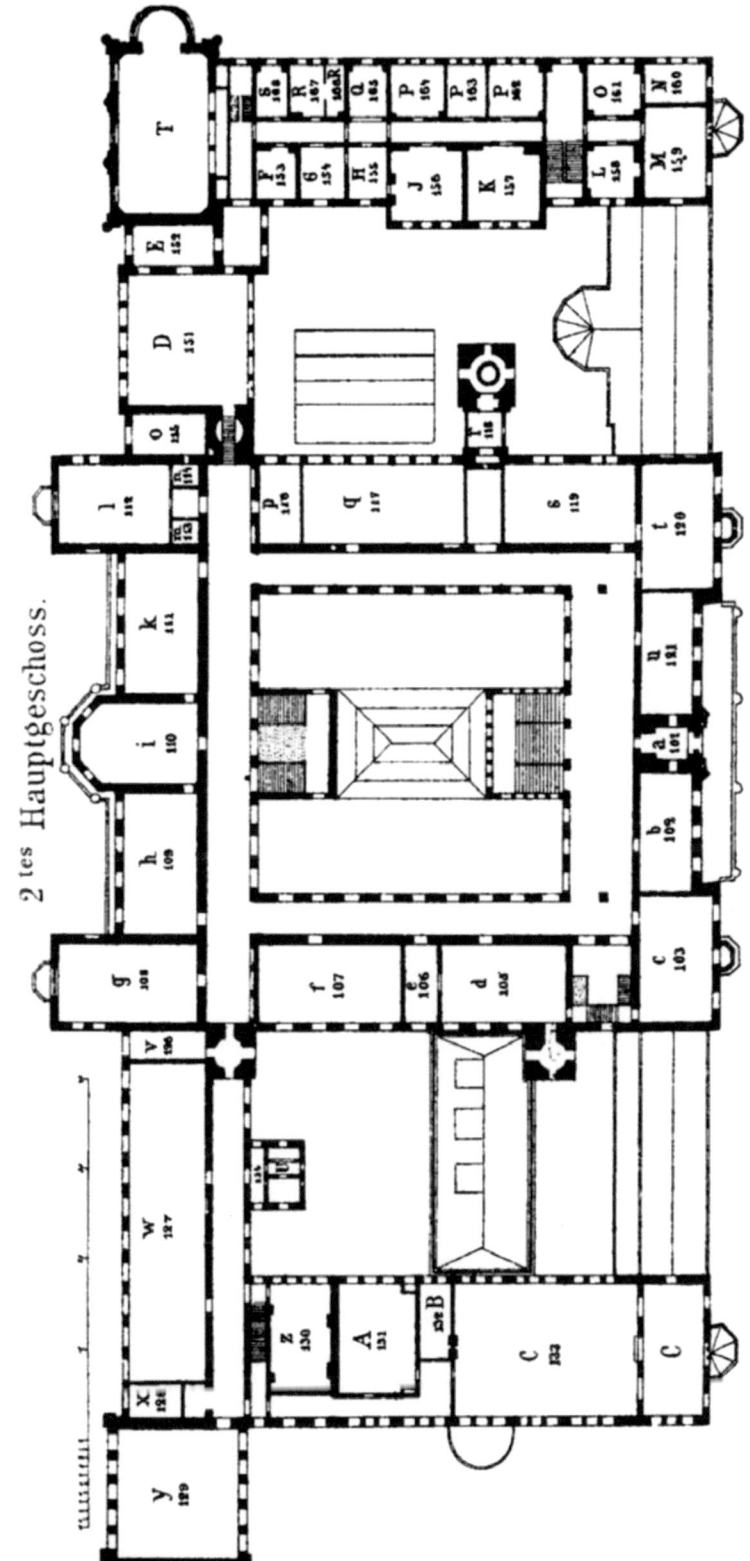

2 tes Hauptgeschoss.

Legende zum ersten Geschofs.

a. Pedellenzimmer.
b. Vorzimmer.
c. Geschäftszimmer des Rektors.
d. Geschäftszimmer des Sekretärs.
e. Dienerzimmer.
f. Garderobe für die Lehrer.
g. Lehrerzimmer.
h. Sitzungszimmer.
i. Akademischer Verein.
k. Sammlung für die Ingenieurfächer.
l. m. n. Zeichensäle der Ingenieurfächer.
o. Restauration.
p. Professorzimmer.
q. Professorzimmer.
r. Hörsaal.

s. Zimmer des Hausmeisters.
t. u. Sammlung für Zoologie u. Botanik.
v. Professorzimmer.
w. Zeichensaal für die Ingenieurfächer.
x. Hörsaal.
y. z. Professorzimmer.
A. B. Professorzimmer.
C. Bibliothek.
D. Zimmer des Bibliothekars.
E. Lesezimmer.
F. Grosser Hörsaal für Physik.
G. Vorbereitungszimmer für Physik.
H. Aula.
I. K. L. Physikalische Sammlung.

M. Vorbereitungszimmer u. Sammlung f. Physik.
N. Kleiner Hörsaal für Physik.
O. Gasanalysen.
P. Vorbereitungszimmer.
Q. Hörsaal für analytische Chemie.
R. Chemisches Praktikum.
S. Raum für gemeinschaftliche Operationen.
T. Chemisches Praktikum.
U. Bibliothek. Waagezimmer.
V. Instrumentenzimmer.
W. Physikalisches Arbeitszimmer.
X. Zimmer des Pförtners.
Y. Aborte.
Z. Schwefelwasserstoffraum.

Legende zum zweiten Geschofs.

a. Professorzimmer.
b. Sammlung für Mineralogie.
c. Hörsaal.
d. Sammlung für Geognosie.
e. Laboratorium f. Geognosie u. Mineralogie.
f. Hörsaal.
g. Gypssammlung.
h. i. k. Zeichensäle für Baukunst III.
l. Hör- u. Zeichensaal für Baukunst IV.
m. Schulraum.
n. Vorzimmer.
o. p. Professorzimmer.
q. Zeichensaal.
r. Professorzimmer.

s. Sammlung für mathematische Instrumente.
t. Hörsaal.
u. Sammlung für Mineralogie.
v. Professorzimmer.
w. Zeichensaal für Baukunst II.
x. Professorzimmer.
y. Hörsaal.
z. Sammlung für Baukonstr.-Modelle.
A. Hörsaal.
B. Professorzimmer.
C. Sammlung für Technologie.
D. Grosser Hörsaal für Chemie.
E. Vorbereitungszimmer für Chemie.
F. Laboratorium für Assistenten.

G. Sammlung für chemische Präparate.
H. Vorbereitungszimmer.
J. Hörsaal für reine und technische Chemie.
K. Sammlung für chemische Präparate.
L. Instrumentenzimmer.
M. Privatlaboratorium für Chemie.
N. Nebenzimmer.
O. Professorzimmer.
P. Modellsammlung.
Q. Zimmer.
R. Wohnung eines Assistenten.
S. Laborantenzimmer.
T. Aula.
U. Aborte.

Sandstein in reich detaillirten, dem Baumeister eigenthümlichen neu-romanischen,
der Renaissance genäherten Formen. Ursprünglich nur als *Sommer-Residenz* vor
dem schönen Welfengarten im dreigeschossigen Mittelbau projektirt, der einen qua-
dratischen, selbstständig in Eisenkonstruktion und Glas gedeckten, zu Festlichkeiten
und Vestibül bestimmten Hof umschloß
und von 5, nicht ganz symmetrisch gestellten Thürmen umgeben war. Dabei vorn
die königlichen, zu den Seiten Dienstzimmer
und hinter dem Hofe Treppen und Audienz-
säle angeordnet. Alsdann während des
Baues zur *Winter-Residenz* erweitert, wodurch ein nicht sehr klarer, durch uner-
füllbare Ansprüche vielfach beeinflußter
E-Grundriß entstanden, der im linken
Flügel weitere Wohnräume und Grünhaus,
im rechten Diensträume und Kapelle enthielt. Hierdurch wurde die im Winkel von
35° zur Herrenhäuser Allee gelegene
Hauptfaçade sehr lang gestreckt, aber
durch markirte Höhenunterschiede, Balkons, Erker u. s. w. gruppirt. Die Gartenseite mit Balkon, Skulpturen, Terrassen und
Freitreppen reich ausgestattet und malerisch gestaltet. Die Architektur weniger
genial, als von hoher Noblesse und feiner
Detaillirung. Die Ausführung in schönem
Material vorzüglich. Das Aeußere war
seit 1866 nahezu fertig, das Innere indessen
nur bis zur Einsetzung der Fenster ge-
diehen, als das Gebäude nach neunjähriger
Unterbrechung der Bauarbeiten im Jahre
1875 zur Aufnahme der technischen Hochschule bestimmt wurde.

Bei den umfangreichen Abänderungs-
arbeiten konnte die Vorderseite bis auf
Einfügung einer Freitreppe im wesentlichen erhalten werden, die schöne Rückseite hat indessen durch zahlreiche, in Stil
und Material abweichende An- und Ein-
bauten vielfache Schädigungen und Ein-
bußen erlitten. Der Mittelhof enthält jetzt
massiven Verbindungsbau mit Treppenhaus
und schöner Halle am Podest. Darin der
*Edda-Fries und Büsten. Die Kapelle wurde
Aula, der linke Flügel Bibliothek, und die
seitlichen Höfe nach der Gartenseite sind
mit wenig harmonischen Bauten für größere
Zeichnen- und Hörsäle abgeschlossen. Die
jetzige Grundrißanordnung und Vertheilung
der Räume wird dahingegen von den Pro-

Geh. Regier.-Rath **Hunaeus.** 1875—79. Zeitschr. d. Arch.- u. Ing.-Ver. 1879, S. 349, 1880, S. 19, m. Abb.

Bildh. **Engelhard.**

fessoren als zweckmäfsig bezeichnet. Ko-
sten des gesammten Umbaues 2 200 000 M.
Dampf-Luftheizung in Verbindung mit
Ventilation mit Dampfbetrieb (5 Kessel).
Vorzüglich ausgestattetes chemisches *La-
boratorium und physikalisches Kabinet, *Bi-
bliothek von 140000 Bänden und reiche
*Sammlungen von Modellen, Instrumenten,
Apparaten, Werkzeugen, Vorlagen, Gypsen,
sowie Thieren, Pflanzen und Mineralien.

81. **Höhere Töchterschule II**, neben der Christus- *An der Christusk.*
C 2. kirche. Rother Backstein mit farblosen   Stadt-Bau-Inspektor
Glasuren und konstruktiv verwandtem Sand-   **Wilsdorff.**
stein gothischen Stils.   1879—82.

82. **Königliches Kaiser-Wilhelms-Gymnasium,**   *Leonhardtstr.*
F 4. nahe dem Zellengefängnisse und Justiz-   Ministerial-Entwurf
gebäude. Terrakottenbau mit wenig Sand-   (Baurath **Pape.**)
stein in Renaissance-Formen. Luftheizung   1879—81.
von Reinhardt in Würzburg. Baukosten: Zeitschr. d. Arch.- u.
23,20 M pr. qm der Façaden excl. Oeff-   Ing.-V. 1879, S. 154.
nungen, 300 M pr. qm Grundfläche und
16,23 M pr. cbm Raum.

83. **Schullehrer-Seminar,** dem vorigen gegenüber.   *Am Volgersweg.*
F 4. Aehnlicher Terrakottenbau. Aula mit Ko-   Desgl.
pieen Schwind'scher Kompositionen.

---

9. Sanitäre Bauanlagen.

84. **Königliches Medizinal-Kollegium** (Anatomie).   *Lavesstr. 20.*
F 6. Rother Backstein mit Nesselberger Sand-   Arch. **Wallbrecht**
stein. Gediegene Renaissance-Formen.   (u. Arch. **Schreiterer.**)
1877.

85. **Henriettenstift.** Stiftung der Königin Marie.   *Misburgerd. 4.*
F 6. Krankenhaus zur Ausbildung von evange-   † Hofbaumst. **Tramm.**
lischen Diakonissen. Einfacher romanischer   1860.
Bau von gelben Backsteinen mit geputzten
Lisenen.

86. **Allgemeines Krankenhaus** in Linden, mit *Ricklingerstr. 62.*
B 6. 180 Betten. Aelterer Putzbau.   † Stadt-Baumeister
Andreae.
1833.

Neues Krankenhaus, projektirt.   *Bischofsholerd.*
Stdtb.-Insp. **Wilsdorff**
1881.

87. **Friederikenstift.** Einfacher gothischer Back- *Am Friederikenst.*
C 5. steinbau mit Giebelausbildung, roth mit   Arch. **Wegener.**
Glasuren.   1875—77.

88. **Leichenhaus** mit Arkaden auf dem *Engesohder* *Alte Döhrenerstr.*
Friedhofe. Langgestreckter Backsteinbau   † Stadtbaum. **Droste.**
mit verputzten Flächen in orientalisch-ro-   1864.

manischer Architektur. Neuere Einfrie- Stdtb.-Insp.Wilsdorff.
digungsbauten in reinem Backsteinbau go- 1880.
thischen Stils.

89. **Leichenhaus** auf dem *Friedhofe an der* *Strangriede.*
B 1. *Strangriede*, ähnlich. † Stadtbaum. Droste.
1866.

90. **Leichenhaus** auf dem *israelitischen Friedhofe.* *Strangriede.*
C 1. Gut dekorirter Backsteinbau gothischer Ar- † Baurath Oppler.
chitektur. 1866.

Entbindungsanstalt s. *Hebammenlehranstalt.*

91. **Badeanstalt** an der Masch. Gemischter Bau *Friedrichstr. 18.*
D 6. von gelbem Back- und Deister-Sandstein in † Arch. Gerstlag.
guter Renaissance mit vortrefflicher Grund- 1865.
rifsanlage und Dekoration der Schwimm-
hallen, Dampf- und römischen Bäder.

92. **Stadt-Wasserkunst.** Dieselbe entnimmt das *Friederiken-*
D 6. Wasser dem Leineflufs mittels unterschläch- *platz 2 u. 4.*
tiger Wasserräder und zweier an der Klick- Maschinen-Direktor
und Brückmühle gelegenen Pumpwerken Kirchweger.
mit zwei einfach wirkenden Pumpen von 1848 u. 1863.
0,29 m Kolbenweite und treibt dasselbe in
eisernen Röhren von 15,24 cm Weite 117
grofsen, 111 kleinen Pfosten, 126 Noth-
brunnen und 6 Fontänen in den Strafsen,
sowie ca. 150 Häusern zu Zwecken der
Gossenspülung, Feuerlöschung u. s. w. zu.

93. ***Neue Wasserwerke.*** Das Quellwasser wird Stadt-Baurath Berg.
A 7. den rasch sich ersetzenden Grundwasser- Ingenieur Hemme.
strömungen vom Gebirge nach der Leine 1876—78.
in mächtiger Kiesschicht des Leinethales bei Zeitschr. d. Arch.- u.
Ricklingen in Sammelröhren und Brunnen Ing.-V. 1877, S. 398,
aufgefangen, durch Dampfpumpen und zwei 1880 Seite 189, 321,
Röhren in ein zweitheiliges Hochreservoir 493, m. Abb.
auf dem Lindener Berge getrieben und von
da in zwei Hauptröhren, die einerseits nordöstlich in die Fischerstr., andrerseits süd-
östlich durch die Masch in die Aegidienstr.
führen und in der Georgstr. sich vereinigen,
durch natürlichen Druck der Stadt zuge-
führt. — Die Hochbauten sind sämmtlich Stadt-Bau-Inspektor
in rothen Backsteinen mit Glasuren, vor- Wilsdorff.
trefflich in der Gruppirung, Detaillirung
und Ausführung hergestellt. Besonders das
*Hochreservoir zählt zu den besten Back-
steinbauten Hannovers.

94. **Kanalisation.** Die Entwässerung der Strafsen
und Abführung der Spüljauche geschieht
bislang durch ein wenig einheitliches und der
Ausdehnung der Stadt nicht entsprechendes
Netz besteigbarer Kanäle, die von kleineren
Wasserzügen (Wolfs- und Schiffgraben) und
der Leine, zum Theil auch der Wasser-

leitung gespeist werden und unterhalb der Goethebrücke in die Leine münden.

Seit einigen Jahren werden die ferneren Anschlüsse in Uebereinstimmung mit einem großen **Kanalisirungs-Projekte** gelegt. — Die Ausführung dieses Projektes, welches zu 4850000 ℳ veranschlagt ist, bedarf noch der Genehmigung und Entscheidung über die Frage, in wie weit die Leine zukünftig zur Abführung benutzt werden darf, sowie der Regelung der Abfuhrfrage.

Stadt-Baurath Berg.
1878.
Zeitschr. d. Arch. u. Ing.-V. 1878, S. 145.

Die Entleerung der Latrinen darf gegenwärtig durch Spülung in die Kanäle nur unter Anwendung gewisser Desinfektionssysteme, durch Abfuhr nur auf pneumatischem Wege und versuchsweise mittels Desinfektion durch Torfstreu geschehen.

Die Abführung der Spüljauche durch Privatsiele im Anschluß an die alten Kanäle ist für einen großen Theil der Häuser schon jetzt obligatorisch.

95. *Central-Schlacht- und Viehhof.* Eigenthum der Fleischer-Innung, wird unter stadtseitiger Kontrole betrieben. — Die große Anlage besteht aus einem Viehhofe und Schlachthofe mit Börse, Hôtel, Direktions- und vier Beamtenwohnhäusern, Stallungen, Schlachthäusern, Wasserthurm, Kühlhaus, Maschinenhaus, Albumin-Fabrik, Talgschmelze, Kutteleien u. s. w. Sämmtliche Hochbauten von rothen Backsteinen in solider Konstruktion und splendider Ausstattung. Die Wände und Fußböden der Stallungen und Schlachthäuser mit Mettlacher Steinen und Fliesen belegt, die Gewölbe und Dächer meist in Eisenkonstruktionen. Nach der Inbetriebsetzung am 1. Oktober 1881 ist das Schlachten in der Stadt verboten und die Einführung und Feilbietung auswärts geschlachteten Fleisches strenger Kontrole unterworfen.

Misburgerdamm.
Architekt Hecht.
1877—81.

---

10. Straßen, Plätze, Brücken, etc.

Die Bebauung der rasch gewachsenen Stadt ist bisher vielfach ohne Bauplan oder nach wenig einheitlich festgelegten Partial-Bauplänen erfolgt. Durch die letzteren sind nachfolgende an sich bedeutsame, bezw. schöne Platzanlagen und Straßenzüge geschaffen.

96. **Friedrichstrafse,** Lindenallee und Anlagen
D 6. auf dem Walle vor der Masch mit dem
Deistergebirge als Aussichtspunkt. Da-
neben:

1787.

97. **Friederiken- und *Waterlooplatz** mit dem
C 6. Residenzschlosse als Basis und der Water-
loosäule als Endpunkt, Adolfstrafse und
Schützenallee als seitlichen Abzweigungen.
Waterloo-Exerzierplatz, bei 395 m L. und
130 m Br., 935 m Umfang.

† Ober-Hof-Bau-Dir.
Laves.
1825.

98. ****Ernst-August-Stadt.** *Platzreiche Anlage
von grofsartigen Verhältnissen und ebenso
schöner, als richtiger Strafsenführung.* Als
Ausgangspunkte dienten einerseits der die
Altstadt östl. begrenzende Wall und Bastionen, welche zur zweitheiligen *Georgstrafse,* dem gleichnamigen rechteckigen
Platze und dem dreieckigen *Theaterplatze*
mit Sophien-, Theater- und Luisenstrafse
umgestaltet wurden, sowie andrerseits der
Bahnhof, auf dessen Basis der polygonale
Ernst-August-Platz mit dem Centrum des
Reiterdenkmals und fünf Radialstrafsen geschaffen ist. Im weiteren Anschlusse an
dies Strafsennetz sind der Aegidienplatz
und die zur Eilenriede führende Königstrafse in Verlängerung der Theaterstrafse
später angelegt.

† Ober-Hof-Bau-Dir.
Laves.
1834—44.

99. ***Goethe- und Humboldtstrafse** sind als Fortsetzung der Georgstrafse auf den nördl. und
westl. Wällen mit Alleen angelegt. Sie
schneiden sich in einem polygonalen Platze,
der Verbindungen nach der Glocksee und
Linden, sowie nach der Neustadt aufnimmt.

1867—72.

Die *Bebauungspläne* zu beiden Seiten des
Engelbostelerdammes, sowie der *Hildesheimerstrafse* bieten wenig Abwechslung in
fast ausschließlich rechteckigen Häuser-
quartieren.

1874—76.

100. ***Karmarsch- und Grupenstrafse** bilden eine
D 5. bis dahin fehlende grofse Verkehrs-Verbin-
dung zwischen der Alt- und Ernst-August-
Stadt vom Markte nach der Bahnhofstrafse.
Projekte sind aufgestellt über eine gleiche
fortlaufende *Verbindung der Altstadt mit
Linden* und über eine Weiterführung der
Humboldtstrafse über die Stadt-Masch zum
Aegidienplatz, womit eine *Ringstrafse* her-
gestellt und Linden mit den südl. Stadt-
theilen verbunden würde.

Arch. Wallbrecht.
1879—82.

Arch. Wallbrecht.
1879.

Architekt Unger.
1875.

101. ***Strafsenpflaster** fast überall gutes Kopf-
stein- (Reihen-) Pflaster aus Granit, Ba-
salt etc., neuerdings vereinzelt gestampfter
sicilianischer Asphalt auf Cement-Beton.

102. ***Trottoirs** von Limmer Asphalt auf Unterlage von grobem Sande und zerkleinertem rohen Asphalt mit Bordsteinen von Mehler Sandstein oder Dolomit.

Brücken hat die Leine 11 und die Ihme 1.

103. **Friederiken-Brücke.** Laves'scher Träger in D 6. Eisen.

Friedrichstr.
† Ober-Hof-Bau-Dir. **Laves.**
1825.

104. **Waterloo-Brücke** über den gekrümmten Leine- C 6. Arm von Blechträgern mit gufseisernen Deckplatten in geringer Konstruktionshöhe auf gufseisernen Pfählen.

Friederikenplatz.
1870.

105. **Goethe-Brücke.** Sandsteingewölbe von 23,4 m C 4. Spannweite und 29,2 m Breite.

Goethestr.
Geh. Regierungs-Rath **Launhardt.**
1872.

Strafsenbeleuchtung geschieht nach einem i. J. 1824 mit der Continental-Gas-Compagnie in London abgeschlossenen Kontrakte (Ablauf 1. Juli 1900) durch Gas. (Hannover war die erste, durch Gas beleuchtete Stadt auf dem Continente. Gegenwärtig etwa 2500 Flammen von 13 Kerzen Helligkeit beim Verbrauch von 0,17 cbm per Stunde. Kandelaber auf dem Theater- und Aegidienplatz, vor der Theater- und Karmarschstrafse (mit Siemens'schem Regenerativ-Brenner).

1824.

11. Verkehrs-Bauten.

106. ***Königliche Eisenbahn-Direktion.** Gemischter E 5. Bau von gelbem Back- und Deister-Sandstein auf stumpfer Ecke. Gut durchgebildete Architektur romanischen Stils. Aeufseres durch öftere Verlängerungen mit allzu häufiger Achsenwiederholung geschädigt. Im Innern schön angelegtes und dekoriertes Treppenhaus mit stilistisch ausgebildeter Eisentreppe. Daneben:

Am Bahnhofe 23.
Reg.-u.Baurath **Rasch.**
1860—63.
Zeitschr. d. A.- u. I.-V. 1866, S. 443, m. Abb.
1875.

107. **Königliche Eisenbahnverwaltung** als rechter E 4. Flügel eines projektirt gewesenen Centralbahnhofes (mit Gleisen im Strafsen-Niveau) ausgeführt. Wenig gruppirter Bau von Lutter-Sandstein, rothem Backstein und Cement-Ornamenten in antiken Renaissance-Formen von eintöniger Achsentheilung und mangelhafter Ausführung.

A. Bahnhofe 23A.
† Geh. Rath **Hitzig.**
Berlin.
1870—72.

**Königlicher Bahnhof Hannover besteht aus dem Personenbahnhof am Ernst-August-

Platze, sowie den nordwestl. sich anreihen-
den Güter-, Produkten-, Rangir- und Werk-
stätten-Bahnhöfen. Aufserdem liegen eine
Güter- und Rangirstation südöstl., sowie
eine Güterstation im Küchengarten und
ein Bahnhof an der Altenbekener Strecke
in Linden.

108. *Personen - Bahnhof,* an Stelle des alten *Ernst-August-*
E 4. (v. J. 1844) unter Hebung der Schienen *Platz.*
um 4,3 m erbaut. *Empfangsgebäude in* Reg.-Baumstr. Stier.
Greppiner Backsteinen und Mehler Sand- 1876—80.
stein. Langgestreckter, rechteckiger Bau
mit erhöhten Mittel- und Eckrisaliten, an
dessen Rückseite die Perrons mit zwei,
durch mittleres Querschiff verbundenen
Hallen in Eisen-Konstruktion sich anschliefsen. Der Mittelbau des Gebäudes
enthält nur ein Vestibül von 30 m L., 25 m Br.
und 19 m H. mit eingesetztem hölzernen
Schalterbau. In den einstöckigen Flügeln
Gepäckexpeditionen und Wartesäle, in den
mehrgeschossigen Eckbauten links Be-
triebsräume, rechts Empfangszimmer des
Kaisers und im Souterrain Küchen u. s. w.
Von Vestibül und Wartezimmern führen 3
Personen-, von den Gepäckexpeditionen
2 Gepäcktunnel zu den 4 Personen- und 3
Gepäckperrons. An den ersteren Retiraden,
Waschzimmer und breite Perrontreppen,
an den letzteren hydraulische Aufzüge.
Oben eiserne Retiraden und Speisepavillon.
Die Perrons theilen sich nach den Linien
Altenbeken, Bremen-Hamburg-Kassel, Ber-
lin-Köln und Braunschweig. Die beiden
Hallen von 165 m L. und 37 m Spannweite
sind durch 2 offene Rangirgleise getrennt.

Der gesammte *Grundrifs vortrefflich angeordnet, in den Gröfsen-Verhältnissen
richtig disponirt und durch bisherigen Ge-
brauch bereits bewährt. Die Architektur
zeigt eigenthümliche Nebeneinanderstellung
von mittelalterlichen u. Renaissance-Motiven.
Aeufseres in der Höhe beschränkt. Innere
Dekoration und Ausstattung, namentlich im
Vestibül, Wartesaal I. Kl. und den Kaiser-
zimmern ohne übermäfsigen Kostenaufwand
ziemlich reich. Die Personentunnels in
gelben Backsteinen auf gufseisernen Säulen
gewölbt und an den Wänden mit hellen
Kacheln belegt. Der reichgeschnitzte Schalterbau und eiserne Speisepavillon in schöner
Renaissance. Die Beleuchtung der Hallen
geschieht seit 1880 durch 20 Siemens'sche
Differential-Lampen von je 350 Normal-

Kerzen-Lichtstärke, die je eine Pferdekraft
erfordern und 25 ₰ pr. Stunde kosten.
Kürzlich sind auch Versuche mit ·Brush-,
Swan- und Edison-Lampen (à 16 Normal-
Kerzen, 1/8 Pferdekraft, Brenndauer 1000
Stunden, Preis 10 ℳ) gemacht.

109. *Güterbahnhof* (im Niveau der Strafse). Güter-   *Weidendamm.*
D 2.   schuppen in rothen Backsteinen mit eisernen
       Dachkonstruktionen.

110. *Produktenbahnhof* (im Niveau) mit kurzen   *Möhringsberg.*
C 1.   Lade-Gleisen.

111. *Rangirbahnhof* (im Niveau). Aeltere Anlage,   *Hainholz.*
       die von allen ankommenden und abgehenden
       Güterzügen durchfahren, dagegen von Per-
       sonengleisen nicht berührt wird.

  *Werkstättenbahnhof. Grofser Gebäudekom-   *Leinhausen.*
  plex, bedeckt 70 ha und enthält Lokomotiv-   Regierungs-Baumstr.
  und Wagen - Reparaturwerkstätten, Dre-   **Schwering.**
  herei, Giefserei, Schmieden, Schwellen-   **1874—78.**
  Imprägniranstalt, Wasserstation, Lokomo-   Zeitschr. d. Arch.- u.
  tiv- und Kohlenschuppen, Holzdreherei,   Ing.-V. 1879, S. 23 u.
  Magazine, Büreaus, Speisehallen, Bade-   167, mit Abb.
  haus, Beamtenwohnungen und Arbeiter-
  häuser für je 2 Familien, von denen mit der
  Zeit 300 errichtet werden sollen. Sehenswerthe Anlage.

112. **Kaiserliches Post- und Telegraphen-Amt*   *Ernst-August-*
E 4.   schliefst den Ernst-August-Platz im N. ab.   *Platz 25.*
       Dreigeschossiger Hoch - Renaissance - Bau   Geh. Ober-Reg.-Rath
       von rothem Back- und grauem Mehler Sand-   **Kind,** Berlin.
       stein mit scharfen Farbenkontrasten und   Regierungs-Baumstr.
       stark entwickelter Silhouette in den Be-   **Böttger.**
       dachungen. Reich ausgestattet mit Mo-   **1878 - 81.**
       saiken, Skulpturen, Terrakotten, Figuren-
       Gruppen aus Zinkgufs, schmiedeeisernen
       Thoren und Dekorationen am Aeufseren,
       Gemälden, Stuckarbeiten, Mosaik-Fufsbö-
       den u. s. w im Innern, namentlich in der
       Schalterhalle und dem Saal für die Tele-
       graphen-Apparate.

113. *Städtischer Packhof* enthält Büreaus der   *Artilleriestr. 24.*
E 4.   Steuerbehörden, Waarenlager und Markt-   † Stadtbaum. **Droste.**
       halle für Woll- und Ledermessen. Viel-   **1861—64.**
       gegliederter Bau in gelbem und rothem
       Backstein bei viel dekorativ verwandtem
       Sandstein; an drei Strafsen mit reich ent-
       wickelten Portal- und Giebelbauten gegen-
       über der Strafse Am Bahnhofe und der
       Rosenstrafse. In der Mitte die Markthalle
       von 29 m Br. und 36,5 m T. mit 3 umlau-
       fenden Holzgallerien von 6,4 m Br.

114. Pferdebahnen im Besitz der Continent.-Pf.-B.-
A.-G. und gepachtet von der Londoner
Tramway's Co. of Germany Lim. mit den
Linien: Döhren—Herrenhausen, Pferdethurm—Linden, Bahnhof - Hainholz und
—Vahrenwald, Zoolog. Garten – List und
—Döhren, sowie Hauptstationen am Steinthor und Aegidienplatz. — Oberbau meist
eingleisig, mit niedrigen Rillenschienen von
19,5—24 kg per m, auf hölzernen Lang-
schwellen. Stärkste Steigung 1 : 50. Vorzugsweise kleine einspännige englische Wagen mit 16 Sitz- und 10 Perron-Stehplätzen.

1872—79.

---

12. Handels- und Industrie-Bauten.

115. Königliche Reichsbankhauptstelle. Einför-
D 4. miger Bau von rothem Back- und weifsem
Sandstein in antiker Renaissance.

Gr.Packhofstr.18.
Prof. **Jacobsthal**,
Berlin.
1871—73.

116. Hannoversche Bank. Romanischer Backstein-
D 4. bau mit Erdgeschofs u. Gesimsen in weifsem
Sandstein auf spitzer Ecke. Im Erdge-
schosse Läden und vortreffliche neuere
Kontor-Einrichtung.

Georgstr. 34.
† Bau-Dir. **Schröder**,
Bremen.
1857.
Ztschr. d. A.- u. I.-V
1863, S. 274, m. Abb.
Hof-Bau-Conducteur
Frühling.
1878.

117. Städtische Wassermühlen. Mehlmühlen, von
D 6. der Leine getrieben. 1) *Klickmühle* mit
alten unterschlächtigen Wasserrädern und
9 Mahlgängen. Pachtsumme 12 000 *M.*

Mühlenstr. 5.

C 6. 2) *Brückmühle* mit 4 Jonval-Turbinen, 13
Mahlgängen in 4 Stockwerken. Gefälle
2,3 m. Baukosten 360 000 *M,* Pachtsumme
22 800 *M.*

Am Archive 2.
† Stadtbaum. **Droste.**
1860—61.

118. Städtische Brauereien. Eigenthum der Brauer-
Gilde.
F 8. 1) *Lagerbier-Brauerei.*

*Hildesheimer-
str. 73.*
Hof-Bau-Conducteur
Frühling.
1872—78.

D 6. 2) *Broihan-Brauerei.*

Köbelingerstr. 23.

119. Gasanstalt der Continental-Gas-Compagnie in
B 4. London.

Glockseestr. 31.

Drahtseilbahn zur Herbeischaffung der Kohlen
vom Bahnhof Küchengarten.

Zeitschr. d. A.- u. I.-V.
1877, S. 567, m. Abb.

120. *Maschinen- und Lokomotiv-Fabrik der Han-
A 7. noverschen Maschinenbau-A.-G., vormals
Georg Egestorff.** Von Georg Egestorff ge-
gründet, von Dr. Strousberg angekauft und

Linden
Göttingerstr. 1.
1840.
1868.

auf das Fünffache erweitert. Areal 29,7 ha, Ztschr. d. A.- u. I.-V. 1874,S.63u.211,m Abb.
wovon 6,6 ha Werkstätten, 9,95 ha Hof-
räume und 3,15 ha Arbeiterwohnungen.
Gleis-Verbindung nach Bahnhof Linden.
Baukosten der Arbeiterwohnungen für eine
Familie mit Stube, Küche und Kammer im
Erd- und Stube mit 2 Kammern im Dach-
geschosse 2952 ℳ.

121. *Mechanische Weberei. Backsteinbau, roth *Linden, Blume-*
B 5. mit Sandstein. *nauerstr. 9—11.*
Baurath **Debo.** 1858. Zeitschr. d. A.- u. I.-V. 1863, S. 67, m. Abb.

122. Hannoversche Baumwollspinnerei und We- *Linden, Blume-*
B 5. berei. *nauerstr. 13.* 1853—55.

123. *Geschäftsbücherfabrik von J. C. König & *Schlosswender-*
C 3. Ebhardt. Ziegelrohbau am Eingange der *str. 4.* Hof-Bau-Condukteur **Frühling.** 1874.
Herrenhäuser Allee. Holzcement-Dach.

124. Wollwäscherei und Kämmerei. Schmalspurige *Döhren.* 1868.
Eisenbahn in 2,5 km Länge vom Bahnhof Heusinger v. **Waldegg.** 1881.
Wülfel, mit Karren zur Aufnahme der Eisen-
bahnwaggons auf 30 cm tiefer gelegten Zeitschr. d. Arch.- u.
Gleisen. Heusinger'sches Oberbau-System. Ing.-V. 1882, S. 159.

13. Schlösser.

125. *Königliches Residenzschloſs an der Leine. *Leinstr. 1.*
D 5. Groſser dreigeschossiger Bau mit Mansar- Herzog **Georg.** 1636—40. 1745.
dendach. Häufig umgebaut, mit mächtiger
Tempelfaçade von 8 korinthischen Säulen † Ober-Hof-Bau-Dir. **Laves**
in guten Verhältnissen als Hauptportal an u. Ober-Hof-Baurath **Molthan.** 1817.
der Leinstraſse versehen, aber unvollendet.
Im Inneren meist Festsäle mit Wandmale- Maler **Jacobs.** Bildhauer v. **Bandel.**
reien und plastischen Arbeiten. Im S. stand
das 1852 abgebrochene Königl. Schauspiel-
haus, jetzt Garten. Der nördl. Flügel jetzt
Residenz des Prinzen Albrecht, kommand.
Generals des X. Armeekorps.
Schloſskirche an der Leinstraſse, im
Aeuſseren nicht bezeichnet, im Inneren mit
Fächergewölben und Stuckarbeiten in spätgothischen Formen und reicher Vergoldung
ausgestattet. Altarblatt «Kreuzigung» von
Luc. Cranach und Wandgemälde «Himmelfahrt» von Oesterley. Gruft der calenbergischen Herzöge und hannoverschen Kurfürsten unter dem Chore.

126. Königliches Palais. Putzbau in später Re- *Leinstr. 29.*
D 5. naissance. Wahrscheinliche Geburtsstätte 1752.

der Schwestern Königinnen Luise v. Preußen und Friederike v. Hannover, sowie Sterbehaus der letzteren und ihres Gemahls, Königs Ernst August. Jetzt Wohnung des Oberpräsidenten. Im 1. Obergeschofs die sequestrirte Privat-Bibliothek des Herzogs von Cumberland, jetzt unzugänglich.

Verschiedene ältere **Privat-Palais** an der Adolfstrafse in Sandstein und Putz, geringwerthigere an der Friedrichstrafse. — 1840—50.

**Welfenschlofs s. Technische Hochschule.

127. ***Marstall** neben dem Welfenschlofs (jetzt *Welfengarten 1c.*
C 2. Ställe der Ulanenkaserne). Schöner Bau — Reg.- u. Baurath **Heldberg.** 1867.
in grauen Backsteinen mit weifsen Sandsteinen, namentlich im zweistöckigen Mittelbau. Vortreffliche Stall-Einrichtungen. Baukosten 383 400 ℳ. — Zeitschr. d. A.- u. I.-V. 1868, S. 71, m. Abb.

Schlofsbauten in Herrenhausen s. Umgebungen (S. 34).

---

14. Wohnhäuser.

128. ***Haus Rieffenberg.** D 5.	⎫ Gothische Wohnhäuser mit Backsteingiebeln an der Strafse. In vertikaler Pfeilertheilung und Profilirungen dem Rathhause ähnlich.	*Knochenhauerstr. 28.* ca. 1450.
129. ***‹Isern Porte›.** D 6.		*Marktstr. 48.* 1439.
130. **Alte ‹Justizkanzlei›.** D 6.		*Osterstr. 59.* ca. 1450.
131. **Wohnhaus.** D 6.	⎭	*Köbelingerstr. 29.* 1501.

132. ***‹Haus der Väter›**, ursprünglich Patrizierhaus — *Langelaube 1 B.* 1619.
D 4. derer v. Anderten an der Leinstrafse, 1852 abgebrochen und in veränderter Form unter Erhaltung der Skulpturen als Wohnhaus des Prof. Oesterley wieder aufgebaut. — Ober-Baurath **Mithoff.** 1852.
Interessanter Renaissancebau mit schönen Steinhauerarbeiten am Giebel und Erker.

133. ***Leibniz-Haus** mit Säulen-Portal, reichen — *Schmiedestr. 10.* 1652.
D 5. Skulpturen, biblischen Darstellungen u. s. w., besonders an der Auslage in malerischer Spät-Renaissance. 1844 von König Ernst August angekauft.

134. **Römischer Kaiser.** D 5.	⎫	*Osterstr. 1.*
135. **Haus Richter.** D 5.		*Am Markte 6.*
136. „ **Fritsch.** D 5.	Massive Häuser der Renaissancezeit mit Sandsteingewänden der mehrtheiligen Fenster, Gurtgesimsen und Friesen, Voluten u. s. w. in den Giebelstaffeln.	*Am Markte 16.*
137. * „ **Glahn** (Löwe). D 5.		*Knochenhauerstr. 36.*
138. „ **Hahn.** D 5.		*Leinstr. 32.*
139. **Stadtleihhaus.** D 5.	⎭	*Burgstr. 23.* 1600—1700.

140. Haus Husmann.   ⎫   *Osterstr. 36.*
D 5.

141. „ **Weber.**   ⎬ Fachwerkshäuser der Re-   *Marktstr. 37.*
D 5.   naissancezeit mit profilir-
         ten Balkenköpfen, Füll-
142. „ **Lackemann.**   hölzern und Bildschnitze-   *Knochenhauer-*
D 5.   reien.   *str. 20.*

143. „ **Schäfer.**   ⎭   *Calenbergerstr. 36.*
C 5.   *1650—1750.*

Die *neueren Wohnhäuser* beider Stilarten sind im dritten und vierten Abschnitte dieses Buches ausführlich behandelt und illustrirt. Zur Orientirung gelegentlich der Besichtigung diene die nachfolgende Zusammenstellung in alphabetischer Reihenfolge der Strafsen.

144. *Haus Hunaeus (Schuster).* Zweistöckiges   *Adolfstr. 7.*
C 6.   Wohnhaus romanischen Stils von rothem   Geh. Regierungsrath
      Backstein mit Sandsteinverwendung.   **Hunaeus.**
                                          1858.

                                    Zeitschr. d. Arch.- u.
                                    Ing.-Ver. 1858, S. 319,
                                    m. Abb.

145. *Gruppe* von 7 Ein-Familienhäusern mit klei-   *Akazienstr. 1—5,*
E 7.   nen Zwischengärten, malerisch behandelt.   *10 u. 11.*
      Die gothischen Façaden in gelben Back-   Arch. Theod. Unger.
      steinen und rothem Alfelder Sandstein.   1872—75.
      Nr. 5 in der Strafsenachse von rothem Sand-   Zeitschr. d. Arch.- u.
      stein mit Thurm.   Ing.-Ver. 1877, S. 407,
                                      m. Abb.

146. *Haus Andreae (Fuchs).* In einfachen roma-   *Andreaestr. 7.*
D 4.   nischen Formen von rothen und hellen   † Stadt-Baumeister
      Backsteinen. Beispiel der ersten Roh-   **Andreae.**
      bauten neuerer Periode.   1850.

147. *Villa Gereke.* 1½ stöckiger Bau von rothen   *Gr. Barlinge 2.*
F 6.   Backsteinen mit schwarzen und grünen   Stadt-Baurath a. D.
      Glasuren durchsetzt. Streng - gothische   **W. Schultz.**
      Formen.   1867.

148. *Wohnhaus Wülsdorff.* Rothe Backsteine mit   *Berthastr. 12.*
E 5.   Glasuren und konstruktiv eingefügten Sand-   Stadt-Bau-Inspektor
      steinen, auch gebrannten Relief-Figuren.   **Wülsdorff.**
      Gothisch.   1880.

149. **Wohnhaus.* Vortrefflich gezeichnete go-   *Cellerstr. 36.*
E 2.   thische Façade in weifsem Sandstein. Kräf-   Arch. Rath.
      tige Detaillirung.   1864.

150. *Villa Oppermann.* Helle Backsteine mit zier-   *Emmerberg 15.*
E 7.   lichen Quaderarbeiten.   Architekt Goetze.
                                      1872.

151. **Villa Schmalz,* Ecke des Schiffgrabens. Von   *Finkenstr. 4.*
F 5.   gelben Backsteinen mit viel rothem Sand-   Architekt Bösser.
      stein. In gothischen Formen reich detaillirt   1865.
      und vortrefflich gruppirt.

152. **Haus Wunder.* Hohe Façade mit Erker in   *Friedrichstr. 8A.*
D 6.   rothem Backstein und konstruktiv ver-   Architekt Hehl.
      wandtem weifsen Sandstein. Schöne go-   1879.
      thische Detaillirung.

153. *Haus Fischer.* Von gelben Backsteinen und
E 6. weifsen Sandsteinen in gothischer Archi-
tektur.
Georgsplatz 19.
Architekt **Goetze.**
1875.

154. * *Haus Bühring* (vorm. Prov.-Disconto-Gesell-
E 5. schaft). Geschäfts- und Wohnhaus, dem
Theater gegenüber. Schöne Renaissance-
Façade mit Figuren in weifsem Sandstein.
Georgstr. 16.
Hann. **Baugesellsch.**
(Arch. **Brockmann.**)
1874.

155. ** *Haus Heinemann.* Gekrümmte hohe Façade
D 4. in hellen Backsteinen und viel weifsem
Sandstein. Schöner gothischer Bau, reich
ornamentirt. Im Innern interessante Laden-
ausbildung mit Eisenkonstruktion.
Georgstr. 28.
† Baurath **Oppler.**
1863.
Zeitschr. d. Arch.- u.
Ing.-Ver. 1879, m. Abb.

156. *Haus Bahlsen.* Eckhaus von blafsrothen
D 4. Backsteinen und weifsem Sandstein mit
Balkons in antiker Renaissance.
Georgstr. 30.
Baurath **Köhler.**
1863.

157. *Haus Cohen.* Romanischer Backsteinbau. Des
D 4. verstorbenen Architekten Oppler Atelier.
Georgstr. 35.
Geh. Regier.-Rath
Hunaeus.
1859.

158. *Grofses Miethwohnhaus* mit Läden auf spitzer
D 4. Ecke der Nordmannstrafse. Vortreffliche
italienische Renaissance-Formen in hellem
Back- und Nesselberger Sandstein. Ausbau
und vierseitige Kuppel auf der Ecke.
Georgstr. 36.
Arch. **Wallbrecht** (und
Arch. **Schreiterer**).
1879.

159. *Haus Strasser.* Eckhaus der Reitwallstrafse
D 4. in hellen Backsteinen mit zweithürmigem
Giebel auf stumpfer Ecke.
Goethestr.
Architekt **Hehl.**
1875.

160. * *Eckhaus* der Marktstrafse in hellem Back-
D 5. und Sandstein von reicher gothischer Detaillirung. Die Ladenfenster - Oeffnungen
durch das Zwischengeschofs geführt. Schön
gezeichneter zweistöckiger Erker, im Zwischengeschofs auf der Ecke ausgekragt und
zwischen zwei Giebeln mit schlankem Helm
abgedeckt.
Grupenstr.
Architekt **Hehl.**
1882.

161. *Geschäftshaus* mit Passagen-Eingang in kräf-
D 5. tiger Renaissance-Architektur, auf stumpfer
Ecke.
Grupenstr.
Arch. **Wallbrecht** (und
Arch. **Hantelmann**).
1882.

162. Schmale *Façade* in reinen gothischen Back-
D 5. steinformen. Roth mit schwarzen Glasuren.
Grupenstr.
Architekt **Koide**
1882.

163. * *Geschäftshaus* auf spitzer Ecke der Oster-
D 5. strafse, von hellen Back- und Sandsteinen
in reicher gothischer Architektur. Schlanker
Erker mit hoher Helmspitze auf der Ecke.
Grupenstr.
Arch. **Hägemann.**
1882.

164. Schmale *Backstein-Façade* mit braunen Gla-
D 5. suren. Originelle Auskragung eines runden
Erkers über dem Hauseingang.
Grupenstr.
Arch. **Börgemann.**
1882.

165. *Villa Hotzen (Janssen),* vor der Masch, in
D 7. gothischen Backsteinformen mit Thurm.
Haarstr. 5.
Bau-Insp. **Hotzen.**
1860.

166. *Wohnhaus Hehl*, in vortrefflicher äufserer *Hedwigstr. 2.*
F 5.   und innerer mittelalterlicher Ausstattung.   Arch. **Hehl.**
1881.

167. *Atelier und Wohnhaus Goetze*, gothisch mit *Hinüberstr. 1.*
F 5.   Sandstein-Skulpturen.   Architekt **Goetze.**
1872.

168. **Häusergruppe Herhold*, an der Ecke des *Jägerstr. 1—3.*
C 3.   Königswortherplatzes, von Putz mit reicher   Architekt **Hehl.**
Sandsteingliederung in französischer Früh-   1880.
Renaissance.   Kräftige Thurm-Entwicke-   Zeitschr. d. Arch.- u.
Ing.-Ver. 1882, S. 19,
lung auf der Ecke.   m. Abb.

169. ***Villa Solms* vor dem Georgsgarten. Ma-   *Jägerstr. 14.*
B 3.   lerisch mit hohen Dächern, Staffelgiebeln,   † Baurath **Oppler.**
Thurm, Kapelle, Balkons ausgestatteter   1863.
Bau von hellem Back- und Sandstein in
gothischer Architektur. Schöne Durchbil-
bildung der Details und des Inneren mit
reicher Einrichtung.

170. **Wohnhaus Hase.* Einstöckige, mittelalter-   *Josephstr. 9.*
C 3.   liche Grundrifs-Anlage. Kleine Giebelfaçade   Baurath **Hase.**
von farbigen Ziegeln in feiner gothischer   1858.
Backstein-Architektur. Aeltestes gothisches
Backstein-Wohnhaus neuerer Periode.

171. *Eckhaus* der Nordmannstrafse mit Läden und   *Kanalstr. 11.*
D 4.   Zwischengefchofs. Solider Renaissancebau   Arch. **Wallbrecht** (und
in gutem Material.   Arch. **Schreiterer**).
1878.

172. *Haus Brackebusch*, an der Ecke der Georg-   *Karmarschstr.*
D 5.   strafse, mit Läden und Wohnungen, in ita-   *(Georgstr. 13.)*
lienischer Gothik. Von hellen Backsteinen   Reg.-Baumeister
mit weifsen Sandsteinen und Cement-Orna-   **Hubert Stier.**
menten. Die Ladenfenster in 2 Geschosse   1881.
getheilt.   Breiter zweistöckiger Erker auf   Zeitschr. d. Arch.- u.
Ing.-Ver. 1882, S. 3x9,
der Ecke. Charakteristisches Hauptgesims   m. Abb.
unter dem platten Holzcement-Dache.

173. *Eckhaus* der Passage. Putzbau in strengen   *Karmarschstr. 17.*
D 5.   Renaissance-Formen.   Architekt **Heine.**
1882.

174. Putzbauten mit Giebelarchitekturen und Back-   *Karmarschstr.*
D 5.   steinflächen in Renaissance.   *15, 19.*
Arch. **Wallbrecht** (und
Arch. **Hantelmann**).
1882.

175. *Zwei Doppelhäuser* in gelben Backsteinen mit *Königstr. 12—16.*
F 4.   grünen Glasuren.   Reiche Balkon- und   Architekt **Heyer** und
Staffelgiebel-Ausbildung gothischer Archi-   Architekt **Zeh.**
1874.
tektur.

176. *Eckhaus* der Finkenstrafse. Den vorigen ähn-   *Königstr. 17.*
F 4.   lich, mit braunen und grünen Glasuren.   Architekt **Möckel.**
Schlanker Erkerhelm auf der Ecke.   1872.

177. **Eckhaus Klug* am Neuenhause. Deutsche   *Königstr. 28.*
F 4.   Renaissance in hellem Back- und Sandstein   Architekt **Geb.**
mit Erkerthurm. Baukosten 240 ℳ pr. qm.   1876.
Zeitschr. d. Arch.- u.
Ing.-Ver. 1877, S. 567,
m. Abb.

178. *Doppelhaus* in guter Renaissance von hellen *Königstr. 29, 30.*
F 4. Back- und Sandsteinen. Hann. **Sengeeelloch.**
1875.

179. *Gruppe* von 3 Ein-Familienhäusern, mit rei- *Königstr. 41—43.*
F 4. cher gothischer Giebelbildung in Back- Architekt **Geb.**
steinen mit viel Glasuren. 1872.

180. **Haus Hügel* (vorm. *Lülves*). Putzbau in mo- *Königstr. 50 A.*
F 4. dernen romanischen Formen. Neuerdings Reg.- u. Baur. **Basch.**
unter strenger Beibehaltung der Architek- 1858.
turformen erweitert und im Innern mit Architekt **Hehl.**
vielem Luxus stilvoll ausgestattet. 1881.
Zeitschr. d. Arch.- u.
Ing.-Ver. 1858, S. 447,
m. Abb.

181. *Eckhaus Meyer*, dem vorigen gleichartig ge- *Königstr. 51.*
F 4. staltet. Reg.- u. Baur. **Basch.**
1859.
Zeitschr. d. Arch.- u.
Ing.-Ver. 1860, S. 159,
m. Abb.

182. *Villa Schulte (Meyer).* Erster Wohnhausbau *Landschaftstr. 6.*
E 5. des Architekten in noch nicht völlig aus- † Baurath **Oppler.**
geprägten gothischen Formen. 1862.

183. **Haus Schütze*, Eckhaus der Münzstrafse, mit *Langelaube 29.*
D 4. Läden und architektonisch ausgeprägtem Architekt **Hägemann.**
Zwischengeschofs von rothem Back- und 1882.
weifsem Sandstein in gothischer Zeichnung.
Zierlich detaillirter Erker und hoher acht-
seitiger Thurmhelm auf der Ecke.

184. *Villa Jänecke.* Putzbau in reicher Renaissance *Lavesstr. 51.*
F 5. mit guter dekorativer Durchführung im Architekt **Hehl.**
Innern. 1875.

185. *Miethwohnhaus* an der Ecke des Schiffgra- *Leopoldstr. 1.*
E 5. bens, von hellen Back- und Sandsteinen in Architekt **Geb.**
Renaissance. 1878.

186. *Eckwohnhaus* an der Goethestrafse, in deut- *Lützowstr. 1.*
C 4. scher Renaissance. Architekt **Geb.**
1875.

187. *Eckhaus* der Grupenstrafse. Im Bau be- *Marktstr. 52.*
D 5. griffen. Von weifsem Sandstein und rothem Arch. **Theod. Unger.**
Backstein mit grün gefärbten, unglasirten 1882.
Schichten. Gruppirte Façaden mit Zwischengeschofs, Backstein-Giebeln und kon-
struktiver Material-Ausbildung in gothischer
Architektur. Dreistöckiger, im Zwischengeschofs ausgekragter Erker mit Kuppel-
bekrönung auf der Ecke.

188. *Wohnhaus Molthan.* Putzbau in Renaissance. *Maschstr. 4.*
E 7. Ober-Hof-Baurath
Molthan.
1856.

189. *Eckhaus-Gruppe* an der Akazienstrafse in ge- *Meierstr. 29.*
E 7. putzter Renaissance mit Loggie. Arch. **Heine u. König.**
1872.

190. Schmale Putz-*Façade* mit Backsteinflächen *Osterstr. 20.*
D 5. in deutscher Renaissance. Bildhauer **Narten.**
1882.

191. *Eckhaus* der Karmarschstrafse, mit rothen *Osterstr. 91.*
D5. Backsteinflächen und geputzten, schön ge- Reg.-Baumeister
zeichneten Architekturtheilen in deutscher Hubert Stier.
Renaissance. Unten Läden und Zwischen-
geschofs mit Eisenkonstruktionen in der
Façade.

192. *Haus Becker*, auf spitzer Ecke in gothischer *Gr.Packhofstr.29.*
D4. Architektur, von gemischtem Material. In- Architekt Goetze.
teressante Eckauflösung. 1865.

193. *Villa Wedel* (jetzt *Herhold*), der gegenüber- *Parkstr. 1.*
C3. liegenden Villa Solms ähnlich und höchst † Baurath Oppler.
malerisch gruppirt. Façaden in hellen Back- 1863.
und Sandsteinen. Vorzüglicher Grundrifs.

194. *Villa Caspar.* Putzbau in guter Renaissance. *Parkstr. 2.*
C2. Hann. Baugesellsch.
(Arch. Schreiterer.)
1872.

195. *Schmale hohe *Façade* von rothen Back- *Passage 1.*
D5. steinen mit Schichten und Gliedern in Architekt Hägemann.
weifsem Sandstein. Interessante romanische 1882.
Architektur-Formen.

196. *Eckbau* an der Georgstrafse, von hellen Back- *Passage 4.*
E5. und Sandsteinen in edel gezeichneter Re- Baurath Köhler.
naissance. Auf der Ecke runder offener 1882.
Erker mit schlanken Säulen in 3 Geschossen
und Kuppelkrönung.

197. *Gegenüberliegender *Eckbau* an der Georg- *Passage 5.*
E5. strafse in rothen Backsteinen und weifsen Arch.Wallbrecht(und
Sandstein-Einfassungen von derben Renais- Arch. Hantelmann).
sanceformen. Der kräftige Eckbau mit vier- 1882.
seitiger Kuppel gekrönt.

198. *Haus Biedenweg.* Geputzte Renaissance- *Prinzenstr. 6.*
E5. Façade mit Sgraffito-Malereien. Baurath Köhler.
Maler Wilke.
1879.

199. *Gruppe* von drei Ein-Familienhäusern auf *Prinzenstr. 10.*
E6. der Ecke des Georgsplatzes. Reich und fein Architekt Hehl.
detaillirte gothische Façaden in Greppiner 1873.
Back-, weifsen und rothen Sandsteinen. Vor- Zeitschr. d. Arch.- u.
treffliche Zeichnung der Balkons, Erker, Ing.-Ver. 1875, S. 17,
Giebel und Dächer. m. Abb.

200. *Doppelhaus* mit gothischer Façade v. weifsem *Prinzenstr.19, 20.*
E5. und rothem Sandstein. Hann. Baugesellsch.
(Arch. Hägemann.)

201. Freistehende *Wohnhäuser.* Putzbauten in den *Schiffgr. 2, 15, 16.*
F5. vom Baumeister kultivirten modernen ro- † Hof-Baumeister
manischen Formen mit Archivolten und Tramm.
feinen, vertikalen Stäben in Sandstein. 1850—56.
Meist mit Kniestocks-Ausbildung. Zeitschr d. Arch.- u,
Ing.-Ver.1853/54, S.68.
m. Abb.

202. *Gruppe* von 3 Ein-Familienhäusern. Putz- *Schiffgr. 3, 4, 5.*
E5. bauten in italienischer Renaissance mit Architekt Heine.
Loggien. 1874.

203. ****** *Gruppe* von 9 zweistöckigen Villen für je *Schiffgr. 31 – 37.*
F 4. eine reiche Familie, symmetrisch gruppirt
 Baurath **Köhler.**
 und gleichartig mit durchgezogenen Hori-
 1872—77.
 zontalgliedern und italienischen Renais-
 Zeitschr. d. Arch.- u.
 sance-Formen in Deister-Sandstein und
 Ing.-Ver. 1881, S. 17 <br> geputzten Flächen ausgeführt. Schön an-
 u 171, m. Abb.
 gelegte Vorgärten, Terrassen, Balkons,
 Loggien mit Skulpturen.

204. *Doppelhaus*, ähnlich der vorigen Anlage. *Schiffgr. 38, 39.*
F 5. Baurath **Köhler.**
 1867.

205. *Ein-Familienhäuser* in hellen Back- und *Schiffgr. 40 - 47.*
F 5. Sandsteinen, gothischer Architektur in un-
 Architekt **Goetze.**
 symmetrischer Anordnung.
 1863—72.

206. **Geschäftshaus Neuhaus*, an der Ecke der *Schillerstr. 23.*
D 4. Gr. Packhofstrafse, mit Erdgeschofs von
 † Baurath **Oppler.**
 weifsem Sandstein und zwei Stockwerken
 1865.
 in vorzüglicher gothischer, farbiger Back-
 stein-Architektur. Interessant gelöster
 Erker auf spitzer Ecke von Sandstein,
 Backstein und Holz.

207. *Haus Hemmerde*, von weifsem Back- und *Schillerstr. 33.*
D 4. Sandstein in modernen romanischen Formen.
 Baurath **Debo.**
 1855.
 Zeitschr. d. Arch.- u.
 Ing.-Ver. 1856, S. 360,
 m. Abb.

208. *Haus Sternheim*, auf stumpfer Ecke, von *Schillerstr. 35.*
D 4. weifsem Sandstein in romanischer Archi-
 † Stadtbaum. **Droste.**
 tektur.
 1856.
 Zeitschr. d. Arch.- u.
 Ing.-Ver. 1859, S. 413,
 m. Abb.

209. *Villa Rümpler*, der Villa Schultz gegenüber, *Seelhorst 1.*
F 4. in gelbem Back- und rothem Sandstein mit
 Architekt **Bösser.**
 sehr hohem Eckthurm. Gute Zeichnung der
 1865.
 gothischen Details.

210. *Villa Bernuth*, von hellen Back- und Sand- *Seelhorst 1A.*
F 5. steinen in romanisch-gothischer Architektur.
 Architekt **Goetze.**
 1870.

211. Vorm. *Palais des Grafen Grote*, an der Ecke *Sophienstr. 7.*
E 5. der Prinzenstrafse, mit Façaden von hellen
 Architekt **Goetze.**
 Back- und Sandsteinen. Reich skulpirte
 1862—64.
 Unterfahrt und gufseiserne Veranda. Eng-
 Zeitschr. d. Arch.- u.
 lisch-gothische Architekturformen.
 Iug.-Ver. 1869, S. 493,
 m. Abb.

212. **Wohnhaus Schmidt,* mit Renaissance-Façade *Stiftstr. 3.*
D 4. von schönen Verhältnissen und gut gezeich-
 Architekt **Heine.**
 neter Detaillirung in Greppiner Backsteinen
 1873.
 mit Schichten und Gliedern in rothem Sand-
 stein.

213. *Wohnhaus Mithoff*, von hellen Backsteinen *Stiftstr. 12.*
D 3. in modernisirter italienischer Architektur.
 Ober-Baurath
 Mithoff.
 1862.

214. *Geschäftshäuser Hillebrand.* Hohe Ecke der *Theaterplatz 13.*
E 5. Luisenstrafse mit zahlreichen Läden und Arch. Hillebrand.
Miethwohnungen, von orangefarbenen Back- 1879.
steinen und weifsen Sandsteinen. Gothisch
mit Thurmdachbildung auf der Ecke.

215. *Haus Lücke,* jetzt Ober-Post-Direktion, mit *Theaterstr. 3.*
E 5. romanischer Façade von jetzt übertünchtem † Stadtbaum. Deisto
Deister-Sandstein. 1850.
Zeitschr. d. Arch.- u.
Ing.-Ver. 1849/50.
S. 366, m. Abb.

216. **Villa Schultz.* Sandsteinbau in reizvollster *Thiergartenstr. 1.*
F 4. gothischer Durchbildung. Malerisch ge- † Architekt Lühr.
staltet mit Erkerthurm, Blumenhaus, Ve- 1864.
randen, Sternwarte u. s. w. Vortrefflich
gezeichnete Detaillirung.

217. *Pfarrhäuser* zur Kreuzkirche, für 3 Familien. *Scholvinstr. 1.*
D 5. Façade in mehrfarbigen Ziegeln. Gothisch †Arch. Tochtermann.
mit Erkern und Giebeln. 1868.
Zeitschr. d. Arch.- u.
Ing.-Ver. 1870, S. 151,
m. Abb.

15. Umgebungen.

Die *nächste Umgebung* Hannovers wird im S.-W. von den
wiesen- und feldreichen Dörfern Ricklingen, Linden mit Lindener Berg (wo Wirthschaft und gute Aussicht auf Hannover)
und Limmer mit dem schwefelhaltigen Limmerbrunnen eingenommen, während sich im N.-O. die Orte Hainholz, Vahrenwald
und List an die nördl. gelegenen Haideflächen anschliefsen.
Im S.-O. breitet sich der forstmäfsig betriebene

218. *Städtische Wald «Eilenriede»* mit schönen
F 3. Buchen-, Eichen- und Kiefernbeständen
aus, in welchem zahlreiche Forst- und
Kaffeehäuser vertheilt sind.
Im W. führt die 2 km lange und 36,5 m
breite

219. *Herrenhäuser Allee* von 1333, im Jahre 1726
B 2. angepflanzten und in den Jahren 1878-1880
zum Zwecke ihrer Erhaltung gekappten
Linden nach den Gärten vor dem Dorfe
Herrenhausen. Zur Linken der schönen
Allee bleibt zunächst die villenreiche Jäger-
strafse (*Villa Solms), alsdann der *Georgs-
garten mit schön gelegenem Kaffeehause,
Georgspalais und ausgedehnten Teichen mit
Brücke, zur Rechten die Parkstrafse mit
*Villa Wedel, überragt von dem *Thurme
der Christuskirche und die Anlagen mit
schönem Sachsenrofs in Bronze vor der
*Technischen Hochschule, alsdann der baum-
reiche *Welfengarten und weitere Anlagen.

220. Das *Herrenhäuser Schlofs,* von geringem ar- Hof-Bau-Direktor
A 1. chitektonischem Werthe. Der anschliefsende Quirini.
1698.

221. *Grofse Garten von 47,7 ha, in altfranzösi-
A 1. scher Weise mit hohen Hecken, schwül-
stigen Sandsteinfiguren, hübschem Hecken-
theater angelegt. Darin der

222. Pavillon mit der *Statue der an derselben
Stelle im Jahre 1714 verschiedenen Kurfürstin Sophie, sowie ausgedehnte

Ober-Hof-Baurath
Schuster
Bildhauer Engelhard.
1864—66.

223. Wasserkünste, worunter die bis zu 67 m stei-
gende grofse *Fontäne. Auf der anderen
Seite der

Leibniz.
1718—22.

224. *Berggarten, botanische Anlage von 12,3 ha
mit zahlreichen Spezial-Gewächshäusern,
unter anderen für Orchideen, die Flora Neu-
Hollands und des Caps, tropische Wasser-
pflanzen (Victoria regia) und namentlich das

225. *Neue Palmenhaus mit einer der ausgezeich-
netsten **PalmensammlungenDeutschlands.
Daneben:

Hofbau-Inspektor
Auhagen.
1880—81.

226. Obstbaumplantagen von 10,5 ha.

227. *Mausoleum in antiken Formen mit herrlichen
liegenden **Figuren des Königs Ernst
August und der Königin Friederike in carrarischem Marmor. Aeufseres Sandstein,
Inneres weifser Marmor.

† Ober-Hof-Bau-Dir.
Laves und Ober-Hof-
Baurath Schuster.
1842—46.
Prof. Rauch, Berlin.
1846—58.
Zeitschr. d. Arch.- u.
Ing.-Ver. 1873, S. 33,
m. Abb.

228. Orangeriegebäude neben dem Schlosse, mit
Fresken.

Maler Tomaso.
1692.

229. Die Kunst, 550 m von Herrenhausen an der
Leine, speist mittels neuer Wassermaschine
die grofse Fontäne des Grofsen Gartens, zu
welchem Zwecke die Leine gestaut wird.
    Zwei Sammelbassins zum Speisen der
kleinen Fontänen, sowie der Teiche im
Georgs- und Welfengarten liegen hinter
dem Pagenhause.

Baurath Hagen.
1860—63.

In weiterer Umgebung der Stadt sind mit den Eisenbahnen
leicht zu erreichen: die aussichtsreichen Höhen des Benther
Berges (154 m), des Deistergebirges (362 m) und Süntels (401 m),
des Leine- und Weserthales (422 m) und des Harzes (1140 m),
sowie die Stationen Wunstorf (Stiftskirche, Bad Rehburg,
Steinhuder Meer mit der kleinen Festung Wilhelmstein, Cister-
zienser-Kloster und *Kirche Loccum), Minden (*Dom), Verden
(Dom), Bremen, Celle (*Schlofs), Lüneburg (**mittelalterliche
Backsteinbauten), Hamburg, Braunschweig, Goslar, Hildesheim,
Nordstemmen (schönes gothisches Bergschlofs **Marienburg
der Königin Marie, von Baurath Hase und Baurath Oppler
1860 - 66 erbaut), Alfeld, Göttingen, Kassel, Hameln (*Münster-
kirche) u. s. w.

Zur baulichen Entwickelung Hannovers.

Dem nachfolgenden Abrisse der städtischen Baugeschichte sind die verbindenden, einflußreichsten Daten der politischen Stadt- und Landesgeschichte in kleinem Druck beigefügt.

Zur Geschichte der baulichen Entwicklung

der

Königlichen Residenzstadt.

Bearbeitet vom Architekten Theodor Unger.

Die heutige Gröfse und Bedeutung der Königlichen
Residenzstadt Hannover ist, wie schon die im ersten
Abschnitte dieser Schrift gegebene Uebersicht über
die Steigerung der gegenwärtigen Einwohnerzahl auf
etwa das fünffache derjenigen von 1837 erkennen
liefs, überwiegend neueren Ursprunges. Die Wege
aber, welche die durch solche Bevölkerungszunahme
veranlafste plötzliche und grofsartige bauliche Entwicklung in diesem Jahrhunderte einschlug, waren
weit mehr durch topographische Verhältnisse und
historische Vorgänge vorgezeichnet, als dies heute
äufserlich erkennbar ist. Gerade die bedeutendsten
neueren Strafsen und Anlagen, sowie für die Zukunft
entworfene und vorgeschlagene Bauplan-Projekte finden
ihre Erläuterung und technische Motivirung erst in
diesen grundlegenden Verhältnissen, ohne deren eingehendere Kenntnifsnahme sie demnach auch in ihrem
Werthe oder Unwerthe kaum zu beurtheilen sind.
Hierin aber liegt der zwingende Grund, dieser Schrift
auch eine übersichtliche Darstellung der topographisch-
historischen Entwicklung der Stadt seit ihrer Entstehung beizugeben.

1.

Dorf und Burgstadt.

ca. 1000 – 1371.

Es mufs als ein Zufall angesehen werden, dafs
das erste geschichtlich beglaubigte Datum über das
Vorhandensein einer Ortsniederlassung des Namens
Hannover erst in verhältnifsmäfsig späte Zeit, in das
erste Viertel des 12. Jahrhunderts fällt. Viele Umstände lassen darauf schliefsen, dafs das um diese
Zeit schriftlich zuerst erwähnte «vicus Honovere»,
welches übrigens schon von beträchtlichem Umfange
war und in Botho's Sassen-Chronik beim Jahre 1156,
wenn auch fälschlich, bereits «de stad Honover» genannt wird, weit älteren Ursprunges sei.

Der heutigen Vororte und in der Stadt aufgegangenen oder nächst gelegenen Dörfer: Thornite (Döhren 988), Lindem (1098). Embere (Emmerberg), Puttensen (Puttenserfeld), Lembere (Limmer), Haringehusen (Herrenhausen), Ricklingen (1124) u. A. geschieht schon weit eher Erwähnung.

Das Dorf ‹Honovere› im 11. Jahrhundert.
(Aus Hartmann's Geschichte der Residenzstadt Hannover.)

Von dem Dorfe Honover darf man mit Leibniz annehmen, dafs es seinen Namen von dem ‹hoen overe› d. i. hohen Ufer der Leine herleitet, welches, auf der rechten Seite bis heute (nahe dem Konzerthause an der Goethebrücke) und jenseits in dem 1371 abgetragenen Hügel (Bergstrafse) bestand. Dieses, die weit hinauf- und hinabreichenden, flachgelegenen Marschen des Flusses unterbrechende, hohe Ufer bot in einem, durch vielfache archäologische Funde konstatirten Heerwege die natürliche Uebergangsstelle über die Leine, und die hier vermuthlich schon zu Beginn des ersten Jahrtausends errichtete Fähre bildete dann den Kreuzpunkt der alten Strafsen vom Rheine und Münster nach Magdeburg (heute Köln-Berlin), von Stade und Bardowiek nach Mainz (heute Hamburg-Frankfurt a. M.). Zugleich ward der Punkt ein Stapelplatz auf der damals wasserreicheren, bis nach Elze (33 km oberhalb Hannovers) schiffbaren Leine und bot Seilwindern, Schmieden, Kupferschlägern, Krämern Anlafs zu Ansiedlungen, an welche die zum Theil bis heute erhaltenen Strafsen der Altstadt erinnern.

Das Dorf gehörte zu Zeiten der ersten deutschen
Kaiser zur Diöcese Minden und zum Grunde des Herzogs von Ostsachsen, dessen Gaugraf (Grafen von Schwa-
lenberg von 954—1157) in Linden residirte. Im Jahre
961 wurde es mit dem Herzogthume Sachsen Lehns-Erbe
des Grafen Hermann Billing, Stifters der welfischen
Hausmacht.

Die vorbenannte erste schriftliche Erwähnung Hannovers findet sich bei Thancmar: «Leben des heiligen Bern-
ward» in der Erzählung von einem kranken Mädchen
aus dem «vico Honovere», das zu dem Grabe des Hildesheimer Bischofs wallfahrtet, um an sich das Wunder der
Heilung zu erfahren. Aus dem Jahre 1163 liegt dann
die erste und zugleich einzige Urkunde des 12. Jahrhunderts vor, welche die Existenz Hannovers in Heinrichs des Löwen Landen erweist. Sie bezeichnet «curia
nostra Hanovere» als den Ort, in welchem der mächtige
Welfenherzog eine große Versammlung von Bischöfen,
Aebten und weltlichen Fürsten abhielt und der daher
um diese Zeit den Verhältnissen eines Dorfes wohl bereits
entwachsen war.

Heinrich dem Löwen verdankt auch Hannover die
thatsächliche Umwandlung zur *Stadt*, indem er den Ort
zur Schutzwehr seines Reiches gegen Westen erkor und
erhob. Wie für des Herzogs Residenz Braunschweig die
Burg Dankwarderode (Tanquarderoth), so wurde dabei
für Hannover *die Burg Lauenrode* (Lewenroth) Stütz-
punkt solcher Wehr-Anlagen. Sie lag auf dem vorerwähnten Hügel des linken Leineufers etwa da, wo heute
die Synagoge steht und wurde vermuthlich schon von
Heinrich dem Löwen den Grafen von Roden, welche
Heinrich 1157 an Stelle der Schwalenbergs zu Lehns-
grafen erhoben hatte, überwiesen.

Urkundlich wird freilich die Burg erst 1215 erwähnt,
während «cives de Lewenroth» schon vorher auftreten.

Die Rachezüge Barbarossa's und Heinrichs VI gegen
den Löwen waren auch für das junge befestigte Hannover
von schweren Folgen. Scheint es schon 1181 oder
im folgenden Jahre von Friedrich schwer bedrängt zu
sein, so wurde es 1189 von seinem Sohne auf dessen
Rückzuge von mißlungener Belagerung Braunschweigs
eingenommen und gänglich eingeäschert.

In der braunschweigischen Theilung 1203 fiel Hannover dem Pfalzgrafen Heinrich zu, der die Grafen von
Roden auf Lauenrode auch mit der Stadt belehnte. Nach
des Ersteren Tode und der Wiedervereinigung der herzoglich braunschweig-lüneburgischen Lande in der Hand
Otto's des Kindes trat aber Graf Konrad Stadt und
Schloß 1241 an den Herzog wieder ab.

> Von hier ab tritt eine Zeit verhältnifsmäfsiger Ruhe
> ein, in der die Bürger von den Kriegsdrangsalen sich
> erholen konnten und ihre Stadt sich ausdehnte, auch
> unter dem Schutze der Herzöge und der von ihnen der
> Stadt zugesicherten Privilegien in den inneren Insti-
> tutionen sich festigte.

Das Bild der Stadt am Ende des 13. Jahrhunderts
mochte etwa folgendes sein.

Die Fährstelle der Leine, von wo aus Hannover
erstand, ist an dem Punkte zu suchen, wo der in den
flachen Marschen mehrfach getheilte Strom, durch
beiderseitige Bodenerhebungen eingeengt, wieder zu-
sammentritt, also an der unteren Spitze der sog.
Insel. Hier langte am linken Ufer die südwestliche
Heerstrafse vom Rheine an, um sich auf der anderen
Seite geradeaus nach Celle und Hamburg, rechts nach
Hildesheim und Magdeburg, links nach Bremen zu
verzweigen. In diesen drei Richtungen sind denn auch
die ältesten Ansiedlungen in der Beghinen- (Pferde-),
Kramer- und Uncelinger- (Seilwinder-) Strafse mit der
Jürgens- (Markt-) Kirche in der Mitte, ferner in der
Stadt- (Burg-) und Lein-Strafse mit der Kirche
S. Aegidii am südlichen Ende und der Piper- (Rofs-
mühle), Bokke- (Ballhof-) und Kobelinger- (Knochen-
hauer-) Strafse mit dem S. Spiritus-Hospitale am nördlichen Ende zu verfolgen. Von den hier genannten
Kirchen wird der am Altstadtmarkte belegene, S. Georg
(«Sünte Jürgens») geweihete, ältere Bau im Jahre 1238
zuerst erwähnt. Durch eine Urkunde von 1266 werden
aber der Kirche schon Güter im benachbarten «Vo-
renwalde» vermacht, um die «partes ruinose ejusdem
ecclesie» restauriren zu können, so dafs man auf ein
hohes Alter derselben schliefsen darf. 1349 erfolgte
vom Bischofe in Minden die Erlaubnifs zum Abbruch
der alten Kirche und zu einem Neubau.

Ebenso geschieht der Kirche S. Aegidii im Jahre
1244 Erwähnung, ohne dafs von dem älteren Bau,
der 1347 durch die heutige gothische Kirche ersetzt
wurde, etwas Näheres bekannt wäre.

Eine Kapelle im Hospitale S. Spiritus ward 1284
für die von der Marktkirche abgezweigte Jürgen-Gemeinde errichtet. Sie hatte die Gestalt eines Oblon-
gums mit steilen Giebeln, gothischen Fenstern und
Dachreiter und wurde später, im Jahre 1650 der

fürstlichen Garnison, 1730 der Garnison-Gemeinde zum Gottesdienste überlassen, 1875 aber abgebrochen.

Der so längs der Leine ausgedehnte Ort hatte urkundlich erwähnte feste Mauern gegenüber dem Strome und im Norden.

Im Osten scheint dagegen der Ring noch nicht geschlossen gewesen zu sein. Auf dem anderen Leine-Ufer erhoben sich Hügel und Burg Löwenrode mit der S. Galli-Kapelle am südlichen Ende, sowie dem Judenteiche und den Ansiedlungen der Burgmannen, Höfen der adligen Familien (v. Alten, v. Reden u. s. w.) zu ihren Füßen.

Die Verwaltung der Stadt erfolgte schon im 13. Jahrhundert durch einen ‹Rath› von 12 Bürgern, der jährlich neu gewählt wurde, und 2 ‹magistri civium›, die ‹magistri ignium› und 4 ‹magistri disciplinae›, später auch Münzherren anstellte, während das Amt des Stadtschreibers von Geistlichen versehen wurde.

Das Ende des 13. und das 14. Jahrhundert sind angefüllt mit gelegentlichen Streitigkeiten zwischen den Bürgern und den Herzögen, bezw. ihren Ministerialen auf Lauenrode. Im Ganzen aber genießt die Stadt Schutz und Wohlthaten von Seiten der Fürsten, so daß ihre Einwohnerzahl sich stets vermehrt, ihr Umfang wächst und ihr Wohlstand zunimmt. Schon treiben ihre Bürger außer Gewerben ausgedehnten Handel, welcher durch die Lage der Stadt am schiffbaren, namentlich Holz- und Torfabfuhr ermöglichenden Strome, und durch die großen Heerstraßen begünstigt ist. Aber mit der Zunahme des Wohlstandes regt sich auch der Drang nach Selbstständigkeit und Unabhängigkeit, welchem die feste Burg drüben nur eine Zwingburg ist, und der kräftige Zug der Freiheit, welcher durch die deutschen Handelsstädte im 14. Jahrhundert geht, läßt auch die junge blühende Stadt nicht unberührt. Als endlich der lüneburgische Erbstreit zwischen den Herzögen von Sachsen entbrennt und die Lüneburger das Beispiel geben mit der Erstürmung des Schlosses auf dem Kalkberge, da ziehen im Jahre 1371 auch die bewehrten hannoverschen Bürger auf den Ruf Herzogs Albert aus, um nach siegreichem Kampfe die Burg Lauenrode zu erobern und das Schloß mit allen Werken dem Erdboden gleich zu machen.

2.

Veste und Hansestadt.

1371—1636.

Die Befreiung von dem Druck der herzoglichen Burgbeamten ist für die Entwicklung Hannovers ein wichtiger Abschnitt, da hiermit die letzten Fesseln

gesprengt erscheinen, welche der freien Entfaltung
kräftiger Bürgermacht noch aufliegen. Wie Lauenrode, so fallen unter Betheiligung der hannoverschen
Bürger nach einander die Burgen Dannenberg und
Twiflingen und die den Handel nach Bremen be-
lästigende Raubburg Ricklingen des schlimmen Dietrich von Mandelsloh. Ihre eigene Stadt aber schützen
die Bürger durch den Bau stärkerer Mauern, wozu
Erd- und Bau-Materialien der zerstörten Burg Lauenrode entnommen werden.

So hat Hannover am Ende des 14. Jahrhunderts
(s. Plan von 1400) bereits die geschlossene Gestalt
einer rings mit bethürmter Mauer und Graben ver-
sehenen festen Stadt. Ihr Weichbild zeigt eine mit
der Spitze nach Süd-Westen gekehrte und an die
Leine gelehnte Herzform, deren Oeffnungen im Süd-
Westen das Aegidien-, im Norden das Stein- und im
Westen das Leine-Thor mit befestigter Zugbrücke
bilden. Diese Thore sind rechteckig und mit spitz-
bogiger Durchfahrt, sowie hoher Thurmspitze versehen,
aufserdem aber von Zwingern umgeben. Die Stadtmauer hat 8 halbrunde oder polygonale Quaderthürme
und 25, zumeist in Ziegeln gemauerte, rechteckige
Thürme. Ein Kranz von Warten umgiebt ferner die
Stadt. Von ihnen sind der Pferde- und Döhrener-
Thurm baulich, der Lister- und Kirchröder-Thurm
wenigstens dem Namen nach erhalten, während von
der Stadtmauer nur der Beghinen-Thurm an dem hohen
Leine-Ufer und einige Reste in den Gärten der Häuser
an der Friedrichstrafse noch stehen.

In dem Plane der Stadt selbst treten namentlich
vier parallel der Leine gerichtete Hauptstrassen hervor,
nämlich, in der Reihenfolge ihres Abstandes vom
Flufse sowie ihrer Entstehung, die Lein-, Köbelinger-,
Markt- und Osterstrafse mit ihren damals noch gleichnamigen nördlichen Fortsetzungen (nachher Stadt- oder
Burg-, Knochenhauer-, Schmiede- und Kopperschläger-
strafse). Diese vier Strafsenzüge bezeichnen zugleich
diejenigen Quartiere, in welche die älteste Eintheilung
die Stadt zerlegt. Draufsen aber, auf dem Territorium
der abgetragenen Burg Lauenrode erheben sich die
ersten Bauten der «Nigen stad».

Der Neubau der *Marktkirche* «S. Georgii et Jacobi» in der Mitte des städtischen Weichbildes wurde

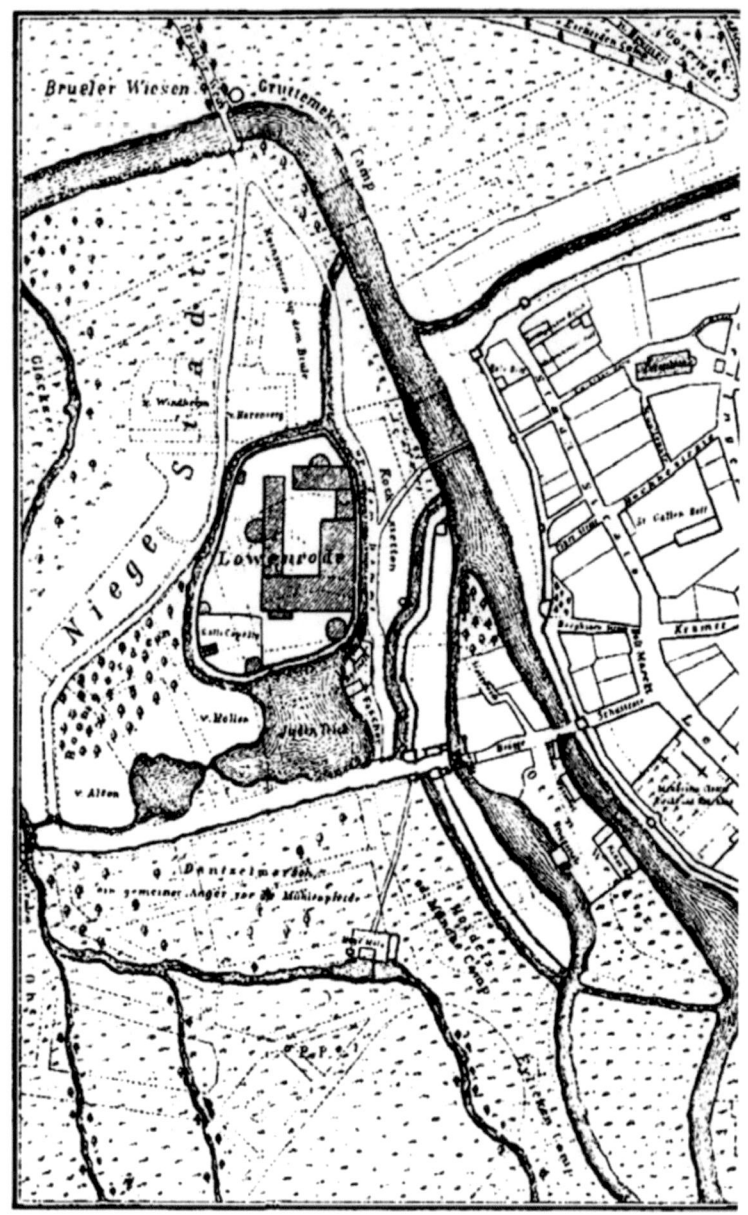

Die punktierten Linien geben die heutigen Straßen an. – Die I

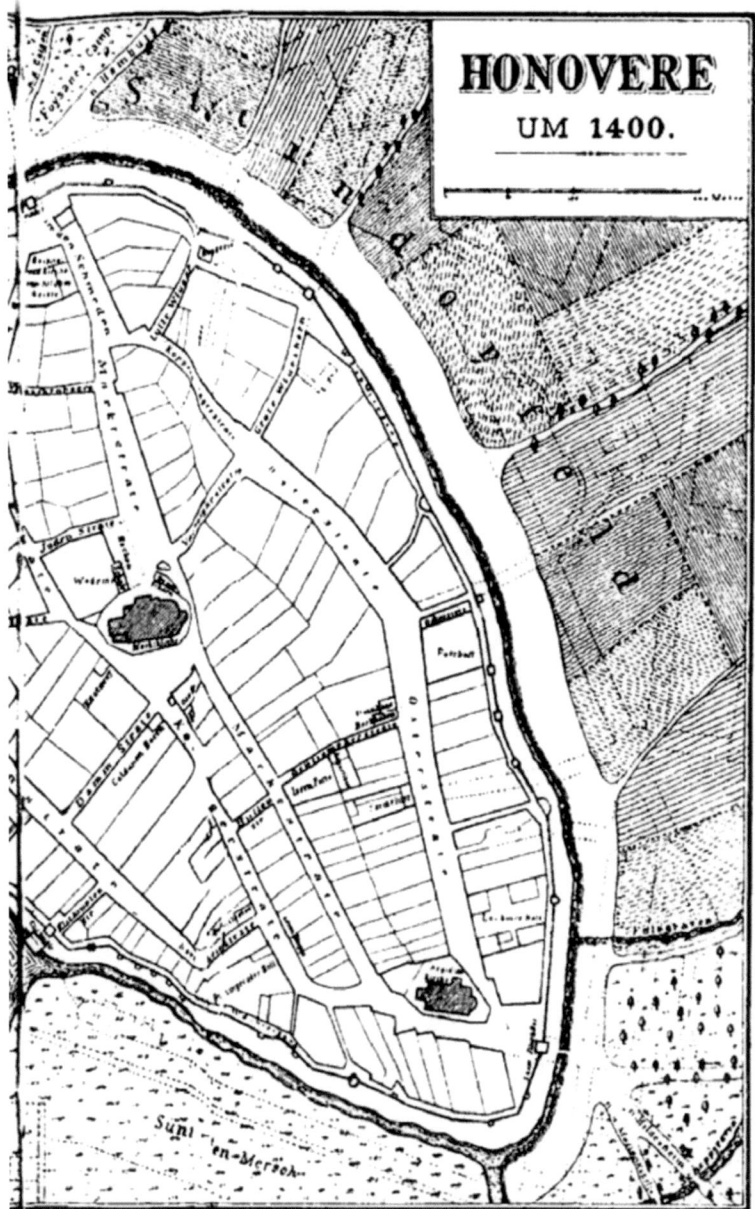

HONOVERE
UM 1400.

3 | l zerstörte Burg Löwenrode ist als noch vorhanden eingezeichnet.

im Jahre 1349 begonnen und vermuthlich 10 Jahre
später vollendet. Er zeigt die Formen gothischen,
norddeutschen Backsteinbaues in einfacher, ziemlich

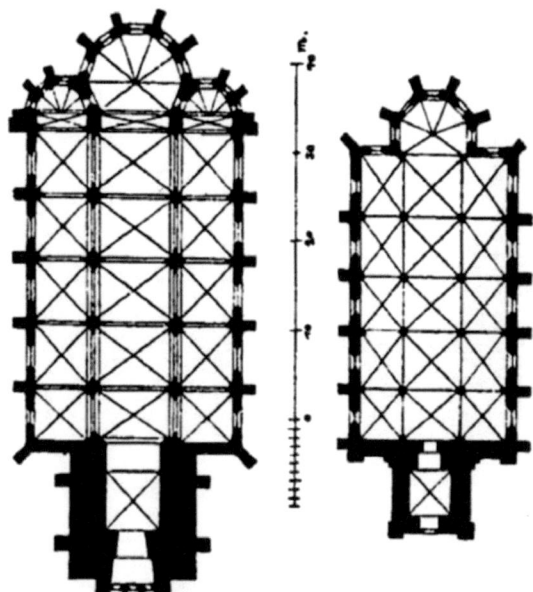

Grundrifs der Marktkirche.   *Grundrifs der Aegidienkirche.*

schmuckloser Ausführung. Der Grundrifs bildet ein
Rechteck von 48,77 m Länge und 26,58 m Breite,
dessen 3, durch 2 Reihen kräftiger Rund-Pfeiler und
Arkaden getrennte Schiffe fast gleich hoch (19,57 m im
Scheitel) sind und drei, aus 7, bezw. 5 Seiten des Zehnecks gebildete Absiden haben, die unter sich verbunden
sind. Jede Langseite hat 2 Portale und 5 spitzbogige
Fenster mit Backsteinmafswerk. Das Aeufsere und
Innere ist von rothen Backsteinen mit dunklen, auf
den Schrägen und in den Flächen vertheilten Glasuren,
in derben Formen hergestellt. Das mächtige Sattel-
dach zeigt bemerkenswerthe Konstruktion mit eichenen
Balken von 40 cm Höhe und Breite.

Die 4 Seiten des 15,18 cm im Quadrat haltenden
Thurmes aus Backsteinen mit Kantenquadern steigen
in schlichter Masse auf, um mit 4 durchschnittenen
Giebeln in 66 m Höhe abzuschliefsen. In den Gie-
belfeldern finden sich, wie beim Lüneburger Johannis-
thurme, Backsteinverzierungen in der Form von Kreuzen,

Thurm der Marktkirche und der Rathhausflügel an der
Köbelingerstrafse vom † Stadtbaumeister Andreae.

Pentalphen und durchkreuzten Dreiecken. Vermuthlich
wird dem Thurme auch eine ähnlich mächtige Helmspitze zugedacht worden sein, denn seine Feuerzeichen
sollten von Braunschweig und Celle gewahrt werden
können. Aber «die Bauleuth seynd müde und im Säckel
krank worden», sodafs die Spitze nur als Dachreiter
hergestellt wurde.

West-Portal der Marktkirche vor der Restauration von 1852.
Aus Mithoff's Archiv für Niedersachsens Kunstgeschichte.

Etwa zur selben Zeit, im Jahre 1347 erstand ein
Neubau der *Kirche S. Aegidii* an Stelle der alten.

Sie wurde aus Bruchstein und Quadern als gothische,
dreischiffige Hallenkirche mit einfachem polygonalen
Chorschlufs und rechteckigem, von achtseitigem Helm
gekrönten Thurm hergestellt.

*Chor der Aegidienkirche und die alte Kanzlei an der
Osterstrafse.*

Die in der Kapelle des Hospitales S. Spiritus
untergebrachte Jürgen-Gemeinde zog 1333 in die neue,
zwischen Stadt- (Burg-) und Kobelinger- (Knochen-
hauer-) Strafse erbauete *Kirche S. Crucis,* welche das
gothische, aus Bruch- und Werksteinen hergestellte
Schiff mit polygonalem Chore und viereckigem Thurme
in der heutigen Kreuzkirche bilden. Das Schiff scheint
mit Holz flach gedeckt gewesen zu sein, da von erfolgter Wölbung im Jahre 1560 berichtet wird.

Die Nikolai-Kapelle.
Aus Mithoff's Archiv.

Aufserhalb der Stadtmauer liegen die *Kapellen S. Nikolai* vor dem Steinthore und S. Mariae auf der Neustadt, wo die Lauenröder S. Gallen-Kapelle 1371 mit abgebrochen war. Erstere steht noch heute auf dem uralten Kirchhofe. Ihrer wird schon 1284 gedacht, der älteste aus polygonalem Chore bestehende Theil stammt aber von 1334. — Die 1359 erbaute (1859 abgebrochene) Marienkapelle stand als Ziegelbau mit Dachreiter an der Schulstrafse.

An klösterlichen Anlagen ragte das *Minoritenkloster* mit der gleichnamigen Kirche an der Leinstrafse hervor, an dessen Stelle seit 1637 das Residenzschlofs an der Leine steht. Das Kloster ward 1291 eingerichtet, und die Kirche, welche heute im Schlosse verbauet ist, entstammt derselben Zeit, war früher indessen von höherer baulicher Bedeutung, da sie ursprünglich 20 Gewölbe von 18 m Höhe und mehrere Thürme gehabt haben soll.

Der heute noch vorhandene *Loccumer-Hof* an der
Osterstraße stammt aus dem 12. Jahrhundert. Ferner
hatten das Kloster Marienrode, der Prediger-Orden
zu Hildesheim, der Augustiner-Orden zu Herford, das
Kloster Barsinghausen u. a. Höfe und Niederlassungen
in Hannover.

Die Straßen der von etwa 15000 Seelen be-
wohnten Stadt sind im 14. Jahrhundert mit Wohnhäusern eng bebaut, von denen die meisten noch aus
Fachwerk und Lehmwänden mit Strohbedachung und
nur vereinzelt aus Stein ausgeführt sein werden. Von
ihnen ist auf die Jetztzeit nichts gekommen, da die
ältesten Wohnhausbauten dem 15. Jahrhundert entstammen.

An Stelle des späteren Rathhauses steht noch das
‹theatrum› mit Laube, vor welcher die Huldigungen
geschehen und die Gesetze und herzoglichen Erlasse
verlesen werden.

Die Stadt behält im 14. Jahrhundert ihre Rechte,
nämlich der jährlichen Wahl des Stadtrathes von 12 Mit-
gliedern, zu welchen nur echte Nachkommen von wenigstens vier unbescholtenen Ahnen zugelassen werden,
sowie von 40 Geschworenen, ferner der freien Verwaltung der Stadtgüter, der Gerichtsbarkeit über die
Bürger und der Stadtpolizei, auch der Errichtung von
Handwerkergilden und Handelsbündnissen.

War auch Hannover immer eine von den Welfen-
herzögen abhängige Stadt, so macht sie im 14. Jahrhundert fast den Eindruck einer freien und Handels-
stadt, so sehr ist sie mit Freiheiten und Privilegien
ausgerüstet, und so überraschenden Aufschwung nehmen
Gewerbs- und Handelsthätigkeit ihrer Bürger. Der
Handelsweg geht vorzugsweise der Leine, Aller und
Weser entlang nach Bremen, und die Wasserstraße
wird mit bedeutenden Kostenaufwendungen in vortreff-
lichem Zustande erhalten, ebenso wie durch Verträge
mit den Herren der Ufer der Schiffahrt Sicherheit und
Zollfreiheit verschafft werden. Die Ausfuhr nach Bremen
besteht vorzugsweise in Holz und Korn, während unter
den Gewerbebetrieben die Bierbrauerei hervorragt. Im
14. Jahrhundert bestehen nicht weniger als an 20 Gilden.

Die fortdauernde Sorge des wohlmeinenden Rathes
für Sicherung des Handels treibt endlich zu einer Verbindung mit der Hansa. Schon 1368 werden Verträge
mit ihr geschlossen und 1451 erfolgt ein förmlicher
Beitritt, der Hannover zu einem nicht unwichtigen
Gliede des großen Handelsbundes macht. Hierdurch,
sowie durch häufige anderweite Schutzbündnisse ·mit
benachbarten Städten sind die Bürger im Stande, durch
das fehdenreiche 15. Jahrhundert sich muthig hindurch

zu kämpfen und mehrfache schwere Belagerungen von
Seiten der gegen die Städte oft aufgebrachten welfischen
Herzöge siegreich zu bestehen. Unter diesen glück-
lichen Abschlägen ist der Ausgang der durch Heinrich
den Aelteren von Braunschweig geplanten Ueberrum-
pelung vom Jahre 1490 für die Stadt von besonderer
Wichtigkeit. Die Vorbereitungen wurden am 24. November von einem Bürger gewahrt, und der Rath vermochte nach empfangener Meldung noch rechtzeitig
solche Schutzmaßregeln zu treffen, daß Heinrich nach
zweimonatlicher Belagerung unverrichteter Dinge der
Stadt den Rücken kehren mußte.

Voller Zorn hatte er den Döhrener Thurm und mit
ihm dessen sieben Wächter verbrennen lassen. Zu
ihrem Angedenken soll der Denkstein an der Aegidienkirche errichtet‛ sein, der eine Kreuzigung, das hannoversche Kleeblattwappen, sieben betende Männer und
die Inschrift enthält:

Gi. rikn. un. armen
lat. iu. dese. dot erbame.
mcccclxxx.

Herzog Erich I. von Calenberg.
Nach einem Altarbilde vom Schlosse Calenberg aus Mithoff's Archiv

Herzogin Katharina, Gemahlin Herzog Erich's I.
Nach einem Altarbilde vom Schlosse Calenberg aus Mithoff's Archiv.

Segensreich ist dagegen der Friede, welcher nach der Theilung der braunschweigischen Lande im Jahre 1495 unter der Regierung des neuen Herrn Herzogs Erich von Calenberg, der im Jahre 1498 zur Huldigung aufs Rathhaus kommt, für Hannover anbricht und während dessen 45 jähriger Regierung kaum wesentliche Störungen erleidet.

Blicken wir abermals zurück auf die *bauliche Entwicklung der Stadt um 1500*, so zeigt sie wenig veränderte äufsere Form, aber wesentliche Verstärkung der *Festungswerke*. Die alte einfache Mauer mit schmalem Graben genügte nach Erfindung der Schufswaffe nicht mehr; andrerseits aber liefsen die unruhigen Zeiten auch eine Oeffnung oder Abtragung nicht zu. So liefs man die alten Werke bestehen, zog um sie aber einen breiten Graben, der durch mächtigen Erdwall von dem älteren Stadtgraben getrennt blieb. Hierbei wurden auch die Insel zwischen beiden Leinearmen hereingezogen und die Thorbauten verstärkt. Die Neustadt blieb dagegen ungeschützt und brannte gelegentlich der öfteren Belagerungen im 15. Jahrhundert mehrfach ab.

Innerhalb der Mauern wurde die Altstadt immer enger bebaut. Für den Bau von Kirchen war wohl kein Platz mehr; dagegen erhielten die alten Kirchen Kapellen-Anbauten, ebenso wie in den Höfen der Klöster Kapellen entstanden.

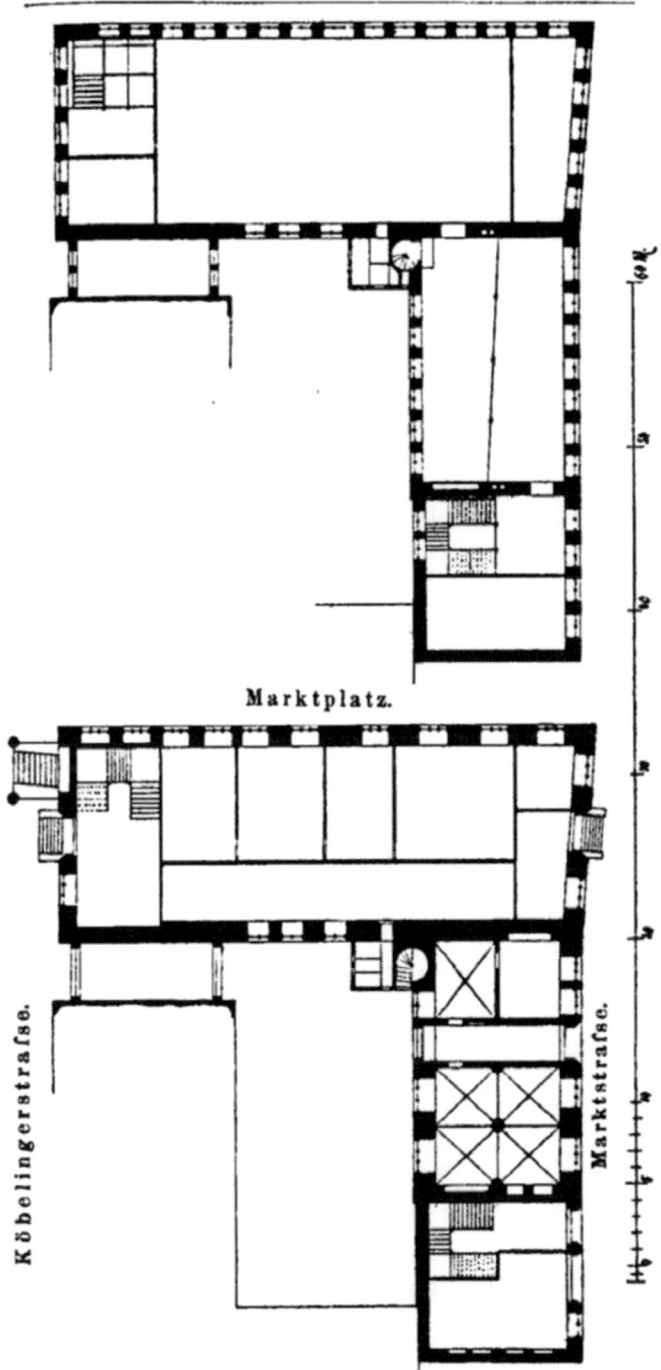

Marktplatz.

Köbelingerstrafse.

Marktstrafse.

Grundrisse vom Erd- und Obergeschosse des Rathhauses.
(Nach der Wiederherstellung durch Baurath Hase.)

So werden der Nordseite der Marktkirche zwei gothische massive Anbauten, eine Sakristei und im Jahre 1510 die S. Annen- oder Soden'sche Kapelle angefügt, welche beide bei der Restauration beseitigt sind.

Die Kreuzkirche erhielt im Jahre 1496 eine Erweiterung durch den nördlichen zweistöckigen, für Sakristei und Schülerchor bestimmten Anbau, der in Ziegeln ausgeführt wurde und im Osten den Treppengiebel zeigt.

Von hervorragender Bedeutung ist die im Anfange des 15. Jahrhunderts geschehene Erbauung eines neuen *Rathhauses* an Stelle des alten «theatrum». Der älteste Theil desselben ist der zweistöckige Flügel an der Marktstrafse, der in den Jahren 1413 und 1439 als neu bezeichnet wird und den heutigen kleinen Saal im Obergeschosse enthält. Derselbe war ursprünglich ein freistehendes Gebäude mit Giebeln an beiden Schmalseiten, von denen die südliche eine zum Saale führende Treppe enthielt, sowie mit einer noch bestehenden steinernen Wendeltreppe an der Hofseite, die eine Verbindung vom Saale zum Bodenraume und dem, unter dem gewölbten Erdgeschosse liegenden Weinkeller abgab. Dieser Keller reichte über die nördliche Giebelwand hinaus bis an den Markt und diente in dem vorspringenden Theile wahrscheinlich einer gröfseren Laube zum Unterbau.

Im Jahre 1455 wurde diesem älteren Bau ein gröfserer, von der Markt- nach der Köbelingerstrafse reichender Flügel am Markte hinzugefügt und dabei die Laube fortgenommen, bezw. in den Neubau eingeschlossen. Auch dieser Flügel erhielt einen Keller, flachgedeckte Erd- und Hauptgeschosse, sowie Giebel an den beiden genannten Strafsen. Der neue Keller lag 0,90 m tiefer als der alte, und der neue obere Saal war zugänglich von einer Freitreppe an der Stelle der Köbelingerstrafse, wo später (im Jahre 1565) der Apothekenflügel erbaut wurde. Wie damit diese Treppe wegfiel und eine neue innerhalb des Marktflügels angelegt werden mufste, so war schon 1480 die Freitreppe des alten Flügels an der Marktstrafse beseitigt, als man hier in seiner Verlängerung das Spritzenhaus aufführte. Gleichzeitig hatte der Saal des Marktstrafsenflügels eine Verbindungsthür vom Saale des 1455 vollendeten Anbaues am Markte erhalten.

Die Backstein-Architektur des älteren Theiles an der Marktstrafse ist für die beiden später hinzugefügten Bauten bestimmend geblieben. Sie zeigt spitzbogige Thore im Erdgeschosse, flachbogig gekuppelte schmale Fenster und den Backsteinfries mit Wappen und figürlichen Darstellungen in Blattwerk als Gurt zwischen den beiden Geschossen. Das Hauptgesims scheint ursprünglich eine Zinnenbekrönung gebildet zu haben; die Erker mit ihren aus Backsteinen gemauerten Relief-Figuren stammen erst aus dem Jahre 1503.

Der 1455 errichtete Flügel am Markte hat aufserdem über den Erdboden hervortretende Kellerfenster, sowie die charakteristische Anordnung der grofsen

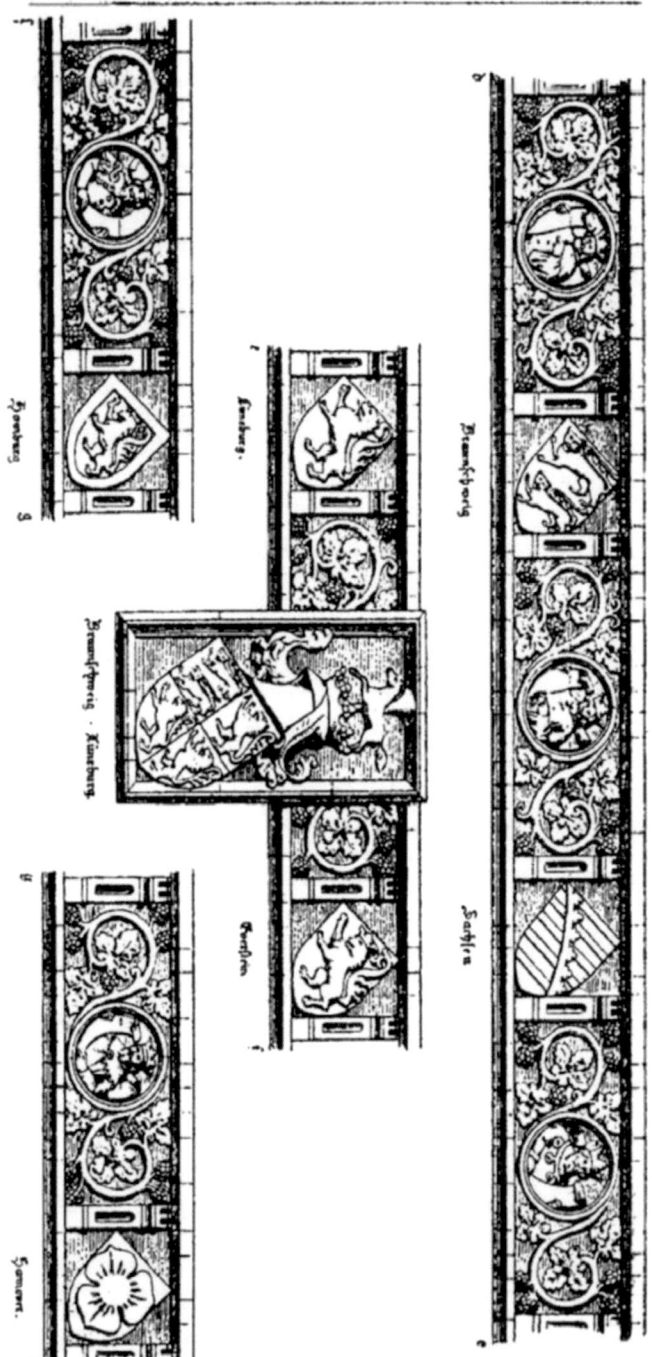

Theile aus dem Backstein-Friese am Rathhause.

Giebel, mit schräg gestellten, aus Profilsteinen gebildeten Pfeilern und dazwischen gespannten Blenden.

Ueber die Einrichtung des Rathhauses im Mittelalter finden sich nur dürftige Nachrichten. Das gewölbte Erdgeschofs des ältesten Theiles enthielt ursprünglich die Rathsstube, nachher das Archiv und die Probestube. Im Marktflügel befanden sich die Rathsküche («cokene») und wahrscheinlich Schreibstuben, sowie die spätere Rathsstube. Der ganze obere Raum ward von dem «Dantzhuse» und wahrscheinlich der 1476 von Arnold von Heyseide gegründeten Jakobskapelle eingenommen.

An sonstigen städtischen Gebäuden dieser Zeit werden die Stadtwage und der Schuhhof in unmittelbarer Nähe des Rathhauses, eine städtische Ziegelei und Kalkbrennerei (Röse) nahe der Aegidienmasch, ferner die Klick- und andere Mühlen erwähnt. Derselben Zeit gehören auch die noch heute vorhandenen *ältesten Wohnhäuser der Stadt* an. Sie sind sämmtlich von geringer Breite und stehen mit dem hohen Backsteingiebel an der Strafse. Ihr 5—6 m hohes Untergeschofs enthält eine Einfahrt, geräumige· Diele und wenige Wohngemächer, letztere häufig auf einem Zwischengebälke, das durch eine Treppe mit Gallerie von der Diele zugänglich gemacht ist. Das Obergeschofs erhält erst später Wohnungs-Räume. Meist bleiben die Häuser nur für des Besitzers Familie bestimmt, der seine Handelsgüter in den vielen Bodenräumen hinter dem schlanken Giebel, auf der Diele und im gewölbten Keller birgt. Ueber der Diele befindet sich die Oeffnung für die Winde, im Dielenpflaster eine Kellerluke.

Das Aeufsere dieser Häuser trägt fast immer schmucke Backstein-Architektur, namentlich in den abgetreppten Giebeln mit über Eck gestellten, wimpelgekrönten Pfeilern, sowie in den kleeblattförmig geschlossenen, meist gekuppelten Fenstern oder Blenden in vielfachen Stockwerken, die durch starke Wasserschläge und leichte Gurten getrennt sind. Das untere Stockwerk ist ruhiger gestaltet und enthält nur das spitzbogige Thor und wenige, mit Kleeblattbögen geschlossene Fenster. Die jüngeren Bauten vertauschen diese Bogenformen mit denjenigen der Flachbögen.

Ansicht eines Hauses an der Marktstraße zu Hannover (Nr. 48)

«Isern Porte».
Wohnhaus vom Jahre 1439 an der Marktstraße.
(Zustand vom Jahre 1849 nach Mithoff's Archiv.)

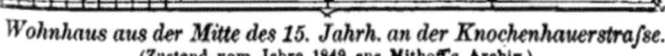

Wohnhaus aus der Mitte des 15. Jahrh. an der Knochenhauerstrafse.
(Zustand vom Jahre 1849 aus Mithoff's Archiv.)

Von den heute noch vorhandenen Wohnhäusern
des 15. Jahrhunderts sind einige Beispiele vorstehend
abgebildet.

Es kommen die Zeiten der Reformation, der Reli-
gionswirren und des grofsen Krieges, und, wie sie über
das deutsche Reich ein Füllhorn unsäglichsten Jammers
ausschütteten, so blieb auch die Stadt an der Leine
nicht geschützt vor Sorgen und Noth. Immerhin aber
wurde sie doch vor dem Schicksale der Verwüstung,
welchem so manche stolze Heimstätte deutschen Bürger-
thums in diesen schrecklichen Zeiten erlag, bewahrt.

Schon im Jahre 1534 wurde nach mannigfachen
Kämpfen zwischen den evangelischen Bürgern und dem
katholischen Rath, ja nach in Szene gesetztem Aus-
zuge des letzteren nach Hildesheim und darauf folgender, kommunistisch angehauchter kurzer Periode, der
neue Glauben Beherrscher der Stadt, und auch der
katholische Erich konnte es nicht hindern, dafs ein
evangelischer Rath gewählt und fortan in allen Kirchen
evangelisch gepredigt wurde.

1536 trat die Stadt dem schmalkaldischen Bunde
bei. In kirchlicher Benutzung blieben von hier ab nur
die drei grofsen Stadtkirchen und die Marienkapelle
auf der Neustadt, während die zahlreichen klösterlichen
Kapellen nach dem Fortzuge der Mönche sämmtlich
eingingen.

Den Männern des neuen Rathes und seinen Beamten, namentlich dem Stadt-Superintendenten, der von
1455 an (bis heute) den Titel «Senior» führt, ist das
Zeugnifs nicht zu versagen, dafs sie die Wogen des
Aufruhrs, welche in der Stadt kurz zuvor gestürmt,
mit grofser Umsicht und Klugheit zu ebnen ver-
standen. Aber gegen die Stürme von draufsen, gegen
die Unbilden, welche Herzog Erich II. seinem Lande
zufügte, und welche das kurze Regiment der edlen
Fürsten Julius und Heinrich Julius kaum zu heben
vermochte, endlich gegen die Schrecknisse des 17. Jahrhunderts war auch die stetige Vorsicht und weise Regierung der Stadtväter nicht im Stande, die Bürger zu
schützen. Schlimm hausten die Scharen Tilly's in der
Nachbarschaft, schlimmer noch die dänischen Besatzun-
gen in der Stadt, und grofse, fast unerschwingliche
Summen erforderte die Sorge, Hannover vor dem Schlimm-
sten, vor der Zerstörung zu bewahren.

Hannovers Wohl und Glanz schien in diesen Zeiten
dem Untergange geweiht. Der Binnenhandel hatte
nach Auffindung der Seewege schon früher von seiner
Bedeutung eingebüfst. Der kräftig ersprossene Stamm
der Gewerbthätigkeit welkte; Kriegsnoth und Seuchen
decimirten die Bevölkerung, die kaum noch auf eine
Seelenzahl von 10000 geschätzt werden darf.

Aber die Zeit des fürchterlichsten Elendes barg
auch den Keim zu neuer Blüthe, die in späteren Jahren
zu ungeahnter Pracht sich entfalten sollte. Es war

das die Erhebung Hannovers zur fürstlichen Residenz durch Herzog Georg.

Den calenbergischen Fürsten von Erich I. an hatten zuerst die Schlösser im schönen Münden, dann zu Pattensen, Calenberg, Coldingen und Neustadt am Rübenberge als Residenzen gedient. Sie waren Opfer der Kriegesstürme geworden, und eine sichere Zufluchtsstätte blieb schließlich allein die noch immer wohlbefestigte Stadt an der Leine. Am 16. Februar 1636 zog Herzog Georg ein, am 17. wurden von ihm auf dem Rathhause die Privilegien der Stadt bestätigt, und nach der Huldigung am folgenden Tage verkündete der Herzog dem erstaunten Rathe seinen Entschluß, in Hannover dauernd residiren zu wollen. Dem Rathe schien diese Aussicht noch keineswegs verlockend, vielmehr beengend und bedrückend, und nicht ohne Schwierigkeiten kam der Residenzvergleich zu Stande, den die Stadt zu bereuen wahrlich nie Ursache gehabt hat.

Das Minoritenkloster an der Leinstraße, in welches nach dem Fortzuge der Kapuziner-Mönche ein Stadtzeughaus, Münze und Magazine sich befanden, ersah der Fürst sich aus, um im folgenden März hier unmittelbar am Leinestrande den Bau eines Residenzschlosses zu beginnen. Zeitweilig wurde noch die Residenz in Hildesheim aufgeschlagen; 1640 war der Leineflügel des Neubaues in Hannover vollendet, den Georg sofort bezog, dessen er aber nur ein Jahr froh sein sollte, da er 1641 auf einer Reise in Hildesheim starb.

3.
Herzogliche Residenz.
1636—1714.

Nicht sogleich machte sich der Vortheil geltend, welchen Hannover aus der Verlegung der herzoglichen Residenz hierher ziehen konnte. Das Elend hatte zu tiefe Furchen gezogen, Hunger galt es noch zu viel zu stillen, Krankheiten überall zu bekämpfen. Flüchtlinge aus der verwüsteten Umgegend füllten die Häuser und die Kassen waren nach den fast unerschwinglichen Kontributionen Tillys und der Schweden erschöpft.

Aber der Zeiten Noth schuf auch Charaktere, Männer, deren starke Hand die Stadt aus dem Elend wieder emporhob. Solch ein Mann ist Johann Duve, der in einer Baugeschichte Hannovers besonderer Erwähnung verdient, weil er seine Vaterstadt mit so manchem Bauwerke beschenkte und die meisten derselben selbst errichtete.

Der im Jahre 1611 geborene Kaufmann und
Rathsherr *Johann Duve* gründete 1643 ein Waisen-
haus. Er sann auf Abhülfe gegen die vielen Ueber-
schwemmungen durch die Leine und bauete 1651 den
«*Schnellen-Graben*», die Ableitung der Leinewässer in
der Masch oberhalb der Stadt in die tiefer gelegene
Ihme (Ricklinger Beeke), dann 1667 das steinerne
Wehr zu Döhren am oberen Leinelauf. Er schmückte
die städtischen Kirchen mit Altären und trat für die
Wiederherstellung der durch einen Orkan im Jahre
1630 arg verwüsteten Kreuzkirche ein. Endlich wurde
er der eigentliche *Vater der Neustadt*, in welcher
er vierzig Häuser, elf Brunnen und einen Kunstbrunnen auf ihrem, durch Ausfüllung des Judenteiches
gewonnenen Markte errichtete. Selbstlos waren diese
Unternehmungen, denn der reiche Patrizier opferte
dabei sein ganzes Vermögen.

Nach dem Tode Georg's I. bestiegen in rascher
Folge den Thron die Brüder Christian Ludwig, Georg
Wilhelm und Johann Friedrich. Des letzten Fürsten
reger Geist, sein Interesse für Wissenschaft und Kunst
und seine Prachtliebe wirkten günstig auf Hebung des
Wohlstandes in der Stadt und fördernd auf ihr kul-
turelles Leben. Er war's, der Leibniz nach hier berief,
um durch ihn die Staats-Bibliothek verwalten zu lassen,
und der eine Oper schuf, die bis heute eine der ersten
deutschen Pflegestätten der Musik und dramatischen
Kunst geblieben ist.

Als Johann Friedrich kinderlos im Jahre 1679 starb,
trat sein jüngster Bruder Ernst August die Regierung
an, die derselbe zu des Landes Segen und der Stadt
Wohlfahrt bis zum Ende des Jahrhunderts führte. Der
glänzende Hof in Hannover, welchen der vom Kaiser
im Jahre 1692 mit der Kurwürde belehnte Ernst
August führte, an welchem die edle, hochgebildete
Kurfürstin Sophie strenge Sitten und Formen aufrecht
erhielt und ihr Freund Leibniz den Ton wissenschaftlichen Interesses und feiner Gelehrsamkeit angab, galt
als ein Muster der damaligen europäischen Hofhaltungen.

So war es denn durch ein Zusammenwirken glück-
licher äußerer Umstände und kluger, energischer Handhabung der städtischen Angelegenheiten von Seiten der
Männner des Rathes möglich geworden, daß die Stadt
die schlimmen Folgen des großen Krieges verhältniß-
mäßig rasch überwand. Sie stand gegen das Ende
des 17. Jahrhunderts wieder kräftig da und sah voll
muthiger Zuversicht in die Zukunft, die sich immer
günstiger zu gestalten schien. Ihre Einwohnerzahl, die
im Kriege unter 10000 gesunken war, betrug schon
nahe an 14000, und die neu erblühende Gewerbthätig-

keit, sowie die Anziehungskraft, welche die glänzende Hofhaltung auf Fremde ausübte, ließ die fortgesetzte Steigerung dieser Zahl erhoffen.

Ansicht von Hannover im Jahre 1636.

Nach einem Holzschnitte des Elias Holwein vom Jahre 1636 aus Mithoff's Archiv

Die Wende des Jahrhunderts nöthigt zu einem abermaligen *Rückblick auf die bauliche Entwicklung seit dem Jahre 1500.*

Als «General-Vestung» wird die Stadt in Mittheilungen dieser Zeit oft genug bezeichnet und als solche erscheint sie in dem Plane von 1700. Die kriegerischen Zeiten hatten vor allem das Augenmerk auf Vervollständigung, sowie Vermehrung der Wälle und Mauern gerichtet, und die Erhebung der Stadt zur Residenz des Herzogs war ein weiterer Anlafs, ihre fortifikatorische Stärke zu vermehren. Es ist früher gezeigt worden, dafs die Stadt hinter den Gärten der Wohnhäuser ursprünglich nur mit bethürmter Mauer und davor liegenden Gräben umzogen war, und dafs im 15. Jahrhundert vor diesem, später allmählich versumpfenden, schmalen Graben ein breiter Wall und neuer Graben von 10—15 m Breite gezogen wurde. Eigentliche Werke umgaben bis dahin nur die Thore, und in den Kriegen des 16. und 17. Jahrhunderts stellte sich bald heraus, dafs die dazwischen liegenden Theile der einfachen Umwallung den fortgeschrittenen Belagerungsmitteln nicht gewachsen waren. So wurden sie durch Anlage von Bastionen verstärkt. Als dann Hannover Residenz geworden, und die Neustadt schon erheblichere Ausdehnung gewonnen, erschien es unabweislich, auch diese in die Mauern einzuziehen. Etwa im Jahre 1650 war das Werk der Herstellung von Kurtine, Wall und Wassergraben mit zahlreichen Bastionen und Aufsenwerken in kunstgerechter Form vollendet. Darnach wurden die starken Thürme am Leinethor überflüssig und im Jahre 1680 abgetragen.

Die so kompletirte Festungslinie hat im Anfange des 18. Jahrhunderts, welcher zugleich die Zeit ihrer gröfsten Stärke ist, die nachfolgend beschriebene Lage.

Der südliche Eintritt des inneren Leine-Armes in die Stadt ist beherrscht durch die kleine Bastion am Himmelreich. Von hier ab nimmt der Wall die gerade Richtung der Friedrichstrafse bis zur südöstlichen Bastion mit Windmühle nahe der kleinen Wallstrafse, dann die der grofsen Wallstrafse, um im Kreuzpunkte der heutigen Breitenstrafse das alte Aegidienthor zu treffen, welches mit Aufsenthor und vorgeschobenen Werken auf dem heutigen Aegidienthorplatze umgeben ist. Der Georgsplatz giebt der «Eileriede-Bastion» Raum, und der auf der Georgstrafse fortlaufende Wall trifft nordöstlich die Bastion auf dem Windmühlen-(«Sparren»-) Berge, der heute den Theaterplatz bildet, dann an Stelle des abgebrochenen Packhofes nahe der Bahnhofstrafse die «Bothfeld-Bastion» und endlich im Norden das Steinthor mit vorgelegter Bastion und Aufsenwerken am Eingange der Goethestrafse. Zwischen ihr und der Schillerstrafse erstreckt sich der Altstadtwall bis zum «Cavalier», der letzten Bastion am rechten Leineufer, während deren Austritt durch die Werke am Cleverthore beherrscht wird.

Die *Neustadt* auf dem anderen Ufer ist umzogen von dem Kranze der fünf Bastionen hinter der katholischen S. Clemenskirche, ferner an Stelle des heutigen Friederikenstiftes, der Adolfstrafse, des Leibniz-Monumentes und der Friederikenbrücke am äufseren Leine-Arm. Zwischen diesen Bastionen liegen westlich die Werke des Calenberger-Thores und zwei Ravelins am heutigen Goetheplatz und Militärlazareth. Der ganze Festungsring bis auf den Theil an der Aegidienmasch ist endlich von einem bedeckten Wege aufserhalb des Grabens umgeben, welch letzterer oben durch sog. «Bären», unten durch Ueberfälle mit der Leine in Verbindung steht und aufserdem vom Wolfs-, Schiff- und Falen- («faulen») Graben gespeist wird. Die beiden Flufsarme enthalten zwei Brücken am alten Leinethor, zwei am Friederikenplatz und je eine am Cavalier- und Cleverthore, denen 1688 die von Ernst August erbaute Schlofsbrücke hinzu tritt.

In der Altstadt selbst vollziehen sich nur geringe Veränderungen an den vorhandenen Strafsenzügen. Hie und da werden die alten vier parallelen Hauptstrafsen durch kurze und schmale Gassen verbunden, und aufser den nach den Thoren führenden Strafsen giebt es nur wenige Verbindungen von der inneren Stadt zum Walle, der durch Gärten von den Häusern getrennt bleibt. Draufsen liegen die Wiesen der Masch, die Gärten der Glocksee, das Steinthorfeld, sowie die Eilenriede. Ihre ersten Bäume stehen noch dicht vor dem Aegidienthore, wo sie der aus dem Moore kommende und von Torfschiffen befahrene Schiffgraben verläfst.

Unter den in dieser Periode in der Altstadt errichteten Gebäuden tritt vor allem das *Residenzschlofs* hervor, das Herzog Georg an Stelle des Barfüfserklosters und benachbarter angekaufter Häuserreihen zwischen dem alten Leinethorthurm und der

Klickmühle, im Jahre 1637 errichtete. Die Kirche wurde zum Theil erhalten und zur Schlofskirche gemacht. Der Neubau wurde zweihöfig angelegt und bekam 1686 nach Herrichtung eines Opernhausflügels an Stelle des v. Windheim'schen Patrizierhauses drei, durch Thore unter sich, bezw. mit der Lein- und Schlofsstrafse verbundene Höfe. Von diesen sämmtlichen Bauten ist heute nichts mehr sichtbar.

Die alten *Kirchen* erhielten in derselben Zeit mannigfache, nicht immer zu ihrem Vortheile gereichende Veränderungen. Der *Marktthurm* verlor am Christabend des Jahres 1699 seine Spitze, die stärker und mit Kupferbelag 1702 wieder aufgerichtet wurde. Das Aeufsere der Kirche ward durch theilweise angeklebte Gebäude (Hauptwache, Brodscharren, Garküche u. s. w.) verunziert. In nächster Nachbarschaft, am Hoken- und Scheffelmarkte standen Pfarrhäuser, sowie die lateinische Schule, die Wage u. s. w., am Ende der Marktstrafse der nach Vollendung der Stadtbornkunst am Himmelreiche hier aufgestellte Kunstbrunnen.

An der *Aegidienkirche* mufste 1664 der schöne gothische Thurm wegen zu schwacher Fundamente abgebrochen werden; der heutige zopfige Thurmbau stammt von 1703—1717. Das Innere verlor nach der Reformatien die meisten seiner Schätze.

Die *Kreuzkirche* wurde durch Hinzufügung eines nördlichen Seitenschiffes im Jahre 1591 abermals erweitert. 1630 schlug ein Gewitter die Thurmspitze herab und Johann Duve erbaute 1654 für 10000 Thlr. den heutigen, schlank emporsteigenden Renaissancehelm, ebenso den südlichen reichen Anbau mit Duve's Erbbegräbnifs.

Das *Rathhaus* wurde 1576 restaurirt und erhielt dabei an der Marktstrafse und am Markte auf Holzsäulen gestellte erkerartige Ausbauten, von denen derjenige am Markte mit dem Dantzhuse in Verbindung stand und zu Verkündigungen benutzt wurde. Das Erdgeschofs am Markte enthielt die Rathsstube mit gemalten Wappen der Patrizier-Geschlechter und Gilden in den Fenstern, mit Kaminen auf dem Gipsboden, grofsen Kronen an den Decken, Gemälden und Teppichen an den Wänden. — 1657 erforderte der Bau eine abermalige Reparatur, der Keller blieb immer

Waaren- und Weinkeller, in dem schon von Alters
her eine «rechte ordinari Weinschenk» eingerichtet war.

Die *Raths-Apotheke* ward als Flügel des Rathhauses an der Köbelingerstrafse 1566 errichtet. Sie
bestand aus einem unteren steinernen, sowie zwei

Die Kreuzkirche.

hölzernen Obergeschossen und war ein vorzüglicher
deutscher Renaissance-Bau mit prächtigen, in Stein
gearbeiteten Thüren, sowie aufserordentlich reich und
in edler Zeichung geschnitzten Balkenköpfen, Ständern,
Füllungsbrettern u. s. w. an den übergekragten Obergeschossen, die durch zahlreiche, um die Ständer ge-

kröpfte Gesimse getrennt wurden. Dieser Apothekenflügel hat 1844 dem neuen, von Andreae gebauten
Rathhausflügel leider weichen müssen. Ihm gegenüber
lag der 1428 niedergebrannte und neu erbaute Fleisch-
scharren (»Coldunenborch»), dessen obere Räume auch
zu Festlichkeiten dienten.

Den »*Ballhof*» errichtete Herzog Georg Wilhelm
im Jahre 1649 (an Stelle der 1445 hierherverlegten
und 1630 eingestürzten S. Gallenkapelle) als Ball-
spiel-Saal. Später wurde er für Konzerte, Bälle und
Theaterspiel freigegeben.

An der Leine wurde 1534 an Stelle eines älteren
Hauses der Beghinen ein Rathsmarstall erbaut. Das
gleichzeitig aufgeführte neue Kloster am heute noch
erhaltenen Beghinen-Thurm ward nach dem Abzuge
der Beghinen zu einem Kornmagazin und 1649 zum
landesherrlichen *Arsenal* eingerichtet. Daneben wurden die fürstlichen *Marställe* 1682 und 1712, das
Reithaus 1714 erbaut.

Von den sonstigen gröfseren Gebäuden dieser Zeit
sind zu erwähnen von 1711 das *Landschaftsgebäude*
(jetzt abgebrochen) an der Osterstrafse, das *Brauer-
gildehaus* daselbst von Johann Duve, das in seiner
Renaissance-Architektur zum Theil noch erhalten ist,
das Stadtkommandantenhaus von 1645 (jetzt Raths-
apotheke) und der Scheelenhof (jetzt Residenztheater)u. a.

An Werken sind die *Klickmühle* von 1442, die
Brückmühle von 1586, ferner der Wasserthurm am
Himmelreich mit der *Bornkunst,* die mittels unterschlächtigen Wasserrades und 6 Pumpen das Leinewasser einer Leitung von hölzernen Röhren zuführte,
zu nennen.

Grofse bauliche Umwälzungen vollziehen sich innerhalb der von den neuen Festungs-Werken umgebenen
Neustadt. Die Strafsenanlagen und Bauten Duve's von
1664 sind bereits erwähnt. Der Judenteich, welcher
ursprünglich zum Schlosse Lauenrode gehört hatte
und zum Fischteich für die Hofhaltung diente, wird
zur selben Zeit zugeworfen. Seine Stelle nimmt der
Markt mit dem von Duve geschenkten, mit allego-
rischen Steinbildern reich ausgestatteten (1802 abgebrochenen) Parnafs-Brunnen und die 1670 einge-
weihete *S. Johanniskirche* ein. Ihr Thurm mufs
1691 wegen schlechter Fundamentirung schon wieder

abgetragen werden, wonach 1702 der neue zopfige Thurm für 20000 Thlr. erbaut wird. In der Kirche findet Leibniz die ewige Ruhe, und sein Grab erhielt den bekannten Leichenstein mit der Aufschrift «Ossa Leibnitii». — Auf dem Berge hinter der neuen Kirche errichtet Molinus, der Vogt der Neustadt, 1608 für die Juden einen *Tempel*, der aber schon 1613 auf fürstlichen Befehl niedergelegt werden mufs. 1704 ersteht daselbst eine neue Synagoge. Sonst sind noch die fürstlichen Absteigehäuser, der von Molinus 1617 erbaute Osnabrücker Hof und der Fürsten-Hof hier zu erwähnen, sowie die 1712—1718 erbaute katholische *S. Clemenskirche* auf «Derer von Windheim Hoff».

Aufser diesen öffentlichen und gröfseren Bauten erhalten Alt- und Neustadt in derselben Zeit eine grofse Zahl von *Privatbauten*, unter denen nicht wenige von erhöhtem architektonischen Interesse sind. Sie haben im Wesentlichen die alte Grundrifsform, und auch das Aeufsere gleicht in der Gesammtform mit den zahlreichen Stockwerken und hohen Giebeln, den Giebelhäusern des 15. Jahrhunderts. Dahingegen erhalten die Giebel veränderte arckitektonische Gliederung, indem die alte vertikale Pfeiltheilung aufgegeben und durch Gurten, Friese und Brüstungsgesimse zu einer vorherrschend horizontalen gemacht ist. Die Giebelstaffeln sind dabei beibehalten, aber durch aufgesetzte Voluten, Figuren-Gruppen oder Postamente mit Pyramiden und Kugeln vermittelt. — Sowohl im Massiv-, wie im Fachwerkbau wird der Schwerpunkt in eine ungemein reiche Belebung der Fläche, ja Auflösung derselben durch Facheintheilung, sowie einen Ueberzug von Ornamenten und bildlichen Darstellungen gelegt, und es führt dieses System demnächst zu arger Ueberladung der Façaden.

Die Gesimse zeigen derb gehaltene antike Profile, die Thürme und Thore Kreisbogen, meist mit Engelköpfen im Schlufssteine. Die geraden Fenster sind durch Pfosten mit zarten Halbsäulchen, Hermen, Karyatiden u. s. w. in 2, 3 und 4 schmale Theile zerlegt. Ebenso werden die Fensterbrüstungen durch vertikale ornamentirte Streifen in Fächer getheilt. Die meisten der Häuser erhalten ferner zwei oder dreistöckige Auslagen, an denen sich wieder der ganze Uebermuth der Steinhauer und Bildschnitzer entfaltet.

«*Haus der Väter*» *von 1619*
(vor dessen Versetzung von der Leinstrafse im Jahre 1852).

Zwei vortreffliche Beispiele von massiven Bauten dieser Zeit sind in den unter dem Namen «*Haus der Väter*» und *Leibniz-Haus* bekannten Patrizierhäusern erhalten.

«*Haus der Väter*» von 1619
(im heutigen Zustande nach der Versetzung an die Langelaube).

Ersteres ward von Dietrich von Anderten 1619 in der Nähe des späteren *Schauspielhauses* an der

Leinstraſse errichtet, 1852 hier abgebrochen und in
veränderter Form, aber unter sorgsamer Erhaltung
aller Details vom Ober-Baurath Mithoff als Wohnhaus des Professors Osterley an der Langenlaube
wieder aufgestellt.

Die Steinfaçade hatte zwei reich ornamentirte, rund-
bogige Thore und zahlreiche zweitheilige, gerade Fenster
in acht Stockwerken, von denen vier im Giebel lagen.
Dem ersten und zweiten Stock war ein hölzerner polygonaler Erker angefügt. Die Säulchen in den Fenstern sind

Leibniz-Haus von 1652 an der Schmiedestraſse.

karyatidenartig behandelt, die Brüstungen durch ornamentirte Streifen zerlegt und die Giebelstaffeln mit
phantastischen Thiergestalten, Lanzen- und Fahnen-
trägern bestellt. Der ganze bildnerische Schmuck

*Wohnhaus aus dem 17. Jahrhundert an der Knochen-
hauerstrafse.*

scheint zusammenhängende Deutung zuzulassen und ist
von Blumenhagen, wie folgt, interpretirt:

«Nahst du als *Feind,* so wahre dich,
Tod und Verderben laurt auf dich!
Kommst du als *Freund,* so sei willkommen;
Von Lieb und Freundschaft aufgenommen
Ist, was das Haus besitzt, bereit
Für dich in deutscher Gastlichkeit! — »

Das andere Beispiel ist das Haus der Familie Limburg
an der Schmiedestrafse, aus dem Jahre 1652 (s. S. 72).
In ihm wohnte Leibniz und ward 1759 Iffland geboren. Der Ge-
sammtaufbau
ist dem des vor-
beschriebenen
Hauses ähn-
lich, die Orna-
mentik aber
noch üppiger
und über die
ganze Façade
ausgebreitet.
Namentlich die
dreistöckige
Auslage ist von
den Steinbil-
dern mit Sce-
nen aus dem
alten u. neuen
Testamente
fast überzogen.
Andere ähn-
liche Wohn-
häuser des 17.
Jahrhunderts
finden sich an
der Osterstr.
(Nr. 1 und 68),
an der Leinstr.
(Nr. 32 vom
Jahre 1583),
am Markte
(Nr. 6 und 16),

*Bildschnitzerei von der «Coldunenborch»
aus dem 16. Jahrhundert.*
Aus Mithoff's Archiv.

Schmiedestrafse (Nr. 5 und 9), Marktstrafse (Nr. 51),
sowie an der Knochenhauerstrafse (Nr. 36), von welch
letzterem auf Seite 73 eine Zeichnung gegeben ist.
Die *Fachwerksbauten* aus gleicher Zeit, welche die
Freude derselben an üppigem bildnerischen Schmuck
der Häuser nicht weniger zum Ausdruck brachten, sind
bis auf wenige Beispiele und Reste heute verschwunden.
Häufig sind die Häuser im Untergeschofs massiv und
in den Obergeschossen von Fachwerk. Beispiele dieser
Art sind der abgebrochene Apothekenflügel des Rathhauses, die noch erhaltene frühere Hofschule, jetzt Stadt-
leihhaus an der Burgstrafse (Nr. 23), sowie einige Häuser
an der Osterstrafse.

4.
Kurländische und königliche Hauptstadt.
1714 – 1737.

Am 23. Januar 1698 hatte ein Schlagflufs das Leben
des Kurfürsten Ernst August geendet, und sein kluger,
energischer Sohn Georg Ludwig die Regierung ange-
treten, die er bis 1714 in Hannover führte, um dann als
Georg I. den Königsthron von England zu besteigen,
nachdem das Parlament in London schon 1701 die
protestantische Kurfürstin Sophie und deren Nachkommen zu Erben der englischen Krone bestimmt hatte.
Verlor auch die Hauptstadt des Kurlandes damit
den Glanz einer ständigen Residenz, so übte sie doch
auf die englischen Könige Georg I. und II. immer eine
heimathliche Anziehungskraft aus, und es vergingen
selten einige Jahre, ohne dafs im Residenzschlosse oder
in Herrenhausen das königliche Hoflager für einige
Monate aufgeschlagen wäre.
Die Stadt wurde zu dieser Zeit geleitet von dem
gelehrten Bürgermeister Grupen, dem sie zahlreiche
Stiftungen, Neubauten, sowie namentlich auch eine
Sammlung ihrer historischen Ueberlieferungen verdankt.
Schlimme Tage zogen während seiner Amtsdauer dagegen wieder herauf nach der durch Georg's II. Sohn
im siebenjährigen Kriege gegen die Franzosen ver-
lorenen Schlacht bei Hastenbeck. Die Stadt, welche
seit 500 Jahren keinen Feind durch die Thore hatte
dringen sehen, mufste dem Einzuge Richelieu's im
August 1757 wehrlos zuschauen, und erst im Februar
des folgenden Jahres wich die französische Besatzung
dem rächenden Ferdinand von Braunschweig. Das
Kurland war inzwischen die Goldgrube der Franzosen geworden, — Richelieu baute sich in Paris einen
Pallast, den man den «Pavillon von Hannover» nannte —
aber die Stadt ging doch wenigstens unverwüstet aus
der schlimmen Zeit hervor.

Während Georg's III. langer Regierung blieb die ehemalige Residenz verwaist, und, während der König in England von seinen Kurlanden sich nur berichten liefs, beherrschte der hannoversche Adel, in dessen Hände nach und nach alle einflufsreichen Stellen gelangt waren, das Land. Dagegen hatten die Bürger Hannovers wieder das Glück, einen weitsichtigen Mann an der Spitze ihrer städtischen Regierung zu sehen. Es war der Nachfolger Grupen's, Alemann, der mit offenem Herzen und geschickter Hand die Nachwehen des Krieges zu glätten und, wo es nöthig, den Uebergriffen des Adels zu begegnen verstand. Auch er versah die Stadt mit wichtigen Bauanlagen.

War auch der Hof weit entfernt, so waren doch die Zeiten der Kurfürstin Sophie und Leibniz' in Hannover nicht vergessen und deren Anregung auf so günstigen Boden gefallen, dafs Hannover die Eigenschaft einer in geistiger Beziehung bevorzugten und hervorragenden Stadt nicht verlor. Vielmehr blieb der Kunst eine vortreffliche Pflegestätte im Theater, das den jungen Hannoveraner Iffland für die Schauspielkunst entflammte, ebenso der Musik in der königlichen Kapelle und ihren Ballhof-Konzerten. Das literarische Hannover glänzte in den Jahren 1770—1780 durch die Namen Leisewitz's, Hölty's und Zimmermann's. Die Stadt zählte mehrere hohe Schulen, daneben die Ingenieur- und Artillerieschule, der Gerhard Scharnhorst als Lehrer angehörte, und das Schullehrer-Seminar, eine Stiftung Böttcher's.

Die Bürger selbst aber genossen der Ruhe und des sich immer mehr verbreitenden Wohlstandes. War auch der Handel längst nicht mehr von der Gröfse desjenigen zur Zeit der Hansa, so schaffte die Hofhaltung den Gewerbetreibenden und Geschäftsleuten reichlichen Ersatz, und der Aufwand der Behörden, des Adels, der Garnison versorgte die Bürger mit lohnendem Verdienst auch in den Zeiten, da der Hof, in England weilte.

Die Stadt wurde im 18. Jahrhundert namentlich ein Sitz der Gold- und Silberstickerei, der Posamenterie, der Juwelier- und Galanterie-Gewerbe und verwandter Industrien. Im Jahre 1740 ward auch die seit dem 16. Jahrhundert darnieder liegende Schiffahrt nach Bremen wieder belebt, in Linden ein Stapelplatz derselben etablirt und damit zur Entwickelung dieses Vorortes der erste Schritt gethan.

Die Stadt bot ein freundliches Bild der Zufriedenheit und Wohlhabenheit, als auch in ihre Thore die Leiden der Fremdherrschaft einzogen. Nach ausgebrochenem Kriege zwischen England und Frankreich sahen Hannovers Bürger schon im Frühjahr 1803 die Franzosen einziehen. Alles vorgefundene kurfürstliche Mobiliar-Eigenthum wanderte nach Paris und die Theuerung nahm solche Dimensionen an, dafs auch die allgemeine Verarmung der Bürger und Einwohner nicht aufzuhalten war.

Im Jahre 1805 ward das Kurland durch Preußen okkupirt; doch das Benehmen der preußischen Beamten und Offiziere trug dem neuen Regimente noch größeren Haß der hannoverschen Bürger zu, als den Franzosen zu Theil geworden war. Nach der Schlacht von Jena mußten auch sie die Stadt wieder verlassen, um dem General Mortier Platz zu machen, und Hannover wurde in der nächsten Zeit der Knotenpunkt für die Märsche der Armeen aller europäischer Völker. — Die Durchziehenden füllten ihre Taschen; Hannovers Familien aber geriethen nach und nach an den Bettelstab. Der Steuerdruck und die Einquartierungslasten waren derart unerträglich, daß die Hausbesitzer ihre Häuser verließen und deren Schlüssel aufs Rathhaus trugen. Dazu griffen schlimme Krankheiten um sich, indeß Jérome kam, «ein braves Volk aus langer Nacht zu heben», mit welchen Worten ein bezahlter Dichter ihn in Hannover begrüßte. — —

Doch das Jahr 1813 brachte auch der schwergeprüften Stadt den Segen seines 18. Oktobers. Am 4. November zogen der Herzog von Cumberland mit den Truppen, am 19. Dezember der freudig empfangene General-Statthalter Herzog von Cambridge in Hannover ein. Dem Letzteren ward dann bald die Würde des Vizekönigs verliehen, nachdem der Wiener Kongreß das Kurland zum Königreich erhoben hatte.

Die folgenden Jahre der Regierung Georg's III., Georg's IV. und Wilhelm's waren für Königreich und Stadt die Zeit des Ausbaues der Verfassung, der Verwaltungs-Organisation u. s. w. Hannover erhielt im Jahre 1821 seine Magistrats-Verfassung, nach welcher die Justiz von der Stadtverwaltung getrennt, dem Magistrate ein Stadtdirektor vorgesetzt und ein Bürgervorsteher-Kollegium mit einem Bürgerworthalter an der Spitze gebildet wurden. Bald nachher ward auch die politische Vereinigung der Alt- und Neustadt vollzogen.

Am 24. Juni 1837 starb der letzte König von England aus dem hannoverschen Hause. Seine Nachfolgerin war nach englischem Thronfolgegesetze Victoria, indeß den königlich hannoverschen Thron nach salischem Gesetze nur ein männlicher Erbe besteigen durfte. Dieser war der Oheim Victoria's, der vierte Sohn Georg's III., Ernst August, und so fand die Personal-Union der beiden Königreiche nach 123 Jahren ihr Ende.

Die Stadt Hannover aber sah den Herzog von Cambridge scheiden und begrüßte am 28. Juni 1837 den neuen König in ihren Mauern, um damit in die Würde der königlichen Residenzstadt einzutreten.

Das wichtigste und maßgebende Moment in der *Baugeschichte der Stadt im 18. Jahrhundert* ist die bald nach seinem Beginne reifende Erkenntniß, daß der Ausbau des Festungsgürtels (s. Plan von 1822),

so stark er früher gefördert war, so ungeheure Geld-
mittel und Mühen er erfordert hatte, mit den mächtigen Fortschritten des Kriegs- und Belagerungswesens
ferner nicht gleichen Schritt zu halten vermochte,
da Hannovers natürliche Lage denselben nicht be-
günstigte, und die wachsende Einwohnerzahl eine Ausdehnung der Stadt über den Festungsgürtel hinaus
gebieterisch erheischte. 1741 begann man mit Entfernung der «Leuchte» am Steinthore, 1747 folgte
die Demolirung der Werke am Aegidienthor und die
Erbauung der Aegidienneustadt durch Bürgermeister
Grupen. Die letztere Anlage bestand in einfachen, dem
Walle am alten Aegidienthor parallel gelegten, rechteckigen Häuserblöcken, mit der einzigen Abweichung,
dafs eine Strafsenkreuzung durch rechtwinklige Ein-
ziehung der Ecken zu einem Platze erweitert wurde.
1767 ward der Gürtel vor dem Residenzschlosse durchbrochen und die Esplanade angelegt, die 1787 mit
dem Leibniz-Denkmale als Endpunkt geschmückt wurde.
1780 endlich geschah die Schleifung aller Aufsenwerke,
der Abbruch der alten Thore mit ihren Thürmen, das
Abtragen der Wälle und die Einengung der Festungs-
gräben.

Der erste Anfang einer Gestaltung des durch Nieder-
legung der Wälle freigewordenen Terrains zu Prome-
naden und Strafsen ward 1787 mit der Anlage der
Friedrichstrafse gemacht. Alsbald folgte die *Georgstrafse,* während die Neustadt noch von dem Kanonen-
und Adolfswalle umzogen blieb.

Schöpferisch griff in diese Verhältnisse erst der
Hof-Baudirektor Laves ein, der zunächst 1825 im Anschlufs an die vollständige bauliche Umgestaltung des
Residenzschlosses den *Friederiken- und Waterlooplatz*
schuf. Wie alle Laves'schen Projekte, zeigt auch diese
Anlage des Meisters gesunde Auffassung gegebener Verhältnisse und seine frische kühne Gestaltungskraft. Die
Richtung der in der eigenthümlichen Form des Marktthurmes besonders ausgeprägten Diagonale, welche
gleichzeitig dessen günstigste Erscheinung gewährt,
wählte Laves zur Axe des grofsen Platzes, die den
Mittelbau des Residenzschlosses schneidet und an ihrem
südwestlichen Ende die stattliche, 1832 vollendete
Denksäule erhielt. Leider blieb das symmetrisch geplante Schlofs in seinem östlichen Flügel unvollendet,

wodurch die Grofsartigkeit der Gesammt-Anlage geschädigt ist. Der Flügel sollte an die Stelle des alten
Schauspielhauses und benachbarter Häuser treten, kam
aber auch nach deren Abbruch nicht zur Ausführung,
und so zeigt das Schlofs noch heute an dieser Seite
ein ruinenhaftes Aeufsere.

Noch freier konnte sich der fürstliche Architekt
in dem Entwurfe der Bebauungspläne für die andere
Seite der Stadt bewegen. Als nämlich die Einwohnerzahl, welche ums Jahr 1700 auf etwa 14000, 50 Jahre
später auf 15000 und um 1800 auf 20000 sich belief,
dann in der Leidenszeit zwar wieder auf 15000 gesunken, aber bei der nach den Freiheitskriegen neu er-
blühenden Handels-, industriellen und Gewerb-Thätigkeit
im ersten Viertel des neuen Jahrhunderts schon auf
etwa 25000 angewachsen war, auch in fortschreitender
Steigerung zu bleiben schien, da fafste man auch die
weitere Ausdehnung nach Osten durch Hereinziehung
des Steinthorfeldes ins Auge. Dies Projekt hatte zunächst einen Kampf mit der Bevorzugung zu bestehen,
welche der Vizekönig dem südlichen neuen Theile der
Residenz, nahe dem Waterlooplatze, zuwandte, drang
aber schliefslich doch durch und kam zur weiteren
Entwickelung und Vollendung, als die Eisenbahnprojekte
auftauchten, für deren Endpunkt in den Marschen an
der Leine kein Platz zu finden, das höher liegende
Steinthorfeld dagegen vortrefflich geeignet war. Die
von der Regierung schon im Jahre 1822 berufene
Königliche Baukommission, welcher die Sorge für die
Verschönerung der Residenz und die Prüfung aller
Baupläne für die neuen Stadttheile oblag, ertheilte
Laves daher im Jahre 1834 den Auftrag, den Plan
der Stadt-Erweiterung zu entwerfen, nach welchem
Hannover seine herrliche «*Ernst-August-Stadt*» er-
halten hat.

Auch bei dieser Schöpfung wurde der Architekt
von wahrhaft grofsartigen Gesichtspunkten geleitet.
Er fand zunächst in der Georgstrafse die Stützlinie
für die neuen Strafsenzüge, in den noch nicht abgetragenen Resten der anschliefsenden Bastionen aber
das Motiv für die schönen, aneinander gereiheten Platzanlagen des Aegidien-, des rechteckigen Georgs- und
des dreieckigen Theaterplatzes. Von der äufseren Spitze
des letztgenannten Dreiecks wurde eine breite Strafse

(Theater-) mit Baumreihen nach Nordosten, von seinen Schenkeln die symmetrischen Sophien- und Luisenstrafsen nach Norden und Osten geführt. Den südöstlichen Abschlufs bildete die längs des begradigten Schiffgrabens angelegte Prinzenstrafse. Seine noch grofsartigere, abschliefsende Erweiterung erfuhr der Plan alsdann im Norden durch die Anlage des grofsen polygonalen Bahnhofs- (Ernst-August-) Platzes mit seinen Radialstrafsen, von denen die mittlere wieder die Diagonale des Marktthurmes zur Axe hat und mit Baumreihen versehen ist. Die Einfügung dieser, durch neu erstandene Bedürfnisse nothwendig gewordenen, grofsartigen Anlagen in das vorhandene Strafsennetz mufs geradezu als Muster und Meisterwerk bauplanlicher Gestaltungen bezeichnet werden. Die Gröfsenverhältnisse der sämmtlichen Anlagen sind erhebliche, die Breiten der Strafsen wechseln zwischen 18 und 36 m, die Gröfsen der Plätze zwischen 1 und 5 ha.

In den architektonischen Leistungen bezüglich der Gebäude selbst hat die Zeit mit diesen vielfachen planlichen Umwälzungen nicht gleichen Schritt gehalten; vielmehr blieb der architektonische Ausbau der neu geschaffenen Strafsen und Plätze der nachfolgenden Periode vorbehalten.

Der Leineflügel des von Herzog Georg erbauten *Residenz-Schlosses* war 1741 abgebrannt und durch einen Massivbau ersetzt worden. Im Jahre 1817 ward von Laves die völlige Umgestaltung vorgenommen, die sich in dem heutigen Bau zeigt. Während das Aeufsere dabei gröfstentheils in einfachen Renaissanceformen gehalten blieb und nur an der Leinstrafse mit dem mächtigen korinthischen Portal-Frontispiz versehen wurde, erhielten die inneren Festsäle reiche Stukkaturen und Wandmalereien, wobei die Künstler Molthan, v. Bandel und Jacobs namentlich thätig waren. Die aus der alten Minoritenkapelle hergestellte Schlofskirche ward ebenfalls mit Stuckarbeiten in reicher Vergoldung, einem Altarbilde «Kreuzigung» von Luc. Kranach, welches einem Einbecker Altare entnommen war, und einer «Himmelfahrt» von Oesterley sen. als Freskogemälde versehen.

Das *Palais der Landschaft* an der Osterstrafse brannte 1809 aus und wurde 1820 für die Versammlung der Stände des Königreiches hergerichtet. Die

Garnisonschule an der Georgstraſse wurde 1826 erbaut und galt mit ihrem Säulenportikus als hervorragender Bau. Zur selben Zeit gestaltete Laves die
Aegidienkirche im Innern um, wobei leider die älteren
gothischen Steinpfeiler und Gewölbe beseitigt wurden.

Das Königliche Residenzschloſs und die Leinstraſse im Jahre 1825.

An neuen Kirchen war im Jahre 1747 die schmucklose
Gartenkirche auſserhalb des Aegidienthores erstanden.
    Von gröſserer Bedeutung sind dagegen die fürst-
lichen Anlagen und Bauten dieser Zeit in der Um-

gebung Hannovers. Schon 1665 hatte Herzog Johann
Friedrich das nahe alte Dorf *Herrenhausen* zu einem
Sommersitz erkoren. 1698 wurde der Garten durch
Ernst August bedeutend vergröfsert und mit seinen
Anlagen nach dem Versailler Muster mit Hecken und
üppigen Steinbildern versehen, sowie vom Hof-Bau-
direktor Quirini das heutige Schlofs und später der
Orangeriesaal erbaut. 1718—22 folgte die Anlage der
nach Leibniz' Entwürfen von dem Engländer Cleeves
ausgeführten Wasserkünste und 1726 die Pflanzung
der grofsen Allee von 1333 Linden. An Schlössern
des Adels wurden 1721 auf dem Puttenser Berge von
der Reichsgräfin Sophie von Platen-Hallermund «Monbrillant» und nahe dem Waterlooplatz, zwischen beiden
Leinearmen, von der Frau von Kielmansegge «Fan-
taisie», ferner 1750 vom Feldmarschall von Wallmoden
das Palais im Georgspark errichtet.

In Linden erstanden 1715 der *v. Alten'sche Garten*
mit Schlofs und 1727 eine neue *Kirche.*

Der *Privatbau* lag bis zum Ende der Periode
noch ziemlich im Argen. Die schmalen hohen Häuser
der Altstadt entsprachen in ihren Wohnungen ebenso
wenig den gesteigerten Ansprüchen an Bequemlichkeit,
Reinlichkeit und Gesundheit, als in ihrer äufseren Erscheinung und Form gerechten baupolizeilichen und
ästhetischen Anforderungen.

Namentlich, um bessere Wohnungen für Hono-
ratioren-Familien zu schaffen, hatte Grupen an hundert
Häuser in der *Aegidien-Neustadt* errichtet. Diese
spontane amtliche Fürsorge liefs aber wieder jede
ästhetische Rücksichtnahme aufser Acht und andrerseits war sie auch sehr unpopulär, da sie einem gewissen Kastengeiste ihre Entstehung verdankte und die
Häuser der Altstadt plötzlich stark entwerthete. Die
Folge war, dafs diese letzteren mit kleinen Leuten
vollgestopft wurden, und zum Theil bis heute kaum
glaubliche Zustände in den Wohnungen der Altstadt
herrschen. — Die Häuser Grupen's sind verputzte Fachwerksbauten mit hölzernen Dachgesimsen und Fenster-
umkleidungen, ohne irgend welche architektonische
Gliederungen.

Die ehemaligen Gärten an den zu Strafsen umgestalteten alten Wällen wurden zunächst nur langsam
bebaut und die neuen Bauplätze hatten noch so ge-

ringen Werth, dafs der Magistrat solche an der Georgstrafse z. B. unentgeltlich überliefs. (Heute werden Bauplätze daselbst mit 240 000 ℳ, d. i. 720 ℳ f. d. qm bezahlt.)

War die Aegidien-Neustadt das Beamten- und Hono-
ratioren-Viertel, so siedelten sich an der Friedrich- und
Georgstrafse die adeligen Familien (v. Bremer, v. Campe,
v. Wangenheim, v. Platen, v. Schulte, v. Linsingen u. s. w.)
an. Auch ihre Häuser erhielten, wenn auch massive,
so doch architektonisch wenig hervorragende, in nüch-
ternen napoleonisch-klassischen Formen gehaltene Façaden, deren einzige Ausstattung in vorgesetzten Säulen
und flachen Giebeln bestand.

Unter den Baumeistern der Periode, die erst später
aus diesem engen Kreise von Architekturformen sich
loszureifsen vermögen, tritt aufser *Laves* der nachherige
Kriegsbaumeister *Ebeling* hervor. Er wurde der erste
Lehrer der Architektur an der in dieser Zeit (1831)
begründeten «*höheren Gewerbeschule*», welche 1837 das
von Ebeling erbaute *Polytechnikum* an der Georgstrafse
bezog. Dieser Bau wurde dreistöckig in florentinischen
Pallastformen der 60 m langen Façade errichtet und
kostete 56 000 Thaler.

Nicht ohne Bedeutung war der Fortschritt des
Fabrikenbaues im nahen *Linden,* wo der arme Böttcher-
geselle Joh. Egestorff zunächst Kalkbrennereien, dann
Ziegeleien, sowie die erste Zuckerfabrik anlegte und
1834 seinem Sohne Georg ein grofses Vermögen hinter-
liefs, mit dessen Hülfe dieser später die grofsen Ma-
schinen- und Lokomotiv-Fabriken, Salz- und Farben-
werke Lindens begründen konnte.

Das sind die nennenswerthen baulichen Leistungen
der Periode. Waren sie an Zahl verhältnifsmäfsig
gering und in architektonischer Beziehung nicht hervorragend, blieben die grofsartigeren planlichen Um-
gestaltungen zunächst noch wenig ausgenutzt, ⌐so traten
nunmehr, gegen das Ende des vierten Jahrzehnts Kräfte
in Wirksamkeit, welche einen plötzlichen Umschwung
in allen diesen Verhältnissen veranlafsten und in dem
kurzen Zeitraum von weiteren dreifsig Jahren der vormals kleinen kurländischen Hauptstadt völlig neues
Gepräge und anders geartete Entwicklung verliehen.

Diese Kräfte waren einmal die Erhebung der Stadt
zur Königlichen Residenz und dann der gewaltigste
Motor jener Zeit, die völlige Umgestaltung der Ver-

kehrsmittel und -Wege durch den Bau von *Eisenbahnen*, in deren Netz Hannover eine günstige Position
nicht ängstlich zu suchen brauchte, sondern natur-
gemäſs von vornherein hatte.

5.
Königliche Residenzstadt.
1837—1882.

Einen strenge und militärisch erzogenen Mann von
eiserner Energie und Strenge sollte Hannover in seinem
neuen *Könige Ernst August* erkennen.   Er war in den
Kämpfen der englisch-hannoverschen Armee mit Napo-
leon groſs geworden und hatte darnach, gekränkt durch
seine Uebergehung bei der Besetzung des vizekönig-
lichen Stuhles als Haupt der Tory-Partei, wie der
Hochkirche in England gelebt, nicht ohne vielfach in
Streit mit dessen freiheitlichen Institutionen zu gerathen.
Als Feind des Parlamentarismus und Konstitutionalis-
mus, aber auch als fester, energischer Charakter gegenüber den mangelhaften Zuständen und Miſsbräuchen,
welche während der 123 jährigen Abwesenheit des
Regierungshauptes in der Verwaltung des Königreiches
sich eingenistet hatten, trat er in Hannover auf.

Die Schärfe und Unbeugsamkeit seines Willens
sollte in der einen wie der anderen Richtung sofort
nach seiner Ankunft fühlbar werden.   Die noch am Ein-
zugstage vorgenommene Abänderung des Staatsgrund-
gesetzes und die darnach geführten politischen Kämpfe
haben den Eigenschaften des Königs im Auslande ein
falsches Relief gegeben.   In Hannover bewahrt man,
namentlich bestimmt durch des Königs Verhalten um
und nach 1848, ein besseres Andenken an den ehrlichen,
biederen Charakter des Mannes, der hielt, was er ver-
sprochen, und die Inschrift an seinem Denkmal: ‹Dem
Landesvater sein treues Volk› ist ebenso wenig eine
leere Phrase, als er selber jemals eine solche gesprochen.
— So schroff und starr der seine, so mild und hoch-
herzig war der Charakter seiner Gemahlin Friederike,
der edlen Schwester der Königin Luise.   Die Ehe war
eine überaus glückliche, und vielfach bekundete sich in
den Entschlieſsungen Ernst August's der mildernde Einfluſs der Königin.   Die Stadt verdankt aber Beiden
reges Interesse an ihrem Emporblühen, an der Kräftigung ihres äuſseren Glanzes wie ihres inneren Lebens.

Ein blinder Sohn bettete den am 18. November 1851
im 81. Jahre seines Lebens verschiedenen König an
der Mutter Seite in der Herrenhäuser Gruft.

Der Kronprinz Georg war unter frohen Hoffnungen
der Eltern am 27. Mai 1819 zu Berlin geboren.   Die
Jugend des geistig hochbegabten Knaben war aber
keine freudevolle gewesen, denn das Geschick der Er-
blindung war bereits im zehnten Lebensjahre einge-
treten, und der strenge Vater hatte dem Gebrechen
des Sohnes gegenüber nie sein Unbehagen ganz zu

unterdrücken vermocht. So war er auch in Abhängigkeit und Abgeschiedenheit grofs geworden, ohne an den Regierungsgeschäften besondern Antheil nehmen zu können. Dennoch war die Natur Georg's eine fröhliche, freigebige, sein Gemüth ein wohlwollendes und dankbares geblieben. Hatte er diese edlen Eigenschaften seiner Mutter, so stärkte seine Abgeschiedenheit von der lichten Welt freilich auf der anderen Seite das schlimmere Erbe seines Vaters, den starren, unbeugsamen Herrschersinn.

Von hoher Bedeutung waren dem gegenüber des Fürsten Geistesgaben, sein auf ein phänomenales Gedächtnifs gestütztes Wissen und sein Interesse für Wissenschaften und Künste, vor allem die Ausbildung seines Sinnes für Musik.

Die politischen Ereignisse, welche das Land Hannover während der Regierung Georg's V. berührten, gehören noch nicht so sehr der Geschichte an, als dafs ihre Besprechung an dieser Stelle sich geziemte. Die Zeit der Reaktion, die Kämpfe Borries' und Bennigsen's, sowie der 1862 erfolgte Systemwechsel sind noch in Aller Gedächtnifs.

«Grofsdeutsch» nannte sich des Königs Politik und Bundestreue führte ihn zum 1863er Fürstentage, wie zu der folgenschweren Abstimmung am 14. Juni 1866 in Frankfurt.

Die Bundestreue mufste dem Kampfe *gegen* den Bund erliegen. Das Opfer seiner Ueberzeugung zu bringen, war König Georg nicht im Stande, und mit Ehren unterlagen er — und sein Land! — —

Die Stadt Hannover hat den beiden Herrschern Ernst August und Georg V. ungemein viel zu verdanken, denn eine nie nachlassende, thätige Fürsorge für die Wohlfahrt ihrer Residenz hat beide während ihrer ganzen Regierungszeit geleitet.

Begriff und erfafste Ernst August mit seinem frischen, kräftigen Geiste die umwälzenden Momente, die mit seiner Zeit eintraten und am Schlusse des vorigen Zeitabschnittes hervorgehoben sind, rasch und in ihrer ganzen Bedeutung, förderte er die Hebung, Ausdehnung und ansehnliche Erscheinung der Stadt mit aller Energie, so wandte König Georg sein ganzes Interesse der ferneren Ausbildung des kulturellen, künstlerischen und wissenschaftlichen Lebens in der Stadt, sowie der gedeihlichen Entwicklung ihres Gewerbfleifses zu. In beiden Richtungen ist aus der vormals unbedeutenden, einflufslosen Landes-Hauptstadt heute ein unter den deutschen Grofsstädten mitgezählter und für den Nordwesten Deutschlands bedeutsamer Platz geworden.

Als wichtigstes Förderungsmittel dieser Entwicklung
ist schon früher die naturgemäße *günstige Position
Hannovers im deutschen Eisenbahnnetze* bezeichnet.
Sie ist eine naturgemäße deswegen zu nennen, weil
dieselben Verhältnisse, welche die einstige Entstehung
des Ortes «Honovere» veranlaßt hatten, auch für den
Ausbau der Eisenbahnen und ihre kräftige Entwicklung bedingend wurden. In der That bestehen die
alten Verkehrswege. welche sich vor 800 Jahren an
dem hohen Ufer der Leine kreuzten, mit geringen
Abweichungen noch heutigen Tages in den Haupt-
Linien der hannoverschen Eisenbahnen.

Bald nach dem Einzuge Ernst August's begann die
Agitation für den Bau der Schienenwege im Lande,
wie sie im östlichen und südlichen Deutschland bereits bestanden. Aber erst im Jahre 1841 kam es
zu einer Vorlage an die Stände über den Bau der
ersten Linie von Hannover nach Braunschweig mit
Abzweigungen von Lehrte nach Celle und Hildesheim.
Hatten diese Strecken noch den Charakter von Lokal-
bahnen, so folgten bald die Fortsetzungen von Celle
nach Harburg und von Hannover nach Minden, um
die Verbindungen mit Hamburg, bezw. mit Köln und
dem rheinisch-westfälischen Bahnnetze herzustellen. (Die
Weiterführung der Hamburger Linie über Hannover
nach dem Süden wurde im Jahre 1854 vollendet.
Seitdem ist nur noch die Altenbekener Bahn, welche
Hannover mit dem holz-, kohlen- und gesteinreichen
Deistergebirge, sowie mit der mittleren Weser verbindet,
hinzugekommen; die lange projektirte direkte Linie
über Soltau nach Harburg ist dagegen nicht zur Ausführung gekommen.)

Am 23. Oktober 1843 ward die Strecke nach
Lehrte eröffnet, und am 19. Mai 1844 fuhr der
erste Festzug nach Braunschweig, womit der Tag erreicht war, da man in 16 Stunden nach Berlin kommen konnte, und den Ernst August durch ein großes
Festessen in der Orangerie Herrenhausens feierte.

Die Organisatoren des Eisenbahnwesens in Han-
nover waren zunächst drei Nicht-Sachverständige, aber
rührige und Kenntnißerwerb nicht scheuende Männer:
Ober-Baurath Hagemann, Hofsekretär Hartmann und
Hoffabrikant Häusmann. In die Hände von eigentlich
Sachverständigen gelangten Bau und Betrieb erst später

PLAN
der
RESIDENZSTADT
HANNOVER
1822.

Hannover, Klindw

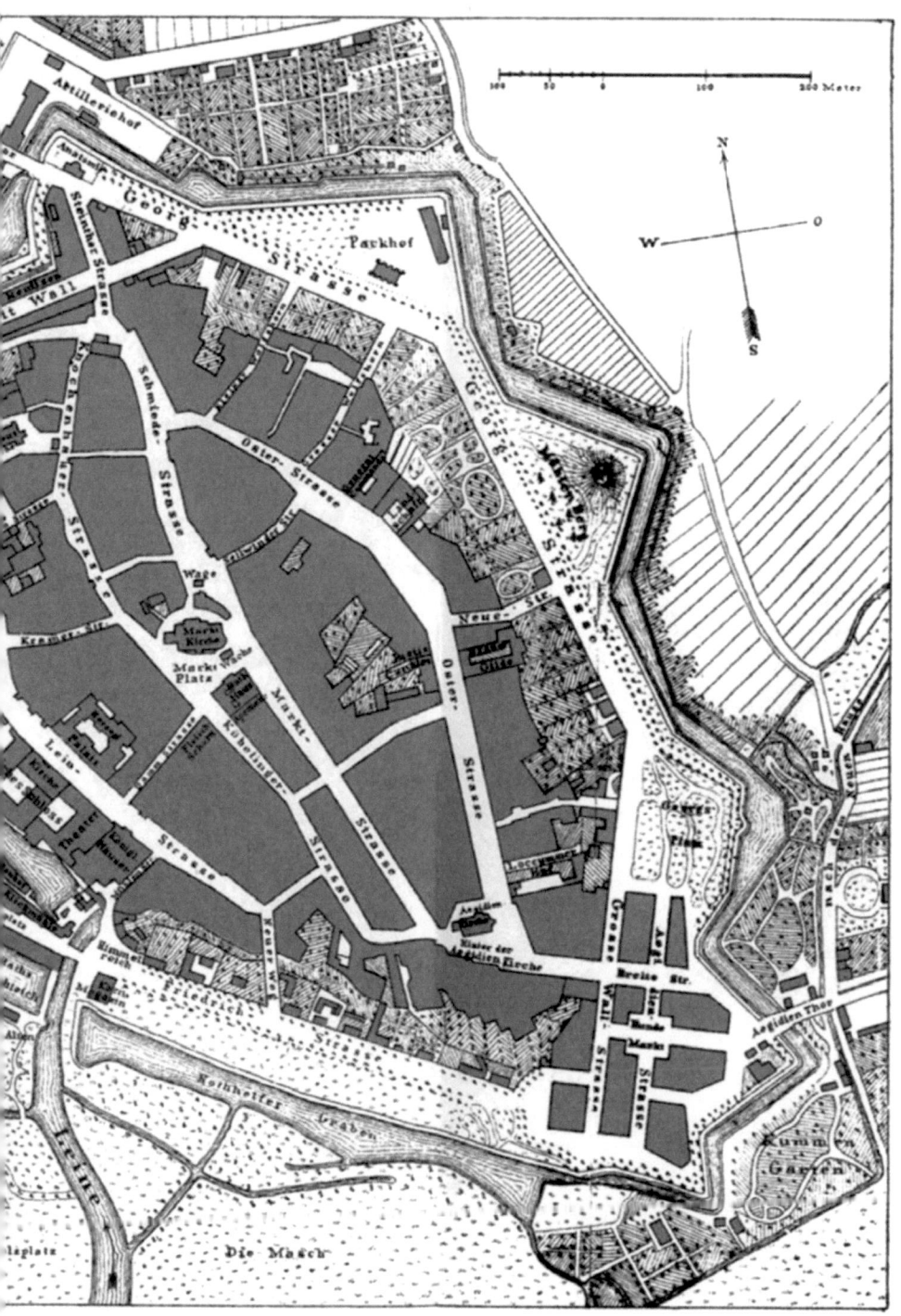

Die Masch.

's Verlag & Lithographie.

nach Heranziehung der im Auslande gebildeten Eisen-
bahntechniker Mohn und Burghart.

Von Interesse ist heute ein Rückblick auf die
Stimmung, welche das Publikum den Neuerungen ent-
gegentrug. Der biedere hannoversche Bürger war
selbstverständlich gegen die Projekte eingenommen,
und als bei den ersten Fahrt-Versuchen die Lokomotive an der Schiffgraben-Kurve entgleiste, als bei dem
Festzuge nach Braunschweig die «Ernst August» ge-
taufte, erste Egestorff'sche Lokomotive ausgewechselt
werden mufste, da war der Spott billig. Den Bahn-
hofsbau bezeichnete man als «Mausoleum der Landes-
kasse», und die im Jahre 1846 versuchsweise für Tele-
graphen bewilligten 1500 Thaler schrieb man à fonds
perdu. Andrerseits begriff man es im Publikum nicht,
dafs Hannover nicht Endpunkt einer auf den Marktthurm und die Waterloo-Säule gerichteten Eisenbahn-
linie, sondern nur Durchgangspunkt werden sollte, und
das Projekt des Bahnhofsbaues begegnete aus diesem
Grunde manchen Schwierigkeiten. Wie aber meist in
solchen Gegenströmungen gegen allzu rasch geförderte
Neuerungen, lag auch in dieser ein nicht unberechtigter Kern. Der Bau der Linien Celle-Hildesheim und
Wunstorf-Bremen hat allerdings kostspielige, bis dato
bestehende Umwege in den Hauptlinien von Frankfurt
nach Hamburg und Bremen, sowie in der Verbindung
zwischen Hannover und Hildesheim veranlafst und die
Stationen Lehrte und Wunstorf zu einer, der Natur
der Sache nach unberechtigten Bedeutung erhoben,
Hannover aber um ebenso viel geschädigt.

Die Sache entwickelte sich aber vor den Augen der
erstaunten Hannoveraner und ohne Rücksicht auf deren
Bedenken so rasch und kräftig, dafs die Station Han-
nover nach dem Bau der Strecken nach Minden-
Hamm und Bremen im Jahre 1847 bereits zum
Mittelpunkt Nordwest-Deutschlands geworden war.

Bis zum Jahre 1844 hatte der Residenz ein von
der Stadt durch den Stadtgraben getrennter Bretter-
schuppen als Empfangs- und Expeditions-Gebäude gedient. Alsdann wurde der Bau des vom Professor
Schwarz nach englischem Muster projektirten Bahnhofes in Angriff genommen und im Jahre 1847 vollendet.
Das für Empfangsgebäude, Halle und Werkstätten bestimmte Terrain war dabei in der Gröfse von 63 Morgen

= 16,5 ha abgemessen und blieb im Niveau der
Strafsen. Der in Putzbau und romanischen Architektur-
Formen errichtete Hauptbau bildete in seiner hübschen
Gruppirung des erhöheten Mittel-Risalites mit Flügeln
und Thürmen, welche eine 117 m lange Halle flankirten,
einen schönen Abschlufs des polygonalen Platzes. Die
vorhin beschriebene centralistische Lokal-Anschauung
hatte bei den Kämpfen um die Eisenbahn-Linien nicht
die Oberhand behalten, blieb aber siegreich bei der
Entscheidung über die Anlagen des neuen Bahnhofs-
Gebäudes und Platzes, indem die Diagonale des Marktthurmes zur Axe derselben, wie des Hauptzuführungs-
weges von der Stadt gemacht wurde. Das Empfangsgebäude lag hinter der heutigen Front um ein
bedeutendes zurück, während zur Rechten und Linken
die Verwaltungsgebäude für Eisenbahn und Post erheblich vorsprangen. Die ganze Anlage galt der damaligen
Zeit und lange nachher als Muster, und erst später,
nach der ungeahnten Steigerung des Verkehrs auf dem
Bahnhofe, wie nach dem erfolgten Ausbaue der hinter
ihm entstehenden Stadttheile machten sich die Nach-
theile der geringen Breiten-Abmessungen in der Halle
und der in das Niveau der Strafsen gelegten Schienen
geltend. — Da Hannover inzwischen zum «beliebtesten
Ruhepunkt des gesammten Reiseverkehrs zwischen Oder
und Rhein» geworden war, füllten sich die gegenüber-
liegenden Seiten des Platzes, namentlich die Eckplätze
der Radialstrafsen in den folgenden Jahren alsbald
mit Gasthöfen; zunächst entstand Hôtel Royal, dann
Union, Rheinischer Hof, Hartmann und Russie. Die
schöne Platz-Anlage kam zur endlichen Vollendung
am 21. Sept. 1861, als das in ihrem Centrum errichtete,
durch Privat-Subskription und Zuwendungen des Königs
Georg für ca. 112 000 ℳ beschaffte Reiterdenkmal
Ernst August's enthüllt wurde. Dasselbe war auf Rauch's
Vorschlag von Wolff in Berlin unter Benutzung einer
von Hesemann in Hannover gefertigten Skizze model-
lirt und in Bronze in Hannover gegossen. Der 31 t
schwere Granitblock zum Sockel wurde auf hannover-
schem Boden, nahe dem Oderteiche unter dem Brocken
gefunden.

Charakterisirten die Bahnhofs-Anlagen das eine
für Hannover so wichtige Entwicklungsmoment, so kam
das andere zu pompösem Ausdruck in dem von Ernst

August unternommenen *Theaterbau* auf der Stelle der alten Sparrenberg-Bastion an der Georgstraße. Die alten, ehemaligen Klosterräume der Leinstraße schienen nachgerade die fernere Benutzung zum Königlichen Schauspielhause unmöglich zu machen, da sie dem Publikum die größten Unbequemlichkeiten boten und größere Schaustellungen wegen Raummangels und der erheblichen, schon damals erkannten Feuersgefahr verhinderten. Der neu erstandene Platz an der Georgstraße erschien dagegen vortrefflich geeignet, sowohl einen der Bedeutung des hannoverschen Theaters würdigen Tempel zu errichten, als den großartigen planlichen Gestaltungen einen entsprechenden architektonischen Mittelpunkt zu verleihen. Der Schöpfer jener Anlagen war es daher auch, der zum Verfasser des Planes, wie zum Leiter des Neubaues berufen wurde. Im Jahre 1845 begann Laves unter Assistenz des Hofbaurathes Molthan den großartigen Renaissance-Bau, der erst nach Ernst August's Tode im Jahre 1852 vollendet wurde.

Die schönen Bauplätze in den Umgebungen des Theaters nahmen demnächst in rascher Folge weitere öffentliche Gebäude auf. Schon im Jahre 1846 hatte die *Calenberg-Grubenhagensche Landschaft* durch den Kriegsbaumeister Ebeling an der einen Kathete des Theaterplatzes ihr neues Versammlungshaus in englisch-gothischen Architekturformen errichten lassen. 1850 folgte der große Gebäude-Komplex der beiden hohen Schulen *Lyceum und höhere Bürgerschule* (Gymnasium und Realgymnasium) zwischen Georgsplatz und Prinzenstraße, welchen der Stadtbaumeister Droste aufführte, und 1853 das von Hunaeus entworfene *Schwurgerichtsgebäude* am Georgsplatz. In den ausgeschriebenen architektonischen Konkurrenzen für die Bauten des *Museums* an der Sophienstraße und der *Hannoverschen Bank* an der Georgstraße blieben Hase, bezw. der Bremer Baudirektor Schröder Sieger. Ersteres wurde 1855, letztere 1857 vollendet.

Diese öffentlichen Gebäude erhielten sämmtlich in Backstein und romanischen Formen ausgeführte Façaden.

Zu gleicher Zeit füllten sich die neu geschaffenen Straßen mit *Mieth-Wohnhäusern,* von denen die meisten romanische Architekturen im Putzbau zeigen. Je mehr der neue östliche Stadttheil in Aufnahme kam, desto

mehr liefs die Bauthätigkeit in der Nähe des durch
den Herzog von Cambridge so protegirten Friederiken-

*Schulgebäude am Georgsplatz
vom † Stadtbaumeister Droste, 1850.*

und Waterlooplatzes nach. Im Jahre 1849 wurden hier das *Alten-Denkmal,* das *Zeughaus* (nach dem Entwurfe Stremme's) und später das *Kadettenhaus* von

Museum für Kunst und Wissenschaft an der Sophienstraße.
vom Baurath Hase, 1857.

Ebeling vollendet. Ihnen folgte 1856 das *Garnison-Lazareth* an der Adolfstraſse von Hunaeus.

Ministerial-Gebäude (Jetzt Finanz-Direktion) an der Calenbergerstraſse,
vom Geh. Regierungs-Rath Hunaeus, 1878 vollendet.

Schon 1845 war von demselben Architekten das *Ministerialgebäude* am Archive begonnen, das einen 4seitigen Hof umschließen sollte und 1862—66 seinen Flügel an der Archivstraſse, sowie endlich 1876—78 seine Vollendung in dem hieneben abgebildeten Flügel

an der Calenbergerstrafse von Hunaeus empfing. Seit
1860 gingen Friedrichstrafse, Friederikenplatz und
Adolfswall einer gewissen Vernachlässigung entgegen.

Auch das Innere der Stadt blieb vernachlässigt.
Der Vorgänger Droste's, Stadtbaumeister Andreae hatte
am Markte den Umbau eines *Rathhauses* an Stelle des
alten geplant, nachdem die Unzulänglichkeit des letzteren fühlbar geworden war. Er gelangte aber über den
Abbruch des alten Apothekenflügels und die 1845 vollendete Ausführung des, in venezianischer Architektur gezeichneten Flügels an der Köbelingerstrafse nicht hinaus.

Hofansicht des Rathhausflügels
vom Stadtbaumeister Andreae, 1845.

Alsdann ward von ihm die *Hauptwache* an der Marktstrafse erbaut, welche für das königliche Militär bestimmt, zunächst von der 1848 errichteten Bürgerwehr
bezogen und nach deren Auflösung bis 1866 vom Militär
besetzt blieb. — In den Jahren 1852—55 befreite

Droste die *Marktkirche* von ihren unschönen Annexen. Der umfassenden Restauration fiel freilich auch die hübsche Annenkapelle, wie manches interessante Stück des altehrwürdigen Baues zum Opfer.

Während die Stadt mit ihrem östlich neu angeschlossenen Terrain im Laufe der ersten Hälfte des 19. Jahrhunderts solche Fortschritte machte, waren in ihrer nächsten Umgebung vor dem Stein- und Aegidienthore noch recht primitive Zustände herrschend geblieben. Hier wohnte seit dem dreifsigjährigen Kriege eine hannoversche Spezialität, welche noch heute nicht ausgestorben ist, der Gartenmann, der, ursprünglich als Pächter, städtische oder Lehnsländereien hannoverscher Patrizierfamilien bebaute und die Residenz mit Lebensmitteln zu versehen, bis in die 50er Jahre des 19. Jahrhunderts gewissermafsen das Monopol besafs. Die Gartenleute wohnten ursprünglich in zwei Niederlassungen vor dem Steinthore und Aegidienthore, die allmählich aber einen Gürtel um den Süden, Osten und Norden der Stadt bildeten und 1850 bereits an 12000, in 14 Ortschaften vertheilte Einwohner zählten. Die Frage des Anschlusses dieser Ortschaften, welche den Bezirk der *Vorstadt Hannover* ausmachten, an das Gebiet der Residenzstadt war seit 1822 diskutirt; derselbe begegnete aber den gröfsten Schwierigkeiten und wurde erst am 1. Juli 1859 thatsächlich durchgeführt. Zu dieser Zeit hatte die Stadt 99 Strafsen mit 1960 Häusern und 32500 Einwohnern, die ehemaligen Vorstädte dagegen bereits 169 Strafsen mit 1760 Häusern und 20000 Einwohnern. Erst 10 Jahre später folgte der Anschlufs der zwischen Calenberger Neustadt und Linden gelegenen Glocksee und Ohe, während derjenige des Dorfes Linden bis heute noch nicht hat erreicht werden können.

In den vorbenannten Ortschaften der Gartenleute sah es in baulicher Beziehung gegenüber den Verhältnissen in der Residenz wunderlich genug aus. Die Wege waren in den nicht verkoppelten Grundstücken krumm und ohne Plan entstanden, die meist kleinen Häuser bei dem Mangel jeder polizeilichen Aufsicht fluchtlos gebaut, und diese Verhältnisse setzten einer grofsartigeren planlichen Gestaltung der nach dem Anschlusse rapide bebauten früheren Vorstädte natürliche Schranken entgegen. Sie entschuldigen daher

auch zum Theil die beklagenswerthe Thatsache, daſs
die groſsartigen Laves'schen Schöpfungen eine ihnen
ebenbürtige Fortsetzung hier nicht gefunden haben,
die innere und Ernst-August-Stadt Hannovers heute
vielmehr von einem Gürtel weit weniger planvoll ge-
stalteter äuſserer Stadttheile umgeben sind.

Seit dem Anschlusse der ehemaligen Vorstadt hat
sich in Hannover eine ganz auſserordentliche Bauthätigkeit geltend gemacht. Nicht nur, daſs öffentliche
Gebäude in groſser Zahl erstanden, auch der *Privat-
Bau* machte rapide Fortschritte, die nur durch kurze
Pausen in Folge der Kriege und Geschäftsstockungen
unterbrochen wurden.

Gleichzeitig schieden sich aber auch die architektonischen Leistungen in stilistischer Beziehung so scharf,
daſs die einzelnen Richtungen einer getrennten Ab-
handlung bedürfen. Diese Richtungen waren einerseits
die auf der Basis der hannoverschen romanischen Bauten
aus den 50er Jahren sich entwickelnde mittelalterliche,
auf der anderen Seite die sehr abweichende der Renaissance. Die Leistungen auf beiden Seiten, sowie die
wichtigsten der in neuester Zeit errichteten Ingenieur-
Bauten und industriellen Anlagen, wie Personen-Bahnhof, Wasserwerke, Kanalisation, Vieh- und Schlachthof
sind in den nächstfolgenden Abschnitten dieses Buches
behandelt. Hier mag nur die weitere *Entwickelung
des hannoverschen Stadtplanes* von 1860 bis heute besprochen werden.

Nach dem Anschlusse der Vorstadt muſsten zunächst ganz erhebliche Mittel für die Aptirung des
groſsen Straſsennetzes ausgeworfen werden, und die
städtischen Budgets der nächstfolgenden Jahre zeigen
gewaltige Summen für Pflasterungen, Begradigungen,
Kanalbauten u. s. w. — Konnten dabei den neuen
Stadttheilen die einheitlich geführten Straſsenzüge und
groſsartig abgemessenen Plätze nicht gegeben werden,
so haben sie andrerseits vielfach einen nicht geringen
Vortheil in ihrer weiten Bebauung gewahrt. Die eigenthümliche Form der Grundstücke, ihre Abmessungen
muſsten die geschlossene Bebauung meist verhindern,
und da neben diesen Verhältnissen auch die Nähe der
Eilenriede zu villenartiger Bebauung aufforderte, so
haben namentlich die östlichen Theile ein mannigfaches,
abwechselungsreiches Gepräge erhalten, das durch die

eigenthümliche Entwicklung der hannoverschen Architektur noch gestärkt wurde.

Die Anziehung der Eilenriede war es auch, welche
die Bebauung der zwischen ihr und der Ernst-August-
Stadt belegenen, sowie zum Theil dem Walde abge-
rissenen Terrains am raschesten förderte. Schon früher
war hier die zum Walde führende *Königstrafse* als gerade Verlängerung der Theaterstrafse angelegt. Ihr
folgten das in der Absteckung rechtwinkliger Strafsen
von höchstens 11,5 m Breite sehr verfehlte sog. *Tivoli-
Quartier*, dann der villenreiche *Schiffgraben*, sowie die
1869 an der südlichen und 1873 an der nördlichen
Seite der Eilenriede errichteten *Seelhorst-* bezw. *Büters-
worth-Quartiere*.

In den Jahren 1860/61 ward die Verbindung des
Aegidienthorplatzes mit der südlichen Vorstadt durch
Erbauung der *neuen Hildesheimerstrafse* in Verlängerung der Georgstrafse hergestellt und demnächst
der genannte Platz polygonal gestaltet. Damit war
die grofse, Hannover in seiner ganzen Länge durch-
ziehende und 1872 zuerst mit einem Pferdebahngleis
versehene Strafsenlinie Döhren-Herrenhausen geschaffen.
Die am Aegidienthorplatze und der neuen Strafse geschehene Bebauung mit Wohnhäusern war übrigens
architektonisch wenig hervorragend.

Von wesentlicher Bedeutung neben den vielen An-
lagen von neuen Einzelstrafsen sind namentlich zwei
gröfsere, von Seiten der Stadt durchgeführte Plan-
Vervollständigungen auf den letzten noch bestehenden
Resten der alten Umwallungen. Die nördliche Seite
des unteren Theiles der Georgstrafse enthielt noch
neben der Hannoverschen Bank auf der ehemaligen
Bothfeld-Bastion die alten Bauten des städtischen
Packhofes. Nach Anlage des Bahnhofes wurde die
Verlegung des letzteren an die Eisenbahngleise zur
Nothwendigkeit, und Stadtbaumeister Droste errichtete
1863—65 das umfangreiche neue Gebäude hinter der
Post. Das freigewordene Terrain wurde aber zu *Verlängerungen der Andreaestrafse* über die Schiller- (bis
1859 Reitwall-) Strafse hinaus *und der Grofsen Packhofstrafse* bis auf die letztere ausgenutzt. Sämmtliche neu
erstandenen Bauquartiere fanden rasche Bebauung mit
hohen Geschäfts- und Miethhäusern, die meist auch
architektonischen Werth besitzen.

Nach Vollendung dieses Projektes schritt man im Jahre 1870 zur endlichen Ausführung der bereits von Laves geplanten Strafsenanlagen auf dem Kanonenwalle im Nordwesten der Stadt. Der prächtige Georg-Strafsenzug erhielt dadurch eine breite, mit einer Allee geschmückte Fortsetzung in der *Goethestrafse* mit ihrer Leinebrücke, dem centralen *Goetheplatze* und der *Humboldtstrafse* bis an das Garnison-Lazareth. Die Bebauung der hier aufgeschlossenen grofsen Quartiere ist bei der herrschenden Vorliebe für die östlichen Stadttheile indessen nur langsam und gegenwärtig nur bis an das ehemalige Cleverthor vorgeschritten.

Der stockende Verkauf der hier gewonnenen, meist städtischen Bauplätze hat wesentlich dazu beigetragen, die Stadt alsdann von weiteren gröfseren Plan-Projekten zurückzuhalten. Seit dem Jahre 1870 ist zwar mit dem Ausbau einzelner Strafsen fortgefahren; die Zeit der grofsen Bauplan-Entwürfe ist aber vorüber. Die Reaktion hat vielmehr auf die für den äufsersten Norden und Süden entworfenen Pläne, sowie auf die vorgenommenen Parzellirungen auf der Aegidienmasch so ungünstig eingewirkt, dafs man daselbst grofsstädtische Abmessungen, schöne Platzgestaltungen und andere, als rechtwinkelige oder an den Ecken abgestumpfte Strafsenkreuzungen, überhaupt weitere Gesichtspunkte und höhere Ziele, als diejenigen der Sparsamkeit fast ängstlich mied.

Von um so gröfserer Bedeutung war dagegen das in der Milliardenzeit geplante und mit beispielloser Energie gegenüber allen Widerwärtigkeiten, welche der nachfolgenden Zeiten Ungunst auf der einen, Sparsamkeit und hie und da auch wohl Engherzigkeit auf der anderen Seite aufthürmten, in den jüngsten Jahren durchgeführte Projekt eines Mannes, der für Hannover ein zweiter Johann Duve werden sollte, nämlich die *Durchbrechung der Altstadt in der Richtung vom Bahnhofe nach Linden.*

Die oben vorgeführte Geschichte der Stadt hat gezeigt, dafs zu allen Zeiten die Richtung der Leine von Süden nach Nordwesten auch die für Strafsen- und Verkehrszüge bevorzugte blieb, und diese einseitige Bevorzugung kommt in dem Plane Hannovers zu ganz prägnantem Ausdrucke. Nicht nur die vier alten Haupt-

strafsen (Lein-, Markt-, Köbelinger- und Osterstrafse)
‹Honoveres›, auch die Grundlinie der Laves'schen
Pläne, die Georgstrafse mit ihren Fortsetzungen nach
Döhren und Herrenhausen und die Eisenbahnlinien,
soweit sie die Stadt durchschneiden, halten diese Richtung inne. Querverbindungen hat es dagegen zu allen
Zeiten nur höchst unvollkommene gegeben. Sie bestanden, gegenüber den breiten, grofsen Hauptstrafsen,
in engen, kurzen Gassen, die eine zusammenhängende
Linie nirgend bildeten. Das Bedürfnifs einer solchen
trat auch bis zur Anlage des Bahnhofes kaum hervor.
Mit dieser wurden aber die Verkehrsverhältnisse sehr
verschoben, und die erste nothwendige Folge war die
Anlage der vom Bahnhofsplatze zur Georgstrafse führenden Bahnhof-, Reitwall- und Luisenstrafse.

Je mehr nun auf der östlichen Seite der Altstadt,
veranlafst durch die Anziehungskraft der Eisenbahn, der
Eilenriede und der schönen neuen Stadttheile, sowie
auf der anderen westlichen Seite, veranlafst durch den
von 1850—70 mächtig gesteigerten Fabrikenbau in
Linden, der Verkehr wuchs, desto fühlbarer wurde der
Mangel der direkten Verbindung zwischen beiden.

Dahinzu trat noch ein zweites Moment. Der oben
geschilderte rapide Aufschwung, welchen die neuen,
aufserhalb der Altstadt gelegenen Stadttheile nahmen,
entzogen der Altstadt einen grofsen Theil ihrer Bedeutung als natürliches Centrum der Stadt, und schon
begann der Geschäftsverkehr hier zu verflauen, zumal
eine Umgestaltung der alten Häuser zu modernen Ge-
schäfts- und Wohnhäusern, wie sie namentlich in der
Ernst-August-Stadt erstanden, erschwert war. Sollte
die Altstadt nicht allmählichem Absterben entgegen-
gehen, so wurde die Schaffung einer direkten breiten
Verbindung mit den neuen Stadttheilen, zunächst mit
dem östlichen, der mehr und mehr die Eigenschaft eines
Centrums der Stadt errang, zur unumgänglichen Nothwendigkeit.

Die Idee war keine neue — schon zu Jérome's
Zeiten waren entsprechende Projekte aufgetaucht und
Laves hatte sich bereits ernstlich mit dem Plane einer
Verbindung von Portal zu Portal seiner beiden Bauten,
des Residenzschlosses und Theaters, getragen —; ebenso
wenig waren aber die ihr zu Grunde liegenden An-

schauungen herrschende. Sie wären wohl geeignet gewesen, die Durchführung des Planes von Seiten der
Stadtverwaltung zu motiviren. Aber die Interessen
waren zu sehr getheilt; namentlich war die Stadtverwaltung selbst, welche draußen zahlreiche, in der
Stadt äußerst wenige Grundstücke besaß, direkt nicht
interessirt, und so unterblieb die Inangriffnahme von
dieser Seite. Da griff in den 70er Jahren der Architekt *Ferdinand Wallbrecht* die Idee mit kühnem Muthe
auf, um zunächst in der Stille den Plan vorzubereiten
und endlich, trotz der inzwischen in Hannover wie
aller Orten getrübten wirthschaftlichen Lage, im Jahre
1878 mit dem ganzen Projekte hervorzutreten, das
inzwischen durch Grundstückankäufe und Finanzirung
gesichert war.

Da Wallbrecht nicht nur Genehmigung, sondern
zugleich, wenn auch nur geringe, Opfer von Seiten der
Stadt begehrte, so begann ein langer und wenig er-
quicklicher Interessenkampf, der aber mit dem Siege
des viel befehdeten Mannes endete, und heute hat die
Altstadt in der Grupen- und Karmarschstraße einen
großen, schönen Straßenzug, der, von der Marktstraße
abzweigend, die Osterstraße schneidet und gegenüber
der Bahnhofstraße in der Georgstraße mündet. Die
Führung desselben ist so geschehen, daß einerseits
eine vortheilhafte Ausbeutung der angrenzenden Grundstücke möglich blieb, andrerseits harte Biegungen
vermieden und die Möglichkeit einer demnächstigen
zweckmäßigen Fortsetzung über die Marktstraße hinaus noch offen gehalten wurde. Diese würde hinter
dem restaurirten Rathhause über die Köbelinger- und
Leinstraße zu führen sein, wie es in der hierneben
beigegebenen Situations-Skizze verdeutlicht ist. Die
Bebauung der genannten Straßen nebst einer schma-
leren, ursprünglich als Passage geplanten Abzweigung
nach dem Theater ist von Wallbrecht selbst in opu-
lentester Weise durchgeführt. Die Baupläne für die
hervorragenden Plätze sind aber neben ihm von einer
großen Zahl hannoverscher Architekten ausgearbeitet,
und damit haben die Quartiere in architektonischer
Beziehung werthvolle Vielseitigkeit erhalten; die Stadt
Hannover ist durch die ganze Anlage um zahlreiche
Geschäftshäuser mit großstädtischen Läden und ge-

sunden Wohnungen, sowie namentlich um aufserordentlich reizvolle perspektivische Strafsenbilder bereichert
worden.

Erheblichen Einflufs auf die weitere planliche Ausgestaltung der Stadt mufs auch der eben vollendete
Bahnhofsumbau mit seinen neuen Strafsenunterführungen
erlangen. Namentlich die Freilegung des früher von

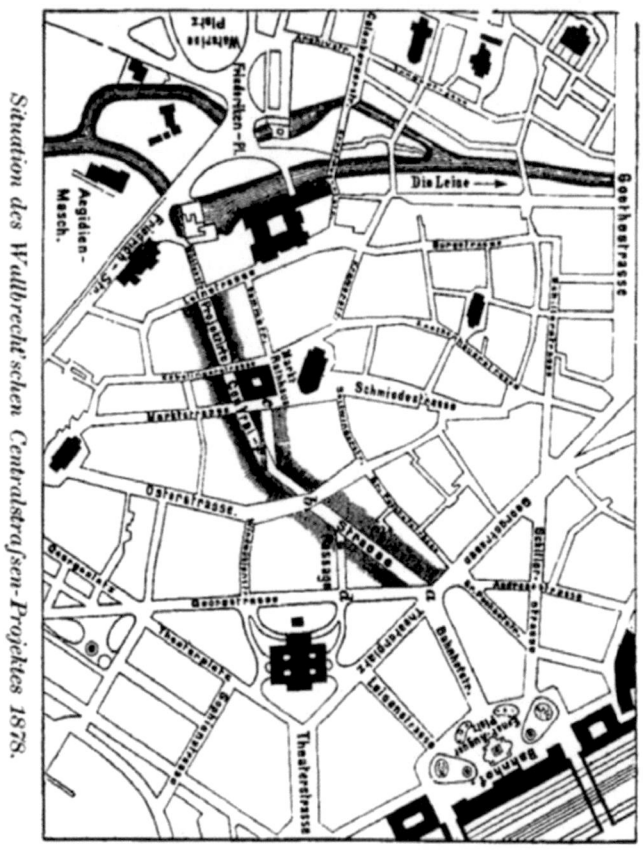

den Werkstätten eingenommenen Terrains hinter dem
Bahnhofe und die durch die Höherlegung der Schienen
ermöglichten direkten Verbindungen des Ernst-August-
Platzes mit diesem Terrain, werden den jenseitigen
östlichen Stadttheilen in der Nähe der kürzlich vollendeten grofsen Gebäude des Justizpalastes, Kaiser-
Wilhelms-Gymnasiums und Seminars eine neue Entwickelung verschaffen.

In den Jahren 1872/73 erhielt Hannover auch die erste *Pferdebahnlinie* auf der Strecke Döhren-Herrenhausen, der später bis 1879 die übrigen Linien folgten.

Nachzutragen ist ferner noch der Bericht über die Veränderungen in *Linden*. Der Aufschwung der Industrie seit 1850 und namentlich von 1870—1875 hat Linden eine erhebliche Zunahme an Fabriken und industriellen Etablissements, sowie an Bevölkerung verschafft. Seine Einwohnerzahl, die 1850 etwa 3000 betrug, hat sich seitdem fast auf das achtfache gesteigert. Sie besteht gröfstentheils aus Fabrikarbeitern, und der Ort hat daher auch das Gepräge einer Fabrikstadt behalten. Eine Menge Strafsen sind angelegt und ausgebaut; einem organisch entworfenen Bauplane ist man aber dabei nicht gefolgt. Von Interesse ist das von Strousberg, als ehemaligem Besitzer der früher Egestorff'schen Lokomotiv-Fabriken und Eisengiefsereien in den ersten 70er Jahren gegründete Viertel mit Arbeiter-Wohnhäusern für 1 bis 4 Familien.

Fragt man sich nun, welche *weitere Entwickelung* dem Plane der Stadt bevorsteht und welche *Aufgaben* in dieser Beziehung der Jetztzeit und der nächsten Zukunft gestellt sind, so darf man nicht verkennen, dafs die gewaltige Bevölkerungszunahme der letzten Jahrzehnte neuerdings nachgelassen und dafs der Kapital-Reichthum der Stadt seit 1866, wenn überhaupt, so in weit geringerem Mafse zugenommen hat, als seine Einwohnerzahl. Ebenso nahm die noch lange nach Eintritt der Krise von 1873 herrschende Baulust neuerdings wesentlich ab, weil die Ueberproduktion an neuen, namentlich für die wohlhabenderen Klassen bestimmten Wohnhäusern den Besitzern die Rente geschmälert hat. Hannover bedarf, wie viele Städte, ein Jahrzehnt der Ruhe in seiner Bauthätigkeit — dann mögen Wohnungs-Angebot und Nachfrage sich wieder ausgeglichen haben. —

Nimmermehr darf diese, bereits eingetretene Zeit aber zu einer Unthätigkeit in Bezug auf die Festlegung von Bauplänen veranlassen; vielmehr ist gerade die Zeit der Ruhe dazu die geeignetste.

So schöne und grofsartige Anlagen die Stadt nun in einzelnen Theilen besitzt, so wenig gelungene plan-

liche Ausbildung haben andere Theile erhalten, und
wenn sich hier die Folgen der Unterlassung recht-
zeitigen Eingreifens gerade recht deutlich zeigen, so
sollte man um so weniger zögern, einheitlich gestaltete,
organisch gegliederte Baupläne für die jetzt noch offen
stehenden nächsten Umgebungen zu schaffen. Es mag
am Schlusse dieses Abrisses der Baugeschichte Hannovers vergönnt sein, nur noch auf einige Aufgaben
hinzuweisen, welche nach Ansicht des Verfassers der
baldigen Inangriffnahme bedürfen.

In dem *Walde «Eilenriede»*, wie in dem *Wiesen-
terrain der «Masch»* hat die Stadt einen herrlichen
Besitz, um welchen sie manche Grofsstadt beneidet.
Beide sind durch stückweises, planloses Abreifsen in
früheren Jahren schon erheblich an Umfang geschmä-
lert und gegenwärtig betrachtet man sie zwar als
«Noli me tangere», ohne jedoch ernstliche, wirksame
Vorsorge zu ihrem Schutze für alle Zeiten zu treffen.
Dieser kann für die Zukunft nur durch Regulirung
beider erreicht werden.

Solche Regulirung würde für den Wald in einer
Umgestaltung des vorderen, jetzt recht vernachlässigten
Theiles bis an die Linie vom Lister Thurm zum Zoologischen Garten zu einem Park und Herstellung einer
festen Einfriedigung an Stelle der jetzigen Grenz-
Gräben bestehen, wobei der äufsere Theil nichts von
seinem Charakter eines forstmäfsig betriebenen Waldes
zu verlieren brauchte.

Die tief in die Stadt ragende, wichtige Stadttheile
trennende Aegidienmasch aber bedarf der organischen
Einfügung in den Stadtplan durch Schaffung einer Verbindung zwischen Linden und dem äufsersten südlichen
Theile, endgültiger Umgrenzung an den drei inneren
Seiten durch breite, nur einseitig zu bebauende Strafsenzüge und Gestaltung der Wiesen zu öffentlichen Parks,
wobei die vierte Seite, welche eine schöne Aussicht auf
die Höhen des Deisters gewährt, in ihrer ganzen Breite
offen gehalten werden und die Aufsenwiesen ebenfalls
unverändert bleiben könnten.

Damit dürfte der Besitz beider Terrains der Stadt
nicht nur für alle Zeiten gesichert, sondern auch in

seinem Werthe für dieselbe aufserordentlich gesteigert werden.

Im Zusammenhange mit der zuletzt beregten Frage, wie mit der Fortsetzung des Wallbrecht'schen Central-Strafsenzuges steht das seit 1875 aufgetauchte Projekt einer *Ringstrafsen-Anlage*. Für dieselbe spricht vor allem das Moment, dafs der Ring vom Aegidienthor-platze bis zum Militärlazareth in den schönen Georg-, Goethe- und Humboldt-Strafsen zu $2/3$ bereits vorhanden ist, ferner die Nothwendigkeit der Verbindung zwischen Linden und der südlichen Stadt, sowie das Wünschens-werthe einer klareren Eintheilung der Stadt, wie sie Wiens schönes Vorbild zeigt und wie sie von vielen Städten durch ähnliche Anlagen gegenwärtig ange-strebt wird.

Möge die Prosperität der Stadt ferner eine solche sein, dafs eine glückliche Zukunft diese allerdings grofsen Aufgaben der planlichen Entwickelung zu lösen vermag!

Die Hannoversche Architekturschule.

Bearbeitet vom Architekten Theodor Unger.

Gegenüber einer Versammlung von Architekten, unter denen vielleicht die überwiegende Zahl der hoffnungsreichen Ansicht huldigt, dafs nach der erfolgten politischen Konsolidirung Deutschlands auch die *deutsche Kunst* und insbesondere die *deutsche Bauweise* zu einer einheitlichen, nationalen Ausdrucksweise gelangen werde, könnte der diesem Abschnitte vorangesetzte Titel fast als ein unberechtigter Anspruch erscheinen.

Aber, wie das politische Deutschland nur in der geschlosseneren Verbindung in sich hoch entwickelter deutscher Staaten besteht und vielleicht gerade darin seine innere Kraft und Ueberlegenheit anderen centralistisch gebildeten Reichen gegenüber findet, ebenso mag auch die zunächst unabhängige, freie Entwickelung der *deutschen Kunstschulen* als nothwendiger und ihre Stärke fördernder Vorläufer der erhofften «deutschen Kunst» betrachtet werden.

Anhaltspunkte für eine solche Auffassung lassen sich gerade auf dem Gebiete der Architektur schon jetzt finden. Sie zeigt noch immer das bekannte «Kaleidoskop» aller möglichen Richtungen in der Form — ein sachverständiges Auge wird sich aber kaum der Erkenntnifs verschliefsen können, dafs viele Anschauungen, welche noch vor 30 und 20 Jahren als einseitige Schulprinzipien galten, inzwischen zum Gemeingut der verschiedensten Architektur-Richtungen geworden sind und zum Theil heute bereits als unweigerlich festzuhaltende Fundamentalsätze aller Architektur von ihren Vertretern anerkannt sind.

In dieser Weise hat auch die «Hannoversche Architekturschule» ebensowohl gewirkt, als auf sich wirken lassen, und in gleichem Sinne darf sie auch den — seit 1866 aufserhalb Hannovers häufiger, als innerhalb seiner Grenzen ihr beigelegten — Namen acceptiren. Ihre sachliche und geschichtliche, innere und äufsere Entwickelung, soweit sie in den Bauten der Stadt Hannover zum Ausdruck gekommen ist, durch Wort und Bild zu erläutern, ist Zweck dieses Abschnittes.

In der raschen Hebung der Stadt Hannover nach
der Rückkehr des Herrscherhauses von England im
Jahre 1837 und in der gleichzeitigen Erstarkung ·der
1831 gegründeten «höheren Gewerbeschule» zu einem
Polytechnikum, auf welchem die höhere Baukunst
ein erster und bevorzugter Lehrgegenstand wurde,
lagen die Keime zur Ausbildung einer spezifisch hannoverschen Bauweise. Sie findet ihre Vorstufen in
den Bauten, welche die zu Zeiten Laves' und Ebeling's
(s. S. 83) heranwachsenden jüngeren Architekten in den
vierziger und fünfziger Jahren errichteten. Hatte Laves,
gemäſs seiner, auf der Akademie der schönen Künste
in Paris genossenen Ausbildung, der römischen Antike
gehuldigt, Weinbrenner's Schüler Ebeling aber die
Vorbilder für seine Architekturen bald in Florenz,
bald in England, bald in München gefunden, und
hatten beide zu Aeuſserungen ihrer Schaffenskraft die
mannigfachste Gelegenheit gehabt, so empfing das
nachkommende Geschlecht von ihnen nur die Vor-
erziehung. Die späteren, eigentlich künstlerischen
Studien wurden damals in München gemacht, wo
Gärtner seinen Einfluſs auf die heranwachsende architektonische Jugend ausübte. Die Schule in Berlin
hat merkwürdigerweise auf die hannoverschen Architekten der damaligen Zeit trotz der mannigfachen
Interessen des Königs Ernst August für Berlin gar
keine Anziehungskraft geäuſsert, und daraus hat sich
auch wohl das eigenthümliche Verhältniſs entwickelt,
daſs die hannoverschen Architekten lange Zeit ohne
alle Verbindung mit der Schinkel'schen Richtung geblieben sind, ja der hohen Verehrung für den groſsen
Lehrer in Berlin ziemlich theilnahmlos gegenüber
gestanden haben, obwohl er der hier erfolgten Aufnahme des mittelalterlichen, heimischen Backsteinbaues,
sowie der gleichzeitigen kräftigen Förderung des Kunstgewerbes im Prinzipe sogar ziemlich nahe stand.
    Gärtner hatte als Rheinländer eine Vorliebe für
die romanischen Formen nach München mitgebracht
und bei der dort herrschenden Klenze'schen Renaissance
in der italienischen Ausbildung der romanischen Architektur zunächst den Anknüpfungspunkt seines Schaffens
in München suchen zu müssen geglaubt. Diese Formen
und zugleich den Reinbau im Steinmaterial gegenüber
dem Putzbau predigte Gärtner an der Münchener

Akademie, und voller Begeisterung für die neuen
Theorien und die ganze romanische Münchener Kunst
kamen seine Schüler auch nach Hannover, wo der
König Ernst August seine Residenz zu verschönern
trachtete, wie König Ludwig es in München gethan.
Andreae, Hannovers Stadtbaumeister, war der erste,
der die neuen Ideen aufnahm. Unverfälscht brachte er sie
in den Projekten für das neue *Rathhaus,* dessen Flügel
an der Köbelingerstraße vom Jahre 1844 straßen-
und hofwärts (s. die Skizzen S. 46 und 93) italienisch-
romanischen Charakter zeigt, zum Ausdruck, und die
Façade der *Marktwache* könnte beinahe als Feldherrn-
halle vor der Ludwigstraße in München stehen. Aber
bereits in den genannten Bauten und ferner in dem
Pfarrhause hinter der Marktkirche, wie in des Architekten *Wohnhause* an der Andreaestraße zeigen sich
auch Motive, die in München nicht vorkommen. Gärtner
hatte dort die *deutschen* Formen der romanischen Kunst
und den *Reinbau* wohl lehren, nicht aber, oder doch
nur ausnahmsweise, zur Anwendung bringen dürfen.
Hier, in Norddeutschland, wo die deutsche romanische
Kunst an zahlreichen schönen Kirchen der Umgegend,
in Hildesheim, Loccum, Wunstorf, und wo namentlich
der mittelalterliche Backsteinbau an höcht originellen
Mustern in unmittelbarster Nähe, in Hannover selbst
zu studiren war, mußten diese beiden Motive die
romantische Richtung mächtiger durchdringen, als es
auf dem südlichen Boden Münchens möglich war. Die
Façaden der genannten Andreae'schen Häuser sind
bereits aus Backsteinen unter Verwendung von Formsteinen und Beschränkung der Sandsteine auf Wasserschläge aufgebaut, die in echt romanischem Blattwerk
gezeichneten Ornamente der Friese sind aus gebranntem
Thon gebildet, und selbst die Färbung der Façaden ist
durch den Wechsel von rothen und weißen Backsteinen
hergestellt.

In Andreae's letzten Lebensjahren, zu Ende der
vierziger Jahre kamen *drei Gärtner'sche Schüler* nach
Hannover und rasch zu hervorragender Wirksamkeit.
Alle drei haben mit ihren zahlreichen Ausführungen
in dem nächsten Jahrzehnt an der Ausbildung der
Prinzipien und damit an der Fundamentirung der
nachherigen hannoverschen Schule wesentlichen Antheil. Der zuerst auftretende war **Hunaeus,** der schon

1845 als technisches Mitglied im Kriegsministerium Gelegenheit hatte, die Entwürfe für das *Militärkrankenhaus* am Adolfswalle und für das *Ministerialgebäude* am Archive (s. die Skizze S. 92) auszuarbeiten. In beiden sind die Gärtner'schen Formen am meisten festgehalten, während die gleichzeitigen Bestrebungen Andreae's auf Verwendung und charakteristische Ausbildung des Backsteinbaues hier noch wenig berücksichtigt und erst in den späteren Hunaeus'schen Bauten, wie im *Schwurgerichtsgebäude* von 1853, im *Hülfskrankenhause* von 1860 und in *Privathäusern* an der Adolfstraße und Warmbüchenstraße aufgenommen erscheinen.

Der zweite Architekt war **Droste**, der 1814 geboren, der höheren Gewerbeschule zu Hannover in deren ersten vier Jahren als Schüler angehörte, nach 1834 die Münchener Kunstakademie besucht hatte und in Mannheim praktisch thätig gewesen war, von wo er 1849 nach Hannover berufen wurde, um Andreae's Nachfolgerschaft im Amte des städtischen Baumeisters anzutreten. Sofort kam er hier zu außerordentlich umfassender Thätigkeit in der Ausführung sowohl städtischer, wie privater Aufträge. Von ihm rühren zunächst der große Bau der *hohen Schulen* am Georgsplatze (1850—54) und die *Restauration der Marktkirche* (1852—55) her, alsdann sehr zahlreiche, weitere Schulbauten, wie namentlich das *Lyceum II* und die *höhere Bürgerschule* am Cleverthore, die *höhere Töchterschule* am Graben, die *Stadttöchterschule* am Aegidiendamme, ferner die *Friedhofshallen* am Engesohder Berge und an der Strangriede, sowie der städtische *Packhof* (1861—64). An Privatbauten zeichnete er u. a. das *Sternheim'sche Haus* (Schillerst. 35), das *Köhsel'sche Haus* (Marktsr. 58), das *Haus der Brauergilde* (Georgstr. 21). Seine erste Leistung des Schulbaues am Georgsplatze (s. die Skizze S. 90) dürfte architektonisch die beste des Baumeisters geblieben sein. Hier findet sich klare, ruhige Massenwirkung, sowie größtentheils verständige Verwendung und Vertheilung des Sandstein- bezw. Backsteinmaterials, während in den späteren Bauten die Verwendung des Sandsteines meist eine konstruktiv unmotivirte, dekorativ mißbrauchte wird. Auch die Lösung der Grundriß-Aufgabe (2 Schulen für je 400—500 Schüler, mit gemeinschaftlicher Aula, 2 Spielhöfen und Stadtbibliothek),

sowie die Durchführung der Innen-Architektur der Aula
in Holzkonstruktion sind im Wesentlichen vortrefflich
gelungen. Am wenigsten erfreulich dürfte dem gegenüber der Schulbau am Graben sein, während der Pack-
hofsbau die eben bezeichneten Fehler durch eine
reichhaltige Gruppirung aufwiegt. Von den Privatbauten sind die in Sandsteinmaterial ausgeführten
Façaden Köhsel und Sternheim die besten.

In allen seinen Architekturen hat Droste die
romanischen Formen festgehalten, ohne weder nach
der Seite der Renaissance, noch nach derjenigen der
Gothik Konzessionen zu machen. Dagegen hat er die
Pflege des Backsteinbaues, freilich unter oft mifsver-
standener Vermischung mit Sandstein immer gefördert.

Der dritte und jüngste der genannten Architekten
aus der Gärtner'schen Schule war endlich **Hase**, und
er entwickelte sich am selbständigsten, indem er die
in München genossene romantische Bildung zwar zum
Ausgangspunkte seines Schaffens machte, aber der dort
gepflegten, treibhausartigen Kunst bald eine dem norddeutschen Klima und Sinne entsprechende Architektur
gegenüber stellte, welche streng konstruiren, gleichzeitig aber sinnig und gemüthsvoll gestalten wollte.

Konrad Wilhelm Hase ist im Jahre 1818 zu
Einbeck im Hannoverschen geboren, wo die zahlreichen,
reich geschnitzten Holzhäuser die künstlerisch angelegte Natur des Knaben mit den ersten mittelalterlichen Eindrücken und mit dem Sinn für das Malerische
in der Architektur erfüllten. 1833 bezog er die
Schule am Markte in Hannover, um bei Ebeling in
4jährigem Kursus Baukunde und Baukunst zu studiren.
Dann schickte ihn Ebeling in die Praxis, das Maurer-
handwerk zu erlernen, womit Hase's besonderem, auf
die Vervollkommnung der Technik des Backsteinbaues
gerichteten, späteren Wirken die solide Grundlage der
Kenntnifs des Handwerks gegeben wurde. Aber ein
höheres, künstlerisches Streben erfüllte den Jüngling,
und er ruhte und rastete nicht, bis auch er das Ziel
der hannoverschen Architektur-Jünger erreicht hatte,
in München ihre künstlerische Ausbildung zu vollenden.
Bis 1843 besuchte er die dortigen Lehranstalten, um
dann nach der Heimath zurückzukehren und zunächst
in den Eisenbahndienst eingezwängt zu werden, wo
ihn eine, seiner künstlerischen Neigung wenig sym-

pathische Thätigkeit bei den Entwürfen der Bahnhöfe
für Lehrte, Wunstorf und andere Stationen erwartete.
1848 schied er aus diesem Dienste und fand höhere
Befriedigung in den ihm übertragenen Arbeiten zur
Restauration der herrlichen Loccumer Stiftskirche, in
denen er die ersten Erfahrungen für sein späteres,
sehr weit reichendes Wirken auf dem Gebiete der
kirchlichen Baukunst und namentlich der Renovation
mittelalterlich-kirchlicher Baudenkmale finden sollte.
Von Loccum wurde er 1849 endlich zum Lehrer der
Kunstgeschichte und Ornamentik an das Polytechnikum
in Hannover berufen, um bald, nach Ebeling's Tode,
hier den ersten Lehrstuhl der Baukunst zu besteigen,
den er in rüstiger Kraft bis heute ausfüllt.

Diese Stellung, sowie die nach Hellner's Tode daneben erlangte eines technischen Mitgliedes im Königlich
hannoverschen Konsistorium hat Hase einen bedeutenden Wirkungskreis verschafft, von welchem aus er die
Pflege der Architektur in Stadt und Land Hannover
beherrscht. Als eines begeisterten Anhängers und Ver-
treters der mittelalterlichen Kunst, namentlich der
deutschen Kirchenbaukunst, wie als eines begeisternden
Lehrers, an dessen zündende Vorträge sich Tausende
von Schülern aller Nationen gern und dankbar erinnern,
ist sein Wirken aber weit über die hannoverschen
Grenzen hinausgegangen und anerkannt worden.

Die ersten Bauten Hase's in Hannover waren Pro-
fanbauten, in welchen er den Münchener Eindrücken
seinen Tribut zollte und den Putzbau in romanischen
Formen noch festhalten mufste. Damit charakterisiren
sich die Häuser am Ernst-August-Platze, der ursprünglich zu einem Privathause bestimmte, nachher in einen
Gasthof umgewandelte *Rheinische Hof*, sowie *Hartmann's
Hôtel*. Beide Entwürfe waren durch die Umgebung
des geputzten älteren Bahnhofs-Empfangs-Gebäudes, sowie der übrigen Hôtels beeinflufst.

Zwei demnächst entworfene Konkurrenz-Pläne, von
denen leider nur der eine mit der Ausführung gekrönt
ist, zeigen indessen schon wesentlich selbständige, auf
dem Studium der norddeutschen romanischen Formen
fufsende Konzeptionen. Der ausgeführte Entwurf ist
derjenige des Museums an der Sophienstrafse aus dem
Jahre 1852, und der unausgeführte derjenige für die
hannoversche Bank.

Das *Museum für Kunst und Wissenschaft* (s. die
Skizze S. 91) nimmt den romanischen Stil norddeutschen Gepräges ganz und voll auf, und bringt gleichzeitig die verwendeten Baumaterialen zu korrekter,
klarer und schöner Durchbildung. Der Sandstein ist
hier nicht, wie in Andreae's späteren Bauten, auf die
Wasserschläge und Gesimse beschränkt, und auch nicht,
wie bei Droste, in Dekorations-Motiven verspielt, sondern er tritt bewufst, als für diejenigen Architekturtheile geeignetes Baumaterial auf, mit welchen entweder die Absicht energischer, kräftiger Massenwirkung
oder reicherer Formenausbildung, oder aber konstruktive Zwecke verfolgt sind. Der Backstein wird andererseits nicht nur als Verblendungsmaterial in die
schlichte Fläche zurückgedrängt, sondern auch zu feinen
Profilirungen der Fenster- und Bogenöffnungen, sowie
zur Erzielung von Farbenwirkungen herangezogen.
Dabei sind beide Materialien in vorzüglichster Qualität
ausgesucht und vortrefflich versetzt. In dieser Beziehung, in der durchdachten, Art, Konstruktion und
Wirkung berücksichtigenden Verwendung und Vertheilung des Materials ist der Museumsbau als Muster
und damit als Beispiel dieses einen Grundprinzips in
der hannoverschen Architektur zu bezeichnen.

In den folgenden Jahren, da Hase als Konsistorial-
Baumeister zahlreiche Aufträge zur Restauration älterer
Kirchenbauten erhielt und ausführte, und gleichzeitig
seine Lehrthätigkeit an der polytechnischen Schule zu
immer neuen Studien in der mittelalterlichen Baukunst
drängte, vollzog sich in dem Architekten die Erkenntnifs,
dafs die romanische Architektur, so sehr sie modernen,
durch die Renaissance entstandenen Anschauungen und
Anforderungen des Publikums entgegen zu kommen
schien, in ihrem inneren Wesen doch immer nur als
Vorstufe des gothischen Stiles anzusehen sei. Hier
erst gelangt das Fundamentalprinzip aller mittelalterlichen Kunst, dasjenige der unlöslichen Verbindung
von Konstruktion und Form zu völliger, konsequenter
Durchbildung, und daneben erscheinen hier die engen
Schranken, welche den Formen der romanischen Architektur gesetzt sind, hinweggeräumt. Ein ernstes
Studium des Mittelalters kann eben nur dahin führen,
dafs die gothische Kunst nicht ein in Frankreich
erfundener Stil ist, sondern die natürliche, höhere

Entwickelungsstufe der romanischen Kunst abgiebt, und
wer heute auf das Mittelalter überhaupt zurückgeht,
wird immerhin eine Zeit lang von den romanischen
Formen sich angezogen fühlen können, in dem Suchen
nach weiterer Ausbildung derselben jedoch über kurz
oder lang immer wieder auf die Gothik gerathen. So
trat auch Hase am Ende der fünfziger Jahre ganz auf
der Letzteren Boden, und seine erste gröfsere Leistung in
dieser Richtung war die Ausführung der *Christuskirche,*
zu welcher ihm vom
Stifter derselben, dem
Könige Georg, der Auf-
trag im Jahre 1856
ertheilt war. Die Chri-
stuskirche ist als das
Abbild des den Künstler
damals erfüllenden Ge-
dankenganges von
höchstem Interesse. Sie
bringt das von Hase
nunmehr auf die Fahne
geschriebene Prinzip
der Verschmelzung von
Materie, Konstruktion
und Form zu entschie-
denem Ausdruck; in
ihr ist das System des
 gothischen Kirchen-
baues — Auflösung der
Flächen und Reduktion
der Lasten auf Strebe-
pfeiler, ferner klare

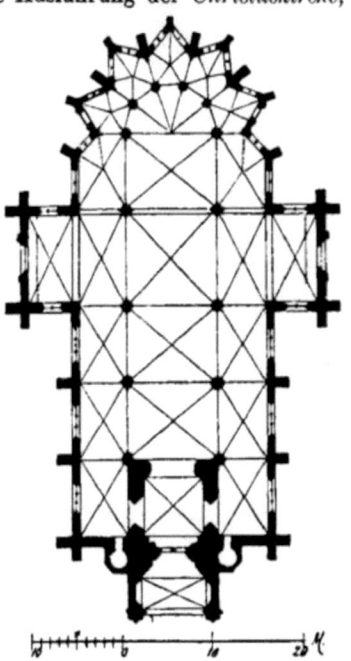

Hase. *Grundrifs der Christuskirche.*

Entwickelung und Ausgestaltung der Haupt- und Neben-
theile des Grundrisses auch im Aufbau u. s. w. — aufgenommen, ohne dafs der Architekt mit starrem
Festhalten des Schemas geistloser Nachahmung ver-
fallen wäre; in ihr ist endlich abermals die richtige
Wahl, Scheidung und Vertheilung der Baumaterialien
des Sand- und Backsteines versucht worden (ohne dafs
freilich diese Aufgabe ebenso glücklich gelöst erscheint,
wie in der Museums-Façade).

    In diesen Beziehungen, sowie durch die Einführung
malerischer Motive in die Architektur heben sich die
Kirchenbauten Hase's von vornherein von denjenigen

der gleichzeitigen Kölner gothischen Schule ab, welche,
an dem strengen System der niederrheinischen Kirchen,
namentlich des Kölner Domes grofsgezogen, es nur

Hase. *Christuskirche.*

schwer über sich gewinnen konnte, von dessen Gesetzmäfsigkeit zu Gunsten originelleren, reizvolleren Aufbaues abzuweichen. Zugleich erscheinen schon in der

Christuskirche und noch mehr in den nachherigen
kirchlichen Ausführungen die früheren Formen der
Gothik vor deren späteren, verknöcherteren Ausbil-
dungen bevorzugt, und es wird diese Neigung, gefördert
durch die letzten Veröffentlichungen Ungewitter's und
Violet le Duc's bald zu einem entschiedenen Merk-
male der hannoverschen Schule.

Zur Zeit und nach der Vollendung der Christuskirche im Jahre 1864 hat sich Hase immer mehr der
einseitigen Pflege des technisch und stilistisch durchgebildeten *Backsteinbaues* zugewandt. Vielleicht hat
dazu die Erkenntnifs der Schwierigkeit einer richtigen
Lösung des Mischbaues gerade während Errichtung der
Christuskirche, und noch mehr die Thätigkeit Hase's
auf dem Gebiete des Kirchenbaues in einem Lande
beigetragen, das nur in seinem südlichen Theile Sandsteinmaterial — hier allerdings in grofser Reichhaltig-
keit der Farbe und Qualität — besitzt, dagegen in seinem
nördlichen Theile zumeist auf den Backstein angewiesen
ist. Die Backstein-Fabrikation hat an den Gebieten
der Weser und Elbe mit ihren Nebenflüssen im Lande
Hannover immer eine grofse Ausdehnung gehabt; aber
sowohl die Güte und Reinheit des Fabrikates, als die
Ausdehnung und Behandlung des Backsteinbaues waren
seit dem Mittelalter erheblich zurückgegangen. In
beiden Beziehungen ist Hase's und seiner Schüler
Wirken von günstigem Einflufs gewesen, wenn auch
die Ziegeleibesitzer dieser ihnen gegebenen Anregung
nicht immer und nicht mit solcher Ausdauer gefolgt
sind, dafs die hannoversche Ziegelfabrikation einen ihr
gebührenden ersten Platz bereits errungen hätte. (Die
Architekten haben auf dieser Seite sogar vielfach
Widerstand gefunden und sich Bezugsquellen aufsuchen
müssen, die weit aufserhalb der hannoverschen Grenzen
liegen.)

Der Backsteinbau nun, welchen Hase aufnahm, ist
sehr verschieden von dem in der nachfolgenden Zeit
durch andere Schulen geförderten des Terrakotten-
baues. Er betrachtete das Material des Thones nicht
als Surrogat für den Sandstein, welches sich ohne
Weiteres in dessen Formen pressen und brennen liefse,
sondern er ging entschieden auf die naturgemäfse, der
Art dieses Materiales angepafste Formenbehandlung
zurück, wie sie der mittelalterliche norddeutsche Back-

steinbau zu hoher Vollendung gebracht hat, und wie
sie besonders auch in den ziemlich zahlreichen hannoverschen Ziegelbauten des 15. Jahrhunderts auftritt.
Das in ihr durchgeführte Prinzip besteht wesentlich
in dem strengen Festhalten eines bestimmten, sowohl
der Art der Herstellung, als der Handhabung des
Maurers am besten entsprechenden Backsteinmaßes,
und die betreffenden Bauten, welche im zweiten Abschnitte dieser Schrift besprochen und abgebildet sind
(s. S. 57 und die Skizzen S. 54—59) zeigen ein völlig
entwickeltes System in dieser Richtung, indem eine
gleichmäßige Horizontal - Schichtung durch die gesammte Architektur sich hindurchzieht.

Es ist leicht erklärlich, daß ein solches System
auch die Zeichnung wesentlich beeinflussen muß. Ihr
geben die Fugen, und zwar Lager-, wie Stoßfugen
ein Netz in der Art, daß alle Höhen-Abmessungen der
Flächen, Pfeiler, Friese, Gesimse u. s. w. in eine bestimmte Anzahl Schichten zerfallen, und auch die Breiten
durch die Steinmaßen
bedingt sind. Daneben
sind die Profile so zu
zeichnen, daß sie auch
in Thon leicht zu for-
men sind und das
Brennen aushalten, so-
wie die Gliederungen
so zu entwerfen, daß
sie auch guten Back-
steinverband ermög-
lichen. Das Fugennetz
wirkt endlich nicht nur
auf die Abmessungen
bestimmend ein; ihm
hat sich auch die Zeich-
nung des Ornamentes
zu fügen, und selbst
die figürlichen Relief-
Darstellungen sind an
den vorbenannten äl-
teren Bauten in Thon
geformt und dann in
gebrannt und aufge-

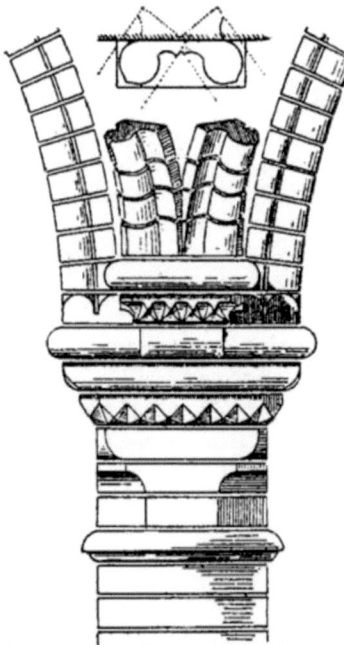

Lüer. *Säule, Kapitäl und Gewölb-*
ansatz in Backstein-Konstruktion.

Backsteinschichten zerlegt, um
mauert werden zu können.

Ein derartiges gebundenes Arbeiten legt dem
schaffenden Architekten grofse Selbstverleugnung auf;
aber sowohl die alten Backsteinbauten, als die besseren
aus neuerer Zeit legen Zeugnifs davon ab, dafs bei
aller Gebundenheit reiche, originelle und malerische
Gestaltungen möglich bleiben, und dafs die Begrenzung
der Mittel den Werth der architektonischen Leistungen
keineswegs zu beeinträchtigen braucht, vielmehr zur
Schaffung besonders charakteristischer Architekturen
führen kann. Freilich ist nicht zu verkennen, dafs
die Gefahren des schematischen Arbeitens auf der
einen, die der Uebertreibung des Prinzipes auf der
anderen Seite dabei vorliegen, und die hannoversche
neuere Architektur zeigt leider auch Belege nach diesen
beiden wenig erfreulichen Richtungen. Die Käuflichkeit
der einmal hergestellten Backsteinformen, die verhält-
nifsmäfsige Billigkeit des Verfahrens und die leichte
Möglichkeit der Herstellung von Kopien haben die
Aufführung von Dutzendbauten in sog. Backstein-
Architektur gefördert, und ganze Strafsen in Hannover zeigen, bis zu welcher Rohheit der Backsteinbau in den Händen von ungeschulten Bautechnikern,
Werkmeistern, Spekulanten u. s. w. gerathen ist. Andererseits kann das einseitig verfochtene Prinzip zu
Ausgeburten führen, die schliefslich sinnlos werden.
An sich ist die Wahl des reinen Backsteinbaues da
begründet, wo entweder der Sandstein schwer zu be-
schaffen ist, oder wo besonders vorzügliches Fabrikat
in nächster Nähe vorliegt. Wo aber, wie in der Stadt
Hannover, das Sandsteinmaterial in der Nähe und in
ebenso guter, ja besserer Qualität zu Gebote steht,
und wo der Preisunterschied beider Materialien gar
nicht so erheblich ist, da liegt kein Anlafs vor, den
Sandstein zu verbannen und das Prinzip des Backsteinbaues todt zu reiten; vielmehr dürfte hier der geeignete
Platz sein, den Mischbau zu fördern und zu charakter-
voller Ausbildung zu bringen. — Auch hat die Vorliebe
für den Backstein dazu verleitet, ihm Aufgaben zuzu-
muthen, welchen er — bislang wenigstens — nicht gewachsen ist. So hat beispielsweise die Anwendung des
Backsteines ihre Grenzen für Innen-Architekturen, für
welche bessere und billigere, freiere Gestaltungen, Fär-
bungen u. s. w. ermöglichende Materialien zu Gebote stehen.
Namentlich aber hat man entschiedene Fehlgriffe gethan

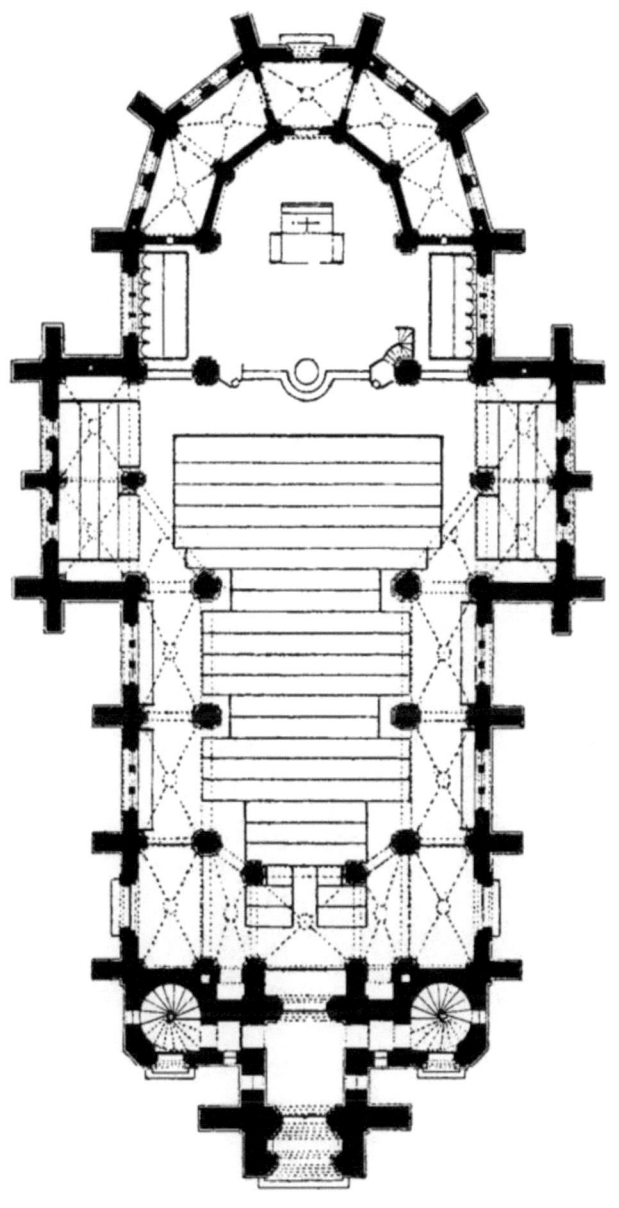

Hase. *Grundrifs der Apostelkirche.*

in der Verwendung der Backsteinglasuren als angeblichen
Schutzmittels gegen atmosphärische Niederschläge und
Frost, deren schlimme Wirkung im Backsteinmauerwerk
durch die Glasuren nicht aufgehalten, sondern gefördert
ist. Die Glasur, wie sie heute hergestellt wird, hat

Hase. *Apostelkirche.*

schon unglaubliche Verheerungen angerichtet, und da
aufserdem ihre dekorative Wirkung sehr zweifelhafter
Natur ist, grofse Glasurflächen, namentlich an dem
Auge nahe liegenden Theilen sogar entschieden be-
leidigende Wirkung üben können, so mufs ihre Ver-

wendung aus dem Backsteinbau verbannt, oder doch auf ein äuſserst bescheidenes Maſs zurückgeführt werden.

Gleiche Erfahrungen haben auch Hase neuerdings zu Konsequenzen geführt, wie sie eben angedeutet sind. In der Ausführung des Thurmes der Zionskircke in Linden, und des Baues der Apostelkirche an der Cellerstraſse in Hannover ist die Glasur durchgängig vermieden und durch Klinker auf allen Wasserschlägen ersetzt worden. Der letztgenannte Bau hält dagegen das Prinzip des Backsteinbaues bis zur äuſsersten Schärfe und mit solcher Konsequenz aufrecht, daſs die Verwendung von Sandstein absolut vermieden, der Wandputz im Innern durch helle Backsteinverblendung ersetzt und jedes architektonische Glied, wie jedes Ornament aus Backsteinen von Normal-Format gebildet ist.

Neben dem Kirchenbau ist der Schulbau im Lande das von Hase vorzugsweise bebaute Gebiet geblieben und namentlich hierin hat er den vorbeschriebenen Backsteinbau zur Herrschaft gebracht. In Hannover selbst ist seine praktische Thätigkeit im Profanbau keine sehr ausgedehnte geworden. Seine Ausführungen dieser Art beschränken sich auf die Apotheke und einige Wohnhäuser in der Nähe der Christuskirche. Aus der ersten Zeit der Aufnahme des Backsteinbaues stammt Hase's Wohnhaus an der Josephstraſse in origineller, bescheidener Gestaltung des Grundrisses, wie des Aufbaues.

In den letzten Jahren hat der Baumeister dagegen eine Aufgabe gefunden, zu deren Lösung Niemand so sehr, wie er, berufen war, die *Restauration des alten Rathhauses* der Stadt. Hier fand er das beste Beispiel für die norddeutsch-mittelalterliche Auffassung des Backsteinbaues, und mit um so gröſserer Pietät, mit um so höherem Verständniſs vermochte er an die Aufgabe heranzutreten, als gerade er diese Auffassung zu der seinen gemacht und als Grundlage für die Wiederbelebung desselben auf seine Fahne geschrieben hatte. Hase hat sich bei dieser Restaurationsarbeit, was die Ergänzung des Aeuſseren betrifft, streng an die aus dem 15. Jahrhundert vorhandenen Formen gehalten und die Zuthaten späterer Zeiten rücksichtslos beseitigt. Bei dem Ausbau des Innern war es möglich, die historischen Daten in ziemlich weitem Maſse zu

berücksichtigen, weil die Zwecke der ferneren Benutzung
des Hauses vor den künstlerischen und historischen

Hase. *Marktbrunnen. Stiftung von Bürgern zum Andenken*
an die Restauration des Rathhauses.

Motiven der Restauration zurücktraten. Aus demselben Grunde haben die Innenräume eine ihnen würdige

Ausmalung erhalten, zu welcher Hase so glücklich
war, eine unter seinen Augen herangewachsene künstlerische Kraft von sehr bedeutsamem Talente verwenden
zu können. Das Werk der Restauration ist somit
als ein nach jeder Richtung erfreuliches und höchst
gelungenes zu bezeichnen, und der Meister hat seinem
Wirken damit ein schönes, ehrenvolles Denkmal gesetzt.

Wenn hier der Thätigkeit des dritten der in den
fünfziger Jahren nach Hannover gekommenen Schüler
Gärtner's ein so breiter Raum gegönnt ist, so ist
wohl schon dadurch genügend gekennzeichnet, welche
Bedeutung seinem Wirken bei Betrachtung der Leistungen der hannoverschen Architekturschule überhaupt
zukommt. Mehr noch, als durch seine praktischen
Ausführungen, ist Hase durch seinen persönlichen
Einfluß auf die zahlreichen, mit und nach ihm in
Hannover arbeitenden Architekten der intellektuelle
Urheber der hannoverschen Schule geworden. Kräftigung
und Förderung hat dieser Einfluß nicht nur dadurch
gefunden, daß die meisten dieser Architekten Hase
zum Lehrer gehabt haben, sondern auch darin, daß
immer Fachverwandschaft und Freundschaft unter ihnen
hochgehalten ist, wozu die Errichtung des hannoverschen
Architekten- und Ingenieur-Vereines im Jahre 1851
und das Bestehen des hannoverschen Künstlervereins
seit dem Jahre 1842 wesentlich beigetragen haben.

Ehe auf die Wirksamkeit der zahlreichen, in der
Richtung Hase's schaffenden, älteren und jüngeren Architekten in Hannover hier eingegangen werden kann, muß
eines Künstlers gedacht werden, der auf den von Hunaeus,
Droste und Hase eingeschlagenen Wegen nicht folgte,
sondern die Münchener romantische Bauweise ziemlich
unverändert aufrecht erhielt und dabei zu erheblicher
Thätigkeit gelangte. Er hatte unzweifelhaft hohe Begabung und eine fein angelegte Künstlernatur in sein
Fach mitgebracht; vielleicht aber war gerade die
letztere der Anlaß, daß er in dem Kampfe seiner
romantischen Gedankenwelt mit der rauhen norddeutschen Wirklichkeit erlag, und seinem Wirken ein
vorzeitiges Ende gestellt war. Es war der Hof-
Architekt der fünfziger Jahre, **Tramm**. Ihn charakterisirt eine Architektur, die man nicht mit Unrecht
‹romanische Renaissance› genannt hat, da sie For-

Tramm. *Welfenschloſs (Technische Hochschule).*

derungen und Motive der Renaissance (florentinischen
Charakters), wie die strenge Symmetrie, die Betonung
der Horizontalen, flache Dachungen u. s. w. mit romanischen Detailformen (und sogar spätmittelalterlichem
Ornament) verbindet. Der Weg hatte aber bald sein
Ziel, wie das bis jetzt noch immer mit ähnlichen, auf
künstliche Vermischung verschiedener Stilformen gerichteten Bestrebungen der Fall gewesen ist, und wie
die sich zum Verwechseln gleichenden Ausführungen
Tramm's beweisen. Von diesen sind einige geputzte
Wohnhäuser am Schiffgraben, das *Gewerbevereins-*, ehe-
mals Simon'sche Haus an der Brühlstrafse und endlich das *Welfenschlofs* (jetzt Technische Hochschule) zu
erwähnen. In allen diesen Tramm'schen Bauten herrscht
eine vornehme Ruhe und Gesetzmäfsigkeit, häufig aber
auch eine gewisse Eintönigkeit und Armuth der Erfindung. Das Welfenschlofs zeigt insbesondere ungemein feine, zart empfundene Detaillirung, reizvolle
Ausstattung der in bestem Osterwalder Sandstein ausgeführten Façaden mit Skulpturen, auch Verwendung
der schönen Umgebung des Parkes zu malerischen
Frontbildungen mit Terrassen-, Balkon-Anlagen u. s. w.,
dagegen wenig glückliche Grundrifs-Konzeption und in
Folge dessen ungünstige Gruppirung des Gesammtauf-
baues, die freilich durch die vielfach verlangten Abänderungen des Bauprogrammes noch weiter geschädigt ist.

So freudig der Architekt die grofse Aufgabe im
Jahre 1855 begonnen hatte, so wenig freudvoll gestaltete sich die weitere Geschichte des Baues, und
Tramm starb Anfangs der 60er Jahre, nachdem ihm
der Bau viele, gröfstentheils unberechtigte Kränkungen
zugetragen hatte.

Neben Tramm und dem ganz in seinem Sinne fort-
wirkenden Reg.- und Baurath **Heldberg** ist auch der
Architekt, jetzige Baurath **Rasch** zu nennen, der ebenfalls in der Zeit seines Wirkens in Hannover die romanischen Formen nicht verlassen hat. Von ihm rühren
manche *Wohnhäuser* in freundlichem, ziemlich reich gestalteten Putzbau her, der dem Tramm'schen Stile sehr
nahe steht. Rasch's beste Leistung dürfte das *Eisen-
bahn-Direktions-Gebäude* sein, in welchem der Architekt
von den Münchener Formen sich mehr emanzipirt und
der von Hase im Museumsbau eingeschlagenen Richtung
folgt. Die Architektur verwendet Sand- und Backstein

Rasch. Wohnhaus an der Königstraße. (Nach dem Umbau von Hehl.)

unter Einschlufs von zahlreichen Formsteinen in an-
genehmer Vertheilung und sorgsamer Detaillirung. Die

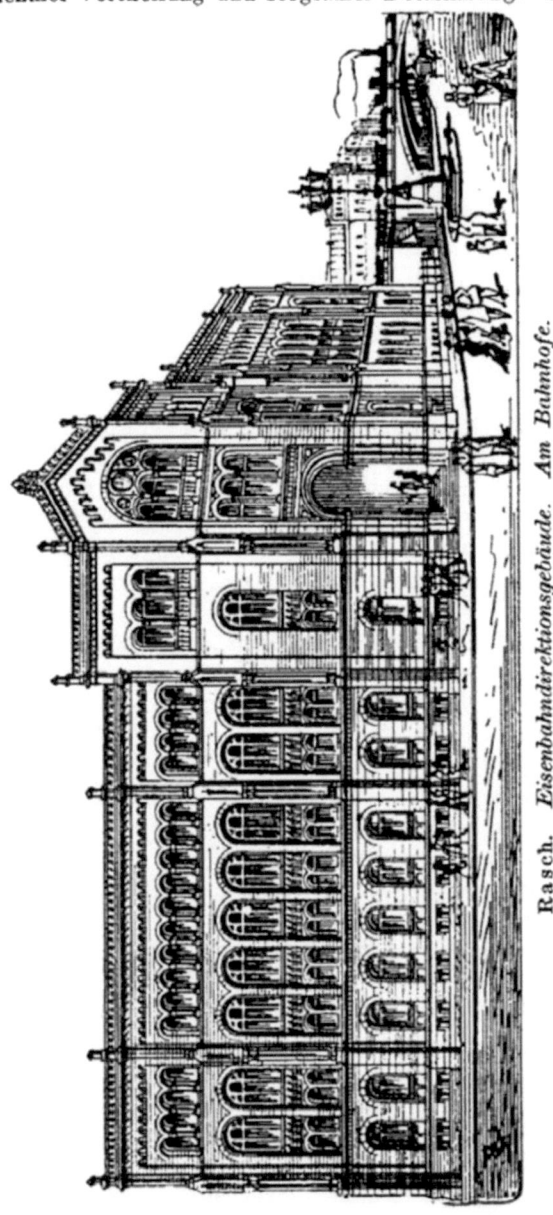

Rasch. Eisenbahndirektionsgebäude. Am Bahnhofe.

Auflösung der Ecke zu einem erhöhten Mittelbau mit
hohem romanischen Portal und anschliefsendem Treppen-
hause, dessen Eisenkonstruktion wie Dekoration reich

und sehr stilvoll durchgeführt ist, gewährt imposanten
Eindruck.

Alle nachfolgenden Schüler Hase's, welche in Hannover zu praktischer Wirksamkeit gelangten, haben sich
der gothischen Architektur gewidmet. Zu den ältesten
gehören zunächst die Privat-Architekten Goetze, Simon
und Hotzen, von denen **Otto Goetze** noch zu Ebeling's
Zeiten die polytechnische Schule besucht hatte, dann,
nach Beschäftigung auf den Ateliers Bürklein's in
München, sowie Hase's, Hunaeus', Debo's, Tramm's in
Hannover, hier die umfangreichste Praxis sich erwarb,
wobei ihm seine praktische Beanlagung namentlich für
zweckmäfsige Grundrifsgestaltungen zu Hülfe kam. Er
hat zahlreiche Privat-, Wohn- und Geschäftshäuser in
der Stadt erbaut und in allen seinen Entwürfen das
Prinzip gesunder, auf der Basis richtiger Konstruktionen
fufsender Formengestaltungen aufrecht erhalten, ohne
dem Streben nach Freimachung von den Fesseln der
Symmetrie oder den Theorien des reinen Backsteinbaues sich anzuschliefsen. Seine oben angedeutete besondere Begabung hat ihn namentlich auch auf das
Gebiet der Wirthschafts-Architekturen gedrängt, wo
er zahlreiche und nicht undankbare Aufgaben vorfand.

Hierher gehören seine Ausführungen der Restau-
rations-Lokale *Walhalla, 3 Männer, Königshalle*, daneben die Anordnung des Gartens *Tivoli* mit sehr
ausgedehnten Pavillon- und Terrassenbauten, Grotten,
Springbrunnen u. s. w., ferner die in der Konstruktion
nicht uninteressante Tanzhalle in *Bella-Vista* und endlich die Anlage des *Palmengartens* in der von Tramm
erbauten, mit Glas in Eisenkonstruktion gedeckten
ehemaligen Wagenhalle. Ueberall ist eine äufserst
praktische Grundrifsanlage mit freundlicher Architektur
von heiterer, anheimelnder Ausbildung der Formen, wie
der Dekoration verbunden. Ebenso wurden ihm meist
Gelegenheitsbauten übertragen, die er mit grofsem
praktischen Geschick zu entwerfen und zu leiten wufste.
Beispielsweise ist der Grundrifs seines Entwurfs zu
dem Bau der hannoverschen *Gewerbe-Ausstellung* im
Jahre 1878 das Vorbild für viele der später in
Deutschland errichteten ähnlichen Gebäude geblieben.
— Goetze's ausgedehnte Thätigkeit hat auch in her-
vorragendem Mafse zur Hebung der stadthannoverschen
Bau- und Kunstgewerbe beigetragen.

Der 1877 verstorbene Architekt **Simon** stand etwa
dem Architekten Rasch am nächsten, war aber besonders zu Entwürfen stilvoller figürlicher Zeichnungen
begabt. Als Hase'schem Schüler fällt ihm ein Haupt-
antheil an der Dekoration und Ausstattung von *Hartmann's Tunnel* zu. Neben einigen *Wohnhausbauten*
mit ziemlich reicher Ornamentirung in Cementputz hat
er das *Direktionsgebäude der landschaftlichen Brandkasse*
nahe dem Museum ausgeführt.

Simon. *Direktions-Gebäude der verein. landschaftl. Brandkasse.*

Hotzen endlich besitzt wohl das glühendste Interesse für die mittelalterliche Kunst; seine praktischen
Ausführungen in Hannover, die sehr malerisch gelegene
Villa an der Masch und das fast orthodox-mittelalter-
lich entworfene *Evangelische Vereinshaus* an der Prinzenstraße legen davon mehr als von gleichmäßig entwickelter Gestaltungskraft Zeugniß ab.

Einer der begabtesten und leider viel zu früh dem
Kreise der hannoverschen Architekten entrissenen älteren
Schüler Hase's ist **Lüer.** Auch seine Jugend war wie
diejenige Hase's von den Eindrücken malerischer, mittelalterlicher Architekturen erfüllt, da er in Goslar geboren, unter den zahlreichen romanischen und Holz-

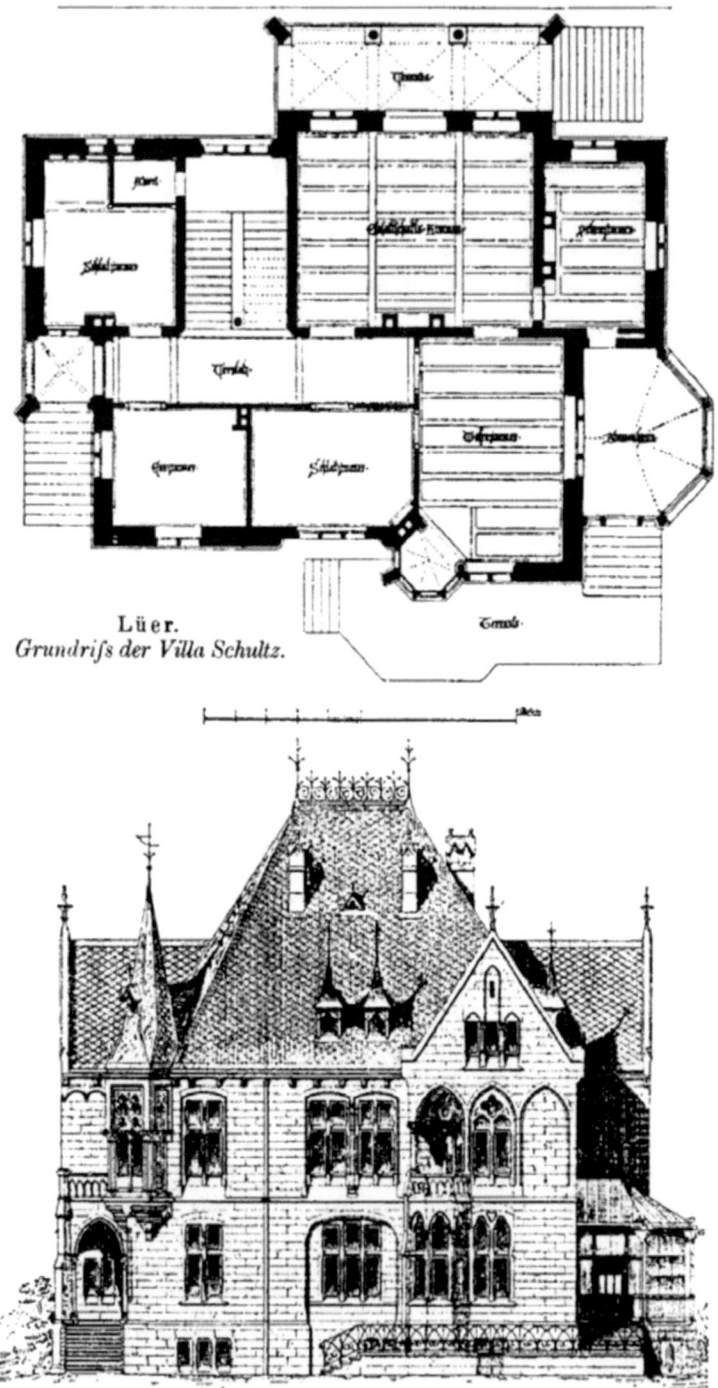

Lüer.
Grundriſs der Villa Schultz.

Lüer.   *Villa Schultz, von der Seelhorst aus.*

bauten der alten Kaiser- und Hansestadt am Harzes
Rande aufwuchs. Er brachte in das praktische Leben
eine Natur mit, in welcher die Gemüthseite, die Innig-
keit des Gefühls überwogen, und diese Charakteristik
des Menschen deckt auch diejenige seiner architektonischen Arbeiten. Ein sinniges Schaffen in nicht zu
weitem Rahmen, aber eine bis zur Vollendung gebrachte
liebevolle Durcharbeitung der Aufgaben innerhalb dieses

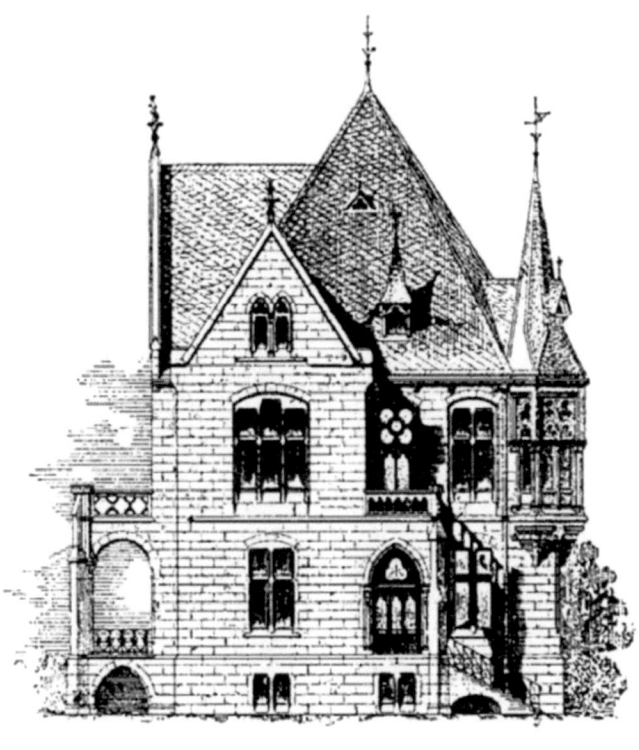

Lüer. *Villa Schultz, von der Thiergartenstrafse aus.*

Rahmens machen seine Thätigkeit aus. In seinen Ausführungen ist nirgend ein Winkelchen, das von einem
Erlahmen der Erfindung oder des Fleifses zeugte,
nirgend eine Seite, da ein aus der Situation, oder dem
Grundrisse, dem Zwecke und der Eigenthümlichkeit
der Benutzung, oder der Eigenartigkeit des Materials
und der Konstruktion entspringendes Motiv unbenutzt
gelassen wären. Jedes, noch so unscheinbare Moment

in der Aufgabe findet seine stilvolle, geistreiche, dem Auge wohlthuende Entwicklung und Ausbildung.

Des Architekten fast schüchternes Auftreten, seine Anspruchslosigkeit haben ihn erst spät zu einer selbständigen Stellung kommen lassen, seine Thätigkeit war lange auf die sehr bescheidene eines Assistenten Hase's an der polytechnischen Schule beschränkt — dann aber gegen die Mitte der sechziger Jahre kam sie zu so plötzlicher Entwicklung und wurde in wenigen Jahren so umfangreich, dafs die schwächlich veranlagten körperlichen Kräfte nicht Stand zu halten vermochten und im Jahre 1870 dem rastlosen Schaffen den Dienst versagten.

Lüer. *Detail von Villa Schultz.*

Die Stadt Hannover verdankt Lüer aus den wenigen
Jahren seiner praktischen Thätigkeit einige höchst
originelle architektonische Schöpfungen. Es sind das
die *Villa Schultz* am Eingange der Eilenriede mit ihrer

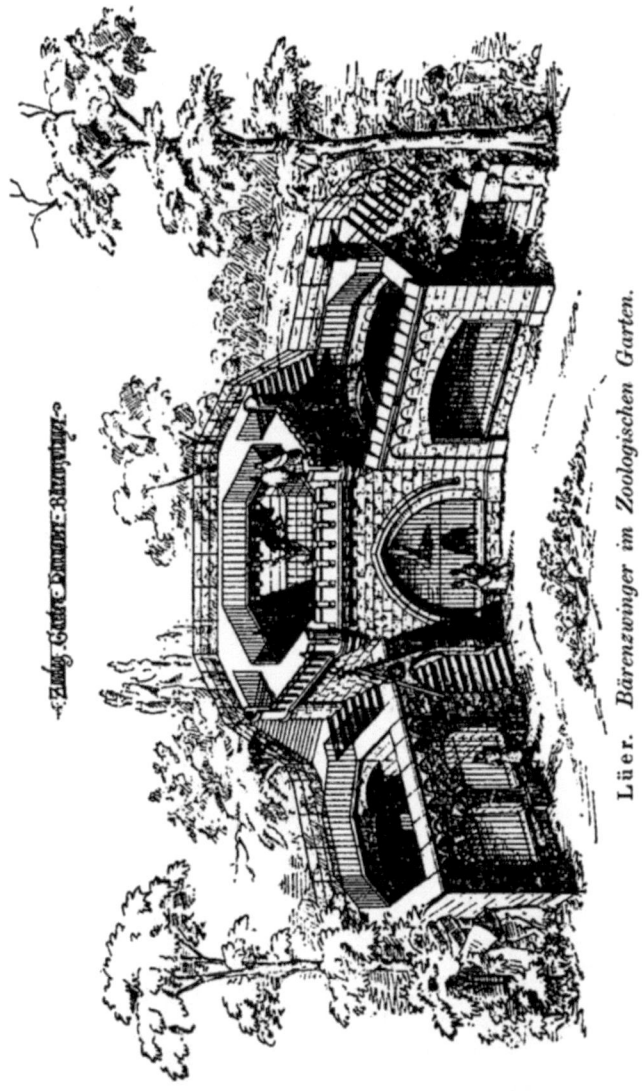

Lüer. *Bärenzwinger im Zoologischen Garten.*

malerischen Gruppirung und reizvollen Detailbildung,
der *Zoologische Garten* und das *Aquarium*. In den phan-
tasievollen Architekturen beider letztgenannten Anlagen
findet das Wesen des Architekten sprechenden Aus-

Lüer. *Hirschhaus*   *im Zoologischen Garten.*

Lüer. *Aquarium, Hinüberstrafse.*

druck. Auch Lüer war in den späteren Jahren der prinzipiell und sorgsam durchgearbeitete Backsteinbau sympathisch geworden — in Hannover selbst sollte Lüer jedoch keine Gelegenheit zur Bethätigung seines Interesses für denselben mehr finden.

Wie von den durch Hase gebildeten Architekten
viele, z. B. Architekt **Hauers** in Hamburg, die Pro-
fessoren **Otzen** in Berlin, **Tochtermann, Ewerbeck,
Henrici** in Aachen und ebenso die Stadtbaumeister
Schulz, Knoch und **Schwartz** in Hildesheim, **Busse** in
Harburg u. A., aufserhalb Hannovers zu ausgedehnter
Wirksamkeit und als Vertreter der gothischen Archi-

Schultz und Hauers. *Turnhalle, Maschstrafse.*

tektur zu geachteter Stellung gelangten, so war es
auch mit einigen jüngeren Schülern Lüer's der Fall,
von denen hier **Rebentisch** in Kassel genannt werden
mag. Von ihnen blieb der Architekt **Bühring** in
Hannover, woselbst einige Wohnhäuser an der Feld-
und Eichstrafse von ihm erbaut sind.

Eine namentlich auf den Backsteinbau gerichtete
Thätigkeit übte von den älteren Schülern Hase's noch
Wilhelm Schultz in Hannover aus, indem er mit
Hauers die Konkurrenzarbeit der *Turnhalle* und dann

allein eine *Villa an der Grofsen Barlinge* ausführte.
Beide Bauten zeigen die Backsteinformen in strenger,

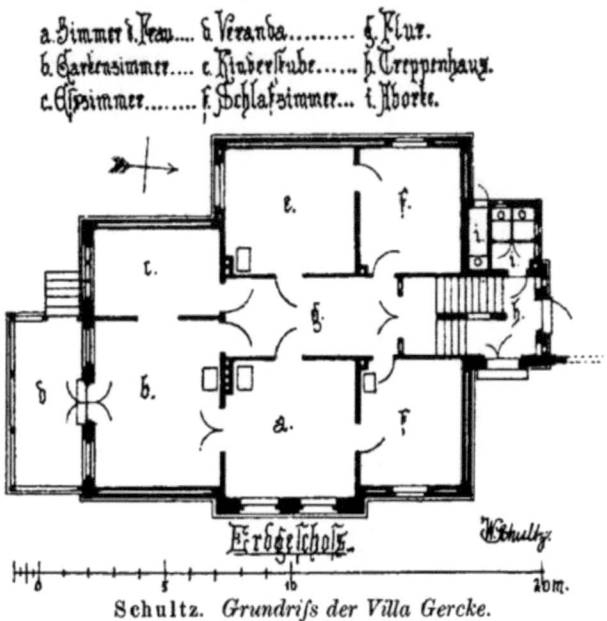

a. Zimmer i. Frau .... b. Veranda .... g. Flur.
b. Gartenzimmer .... e. Kinderstube ...... h. Treppenhaus.
c. Efszimmer .... f. Schlafzimmer ... i. Aborte.

Schultz. *Grundrifs der Villa Gercke.*

Schultz. *Villa Gercke, Grofse Barlinge.*

reiner Durchbildung, in beiden sind auch farbige Glasuren zur Verblendung der Wasserschläge wie zur
Auszeichnung der Fensterprofile, Pfeiler, Friese u. s. w.
verwandt. In dem letztgenannten Bau ist auch das
Motiv der Flächendurchsetzung mit farbigen Glasuren,
wie es an der Marktkirche vorkommt, benutzt worden.

Auch' der Stadt-Bau-Inspektor **Wilsdorff**, der nach
seinen, in Dresden absolvirten architektonischen Studien

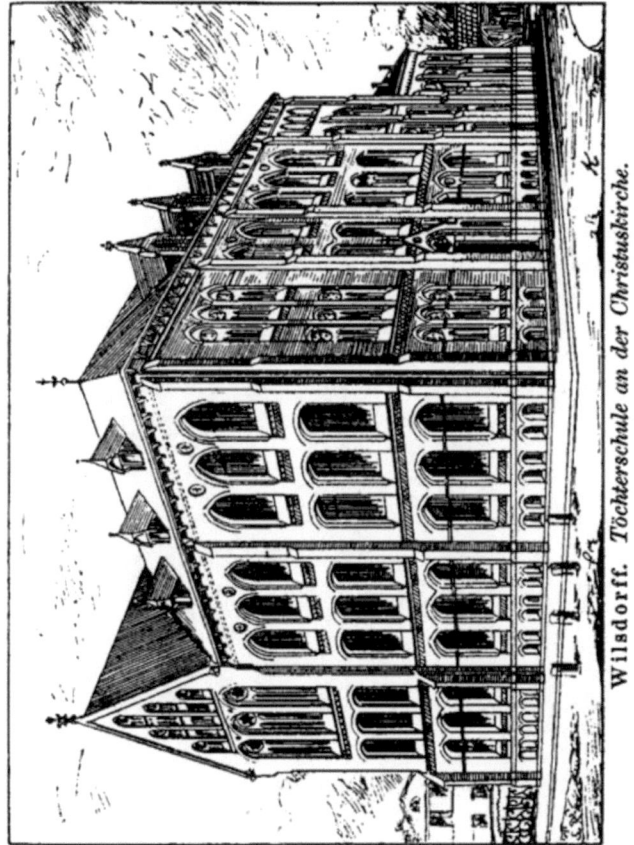

Wilsdorff. Töchterschule an der Christuskirche.

und nach praktischer Wirksamkeit wie Lehrthätigkeit
aufserhalb Hannovers im Jahre 1875 als Architekt in
das städtische Bauamt eintrat, hat hier der Hase'schen
Richtung sich angeschlossen und insbesondere den
gothischen Backsteinbau aufgenommen, ohne freilich
die Sandstein-Verwendung zu konstruktiven Zwecken
und in klarer durchsichtiger Behandlung zu ver-
werfen. Als Vorstand der Abtheilung für Hochbauten

im städtischen Bauamte hat er bereits vielfach Gelegenheit zu ausgedehnter praktischer Thätigkeit und interessanten architektonischen Aufgaben gehabt. Zu den
letzteren gehören die Hochbauten der *Wasserwerke,*
von denen das *Hochreservoir* im letzten Abschnitte
dieser Schrift abgebildet ist.

Wilsdorff. *Wohnhaus an der Berthastrafse.*

Wenn mit Wilsdorff's Berufung die *städtische Architektur* in den Händen der hannoverschen Schule geblieben ist, so war solches auch bislang der Fall mit
dem *Militärbauwesen* in Hannover, wo Geheimer Rath
Jüngst, Intendantur-Baurath **Schuster** und Garnison-
Bau-Inspektor **Habbe** ausgedehnte Bauthätigkeit entfaltet haben. Sowohl in den *Welfen-Kasernen* von Jüngst,
als in den späteren Kasernen- und anderen Bauten
ist meist eine verständige Behandlung des Backstein-

baues und Verwendung mittelalterlicher Formenmotive
beibehalten. Das *Intendanturgebäude* und die *Infanterie-
Kaserne* auf der Bult haben freilich in der Berliner
Revisions-Instanz manche Abänderungen erfahren, die
der diesseitigen Auffassung weniger entsprechen.

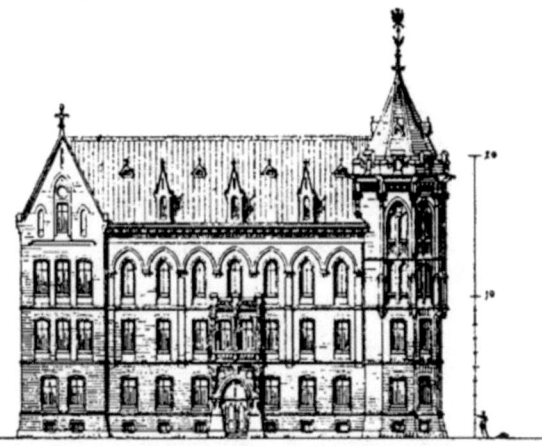

Schuster und Habbe. *Intendanturgebäude.*

Zur selbständigsten Stellung und bedeutsamsten
Thätigkeit innerhalb und aufserhalb Hannovers brachte
es **Oppler**, und sein Wirken hat wohl neben demjenigen
Hase's das einflufsreichste Element in der hannoverschen
Schule abgegeben. Edwin Oppler war in Oels im
Jahre 1831 geboren und kam zur Zeit der Berufung
Hase's zu vierjährigem Studium auf das hannoversche
Polytechnikum. Sein Streben, das — etwa im Gegensatze zu Lüer — von vornherein auf den Endzweck
der Erreichung einer grofsen praktischen Thätigkeit
und entsprechender Lebensstellung konzentrirt war,
trieb ihn von hier nach Paris, wo er mit möglichster
Schnelligkeit eine umfassende Vorbildung zu erlangen
trachtete. Er wufste dazu die richtigen Wege zu
ermitteln und fand Beschäftigung auf den Architektur-
Bureaus von Hoffmann, Oudinot und Viollet le Duc,
deren Interesse und Anerkennung er durch seinen
eisernen Fleifs und seine sprudelnde Lebhaftigkeit des
Geistes bald gewann. Alsdann kehrte er nach Hannover zurück, um hier sofort eine grofse Privat-Praxis
zu finden und die seinem Ziele förderlichen Kreise
sich selbst zu öffnen. So wanderte er sehr bald aus
einem kleinen Zeichenzimmer, in dem er allein vor

dem Reifsbrett gesessen, in ein grofses, mit Sammlungen aller möglichen Modelle und kunstgewerblicher
Schätze ausgestattetes Architekturbureau, dem zahlreiche Zeichner angehörten, und das zum Sammelplatz
der arbeitsuchenden Werkmeister, wie der kunstliebenden
und baulustigen hannoverschen Geburts- und Geld-
Aristokratie wurde. — Aufserordentlich rasch ist Oppler
zu Erfolgen gelangt, die immer wieder neue und gröfsere
Aufträge nach sich zogen. Seine erste Leistung war
der Entwurf eines *Wohnhauses in der Landschaftstrafse*
für den Baron Schulte, in dessen Ausführung er bereits
stilvolle äufsere und innere Durchführung erstrebte,

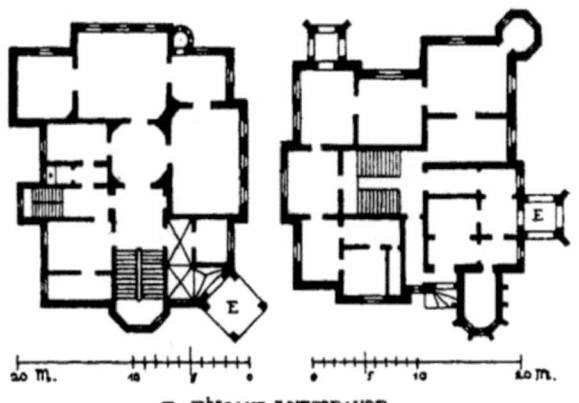

E = EINGANGv.UNTERFAHRT.

Oppler. *Grundrisse von Villa Wedel und Villa Solms.*

auch die gothischen Formen, aber gewissermafsen noch
schüchtern, ohne bestimmte Färbung und präcisen
Ausdruck verwandte. — Dann folgten die *Villen Solms*
und *Wedel* an der Herrenhäuser Allee. Hier war es
zunächst die Gestaltung des Grundrisses, in welcher
Oppler sein schnelles und sicheres Erfassen architektonischer Aufgaben und seine Begabung für die Ausführung zweckmäfsiger und klarer Raumvertheilung
bekundete. In den Formen ist der gothische Stil
streng aufrecht erhalten, ohne dafs seine Anwendung
irgendwo zu kleinlichen, dem Reichthum der ganzen
Anlagen und dem Repräsentations-Bedürfnifs wider-
sprechenden Gestaltungen geführt hätte. Der beiden
Ausführungen höchster Werth liegt jedoch in der be-
absichtigten und erreichten Harmonie des Aeufsern mit
dem Inneren, in der sorgsamen stilvollen Dekoration

und Ausstattung aller Räume. Nach der letzten Seite
hin äufserte sich bald Oppler's ganze Begabung. Keiner
der hannoverschen Architekten hat es hierin zu gleicher
Meisterschaft gebracht, und seine Thätigkeit in dieser
Richtung, die allerdings durch die Fülle der sich
drängenden Aufgaben ungemein umfangreich wurde,

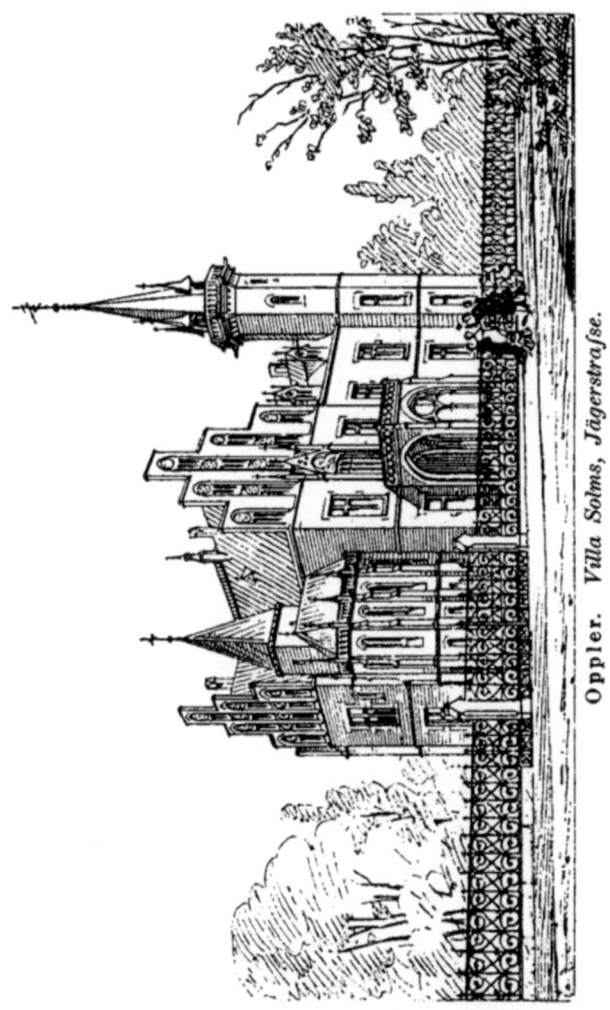

Oppler. Villa Solms, Jägerstrafse.

mufs als eine überhaupt in Deutschland bahnbrechende
bezeichnet werden. Er hat nicht nur das Schwer-
gewicht seines eigenen Schaffens von Entwürfen nach
dieser Seite gelegt, sondern durch seine Ausführungen
auch zahlreiche Werkmeister zu Künstlern herange-

bildet und auf der anderen Seite in grofsen, vermögenden
Kreisen das Interesse für stilvolle Ausbildung der häus-
lichen Einrichtung wachzurufen und zu fördern ver-

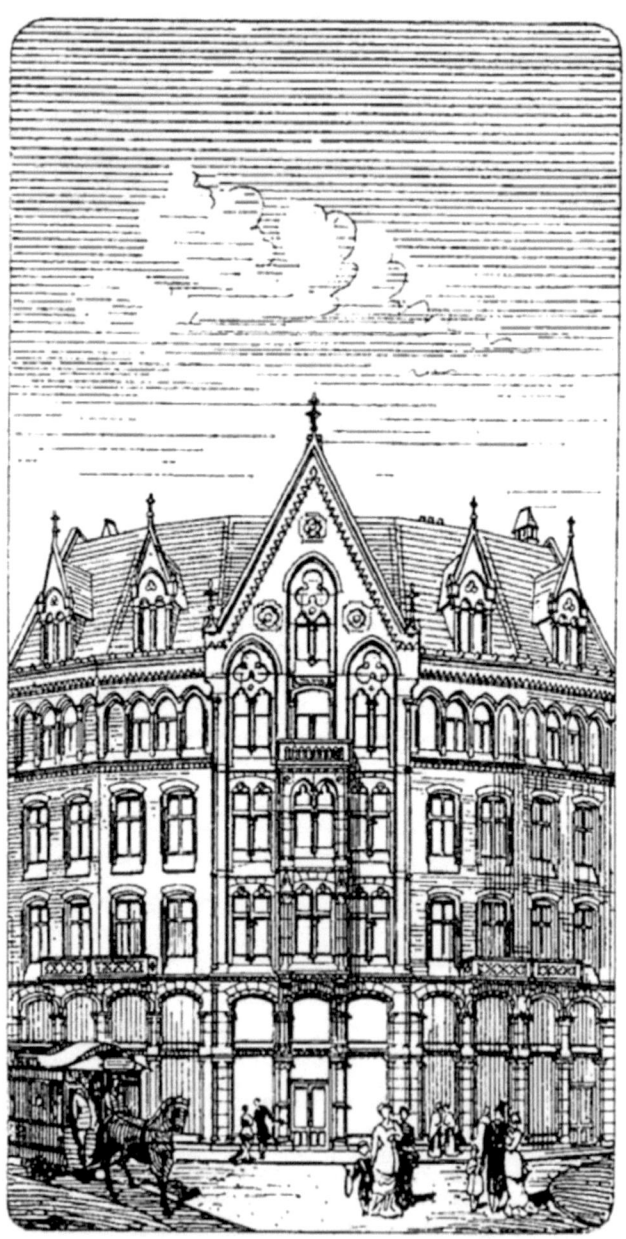

Oppler. *Haus Heinemann, Georgstrafse.*

standen. Oppler gebührt somit auch ein erheblicher Antheil an dem Verdienste der Wiederbelebung des deutschen Kunstgewerbes, und ganz besonders hat er die Leistungen der hannoverschen Baugewerkmeister, namentlich der Schlosser und Tischler auf das günstigste beeinflufst. *) Seine architektonische Thätigkeit in Hannover erstreckte sich auf die Ausführung zahlreicher *Privathäuser,* namentlich Geschäftshäuser in der Stadt, von denen *Haus Heinemann* und *Neuhaus* besondere Erwähnung verdienen. Beide Entwürfe bezeugen eine grofse Gewandtheit in der Behandlung der gothischen Formen und deren Einordnung in Material und Konstruktion.

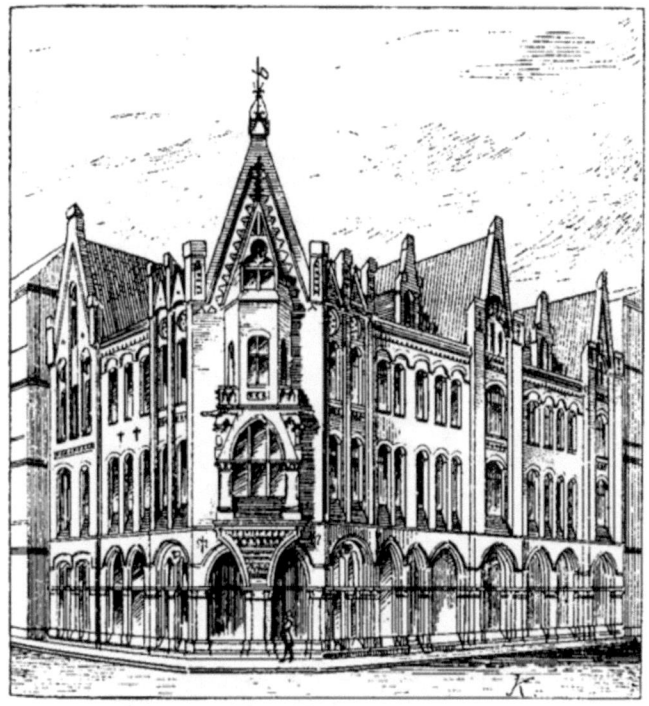

Oppler. *Haus Neuhaus, Schillerstrafse.*

*) Ueber die Einflufsnahme der hannoverschen Architekturschule auf die kunstgewerbliche Thätigkeit in Stadt und Provinz Hannover enthält ein im Auftrage des hannoverschen Architekten- und Ingenieur-Vereins vom Verfasser bearbeiteter und im Selbstverlage des Vereins erschienener Katalog: «Die kunstgewerbliche Ausstellung des Hannoverschen Architekten- und Ingenieur-Vereins auf der Allgemeinen Gewerbe-Ausstellung der Provinz Hannover für 1878» eingehendere Mittheilungen.

Oppler. *Synagoge.*

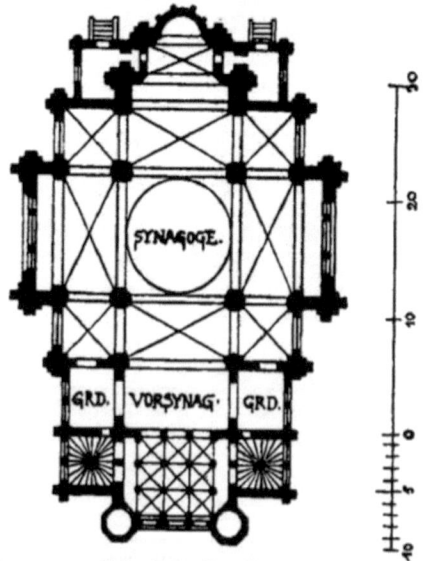

Oppler. *Grundriſs der Synagoge.*

Obwohl u. a. in dem Neuhaus'schen Bau auch die völlige Beherrschung der Backstein-Architektur hervortritt, hat sich Oppler doch nie von dem Mischbau trennen mögen, denselben vielmehr als den für Hannover vorzugsweise geeigneten erkannt und gefördert, auch zu vorgeschrittener, schöner Ausbildung gebracht.

Rath. *Wohnhaus an der Cellerstrafse.*

Die bedeutsamsten Aufgaben fielen dem Architekten dann zu in den Aufträgen für eine neue *Synagoge* und für den *Ausbau der Königlichen Marienburg* bei Nordstemmen. Die hannoversche Synagoge ist ein Muster für diese Art von Kultbauten und gleichzeitig eine Perle der hannoverschen Architektur geworden. In der Ausstattung der Marienburg, welche ursprünglich

von Hase entworfen, bei der Ausführung aber in höchst
unfähige Hände gerathen war, fand Oppler ein weites
Feld, seine oben angedeutete, besondere Begabung zu
bethätigen. Nach 1870 hat er Gelegenheit zu gröfseren
Ausführungen in Hannover nicht mehr gefunden; desto
umfangreicher wurden seine auswärtigen Aufträge, die
auf dem hannoverschen Atelier des Architekten die Aus-
arbeitung erhielten. Auch Oppler ward seinem Fache
durch einen frühen Tod im Jahre 1879 entzogen.

Bösser. *Villa Schmalz, Schiffgraben.*

Oppler hat in der Zeit seines Schaffens zahlreiche
jüngere Architekten beschäftigt und herangezogen. Er
fand sie weniger unter den Schülern des hannoverschen
Polytechnikums, als unter denjenigen Ungewitter's in
Kassel. Von dort sind dadurch eine ganze Reihe
höchst befähigter und nachher auch vielfach selbständig
beschäftigter Architekten der gothischen Schule nach
Hannover gekommen. Wenn deren erste Studien somit auch meist in Kassel gemacht sind, so haben sie
doch die eigentliche künstlerische Reife erst unter

den Eindrücken der hannoverschen Architektur und
namentlich in der umfangreichen und anstrengenden
praktischen Thätigkeit erlangt, zu welcher das Oppler'sche
Architektur-Bureau in Hannover ihnen Gelegenheit
verschaffte, und welche den selbständigen Arbeiten Aller

Möckel. *Wohnhaus an der Königstraſse.*

das gemeinsame, charakteristische Band auſserordentlich
fleiſsiger Detaillirung verliehen hat.   Andrerseits ist
auch der bedeutende Einfluſs gar nicht zu verkennen,
den diese groſse Zahl eigentlich Ungewitter'scher

Schüler, und zwar namentlich in der zuletzt bezeichneten Richtung, auf die hannoversche Schule gewonnen

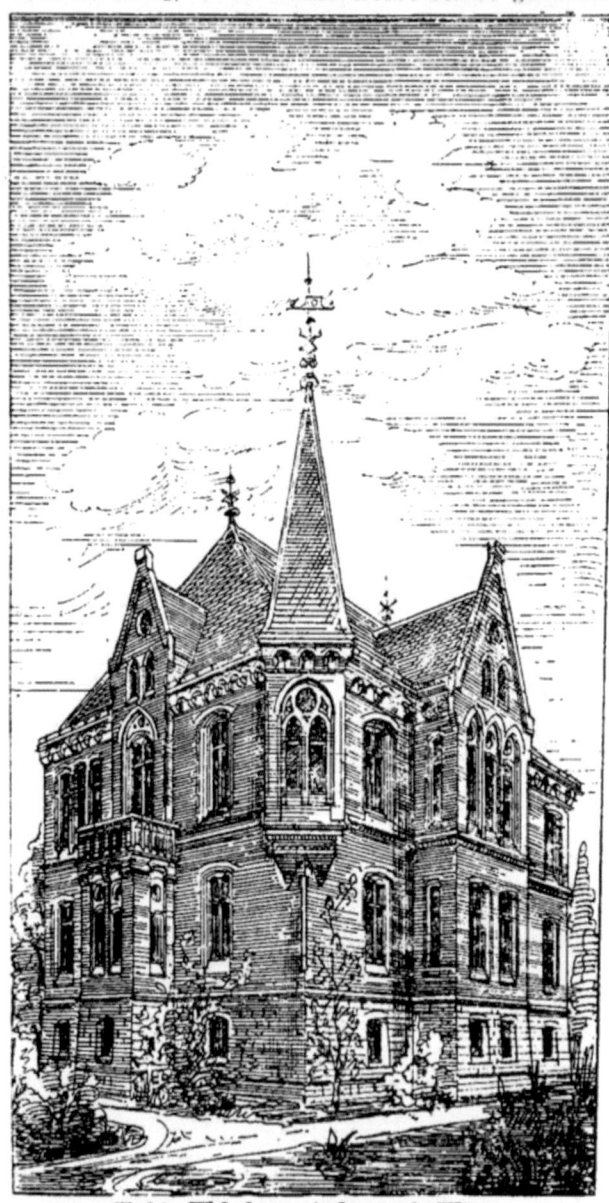

Hehl. *Wohnhaus, Andertensche Wiese.*

haben.   Zu den ältesten derselben gehören der sehr
talentirte Architekt **Rath**, der in Dresden zu weit-

reichender Thätigkeit gekommene Architekt **Möckel**, und der nachher in den preußsischen Staatsdienst ge-

Hehl. *Geschäftshaus an der Grupenstrafse.*

tretene Architekt **Bösser**. Alle drei haben nur kurze Zeit in Hannover selbständig gearbeitet, aber ihre Bauten zählen zu den besten Leistungen in der hannoverschen Architektur. Von Rath stammt die Sandstein-Façade eines *Hauses an der Cellerstrafse*, von Möckel ein *Backsteinbau an der Königstrafse*, während Bösser zwei vortrefflich gezeichnete *Villen am Schiffgraben und der Seelhorst* entworfen hat.

Ihnen folgten zwei ebenfalls in Ungewitter's Schule herangezogene Architekten **Schorbach** und **Hehl**, von denen der erstere als Oppler's Kompagnon und Geschäftserbe dessen auswärtige Praxis übernommen hat, während Hehl, — der, nach der Vervollständigung seiner Ausbildung in Scott's Atelier in London und mehrjähriger Thätigkeit bei Oppler, seit 1872 in Hannover etablirt — zahlreiche *Privat-Häuser* hier

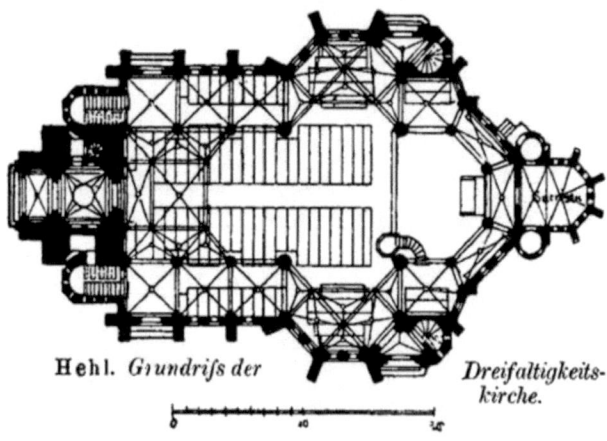

Hehl. *Grundrifs der*   *Dreifaltigkeits-*
                                                              kirche.

erbaut und in mehreren ausgeschriebenen Konkurrenzen für Kirchen, Rathhäuser u. s. w. mit Ehren bestanden hat. Hehl's Arbeiten zeichnen sich ganz besonders durch den Fleifs der Zeichnung und die Sauberkeit des Details aus. Auch er hat die konstruktive und künstlerische Ausbildung des von Oppler bevorzugten Mischbaues gefördert, und wohl weniger seine Neigung und Ueberzeugung, als andere Rücksichten haben ihn dazu veranlafst, zuweilen, wie namentlich in der gegenwärtig in Ausführung begriffenen *Dreifaltigkeitskirche,* in dem Backsteinbau strenger Observanz sich zu versuchen. — Auch in der Durchbildung von Innen-Architekturen und Ausstattungen hat Hehl mit Erfolg dem Oppler'schen Vorbilde nachgestrebt. Endlich ist der Architekt **Hillebrand** als Kasseler Schüler zu

nennen, der einige grofse *Geschäftshäuser*, wie dasjenige am Theaterplatz errichtete.

Der ebenfalls auf dem Polytechnikum in Hannover
gebildete Architekt **Wallbrecht** ist bei seinen um-

Hehl. *Dreifaltigkeitskirche.*

fassenden Projekten und Zielen in seinen architektonischen Entwürfen meist auf die Renaissance gedrängt
worden, ohne für die heimische Architekturschule das

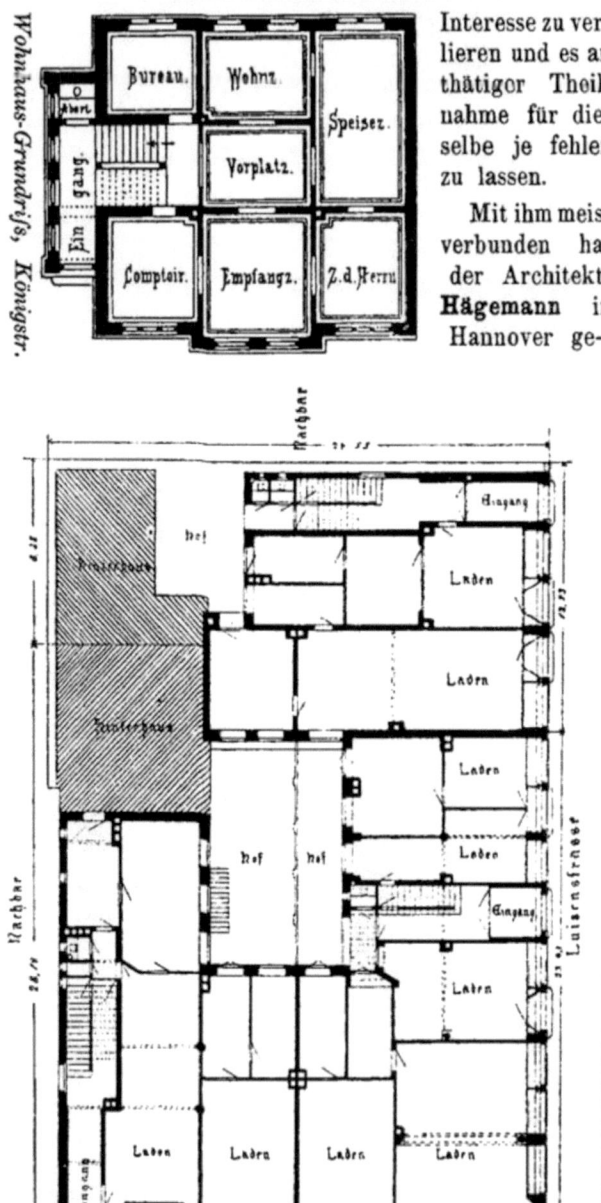

Wohnhaus-Grundriss, Königstr.

Interesse zu ver-
lieren und es an
thätiger Theil-
nahme für die-
selbe je fehlen
zu lassen.

Mit ihm meist
verbunden hat
der Architekt
Hägemann in
Hannover ge-

Hillebrand. *Grundriss dreier Geschäftshäuser am Theaterplatz.*

wirkt, dem einige höchst beachtenswerthe Bauten der jüngsten Zeit ihre Entstehung verdanken. Während seine beiden *Eckhäuser* an der *Langenlaube* und *Grupenstrafse* den gothischen Stil in kühnem Aufbau und frischer Formenbehandlung vorführen, hat er in einer *Façade der Passage* nicht ohne Erfolg den abermaligen Versuch unternommen, die romanischen Formen zu beleben.

Zu den jüngsten Schülern Hase's zählen die Architekten **Kolde** und **Börgemann**. Sie haben sich eben-

Hillebrand. *Geschäftshäuſer am Theaterplatz.*

falls mit Entwürfen an den Wallbrecht'schen Ausführungen in der Grupenstrafse betheiligt und darin den Backsteinbau strengster, systematischer Richtung zum Ausdruck gebracht.

Endlich darf der Verfasser dieses Exposés seinen Namen der Reihe von Architekten, die der hannoverschen Schule angehören, anschliefsen und zur Charakteristik seines Strebens auf die nachgefügten Abbildungen

Hägemann. *Haus Schütze, von der Langenlaube aus.*

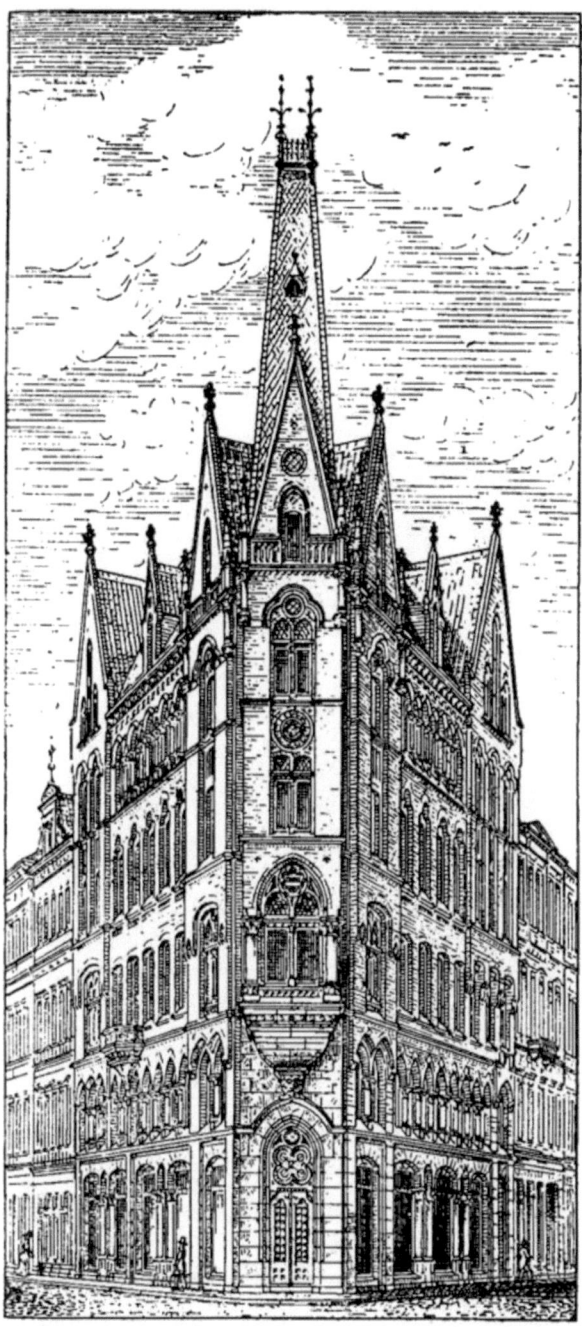

Hägemann. *Geschäftshaus an der Grupenstrafse.*

aus der von ihm zum Theil geschaffenen *Akazienstraße,*
sowie des Entwurfs zu einem gegenwärtig in der Ausführung begriffenen *Schlußbau der Grupenstraße* ver-
weisen. Während es dort galt, auf ziemlich beengtem
Raume eine malerische Gruppe von kleineren Privathäusern mit Gärtchen zu schaffen, haben hier der
außerordentlich hohe Grundwerth auf die Gestaltung
des Aufbaues, gleich-
zeitig aber die archi-
tektonisch-malerische
Lage des Platzes und
die unmittelbare
Nachbarschaft des
alten Rathhauses auf
dieFormenausbildung
eingewirkt.

Hägemann. *Geschäftshaus in der
Passage.*

Was die vielen,
hier nicht genannten
hannoverschen *Mieth-
Wohnhausbauten* be-
trifft, so veranlassen
sie zu einigen Be-
merkungen über die
*typische Form der
Grundrisse,* für welche
auf Seite 152 ein Bei-
spiel abgebildet ist.

Die meisten der
Wohnhäuser in den
neuern Stadttheilen
sind für 2—3 Fami-
lien angelegt, von
denen jede ein Ge-
schofs mit gewöhnlich
sechs Zimmern ein-
nimmt. Die Häuser
haben meistens eine
Strafsenfront von

drei Zimmern in mäfsigen Abmessungen und sind nur
an einer Seite dicht an das Nachbarhaus gebaut,
während die andere den Hauseingang enthält, der auf
steinernen Stufen unter dem oberen Treppenarm zu
dem Podest führt. Hier befindet sich der mit Glas
ausgesetzte Abschlufs vor dem in der Mitte des Hauses

liegenden Vorplatze. Die untere sog. «Hochparterre-
Wohnung» hat ihre Küche meist im «Souterrain», während die oberen Wohnungen entweder um ein Zimmer
geschmälert werden oder ihre Küche im Kniestock fin-

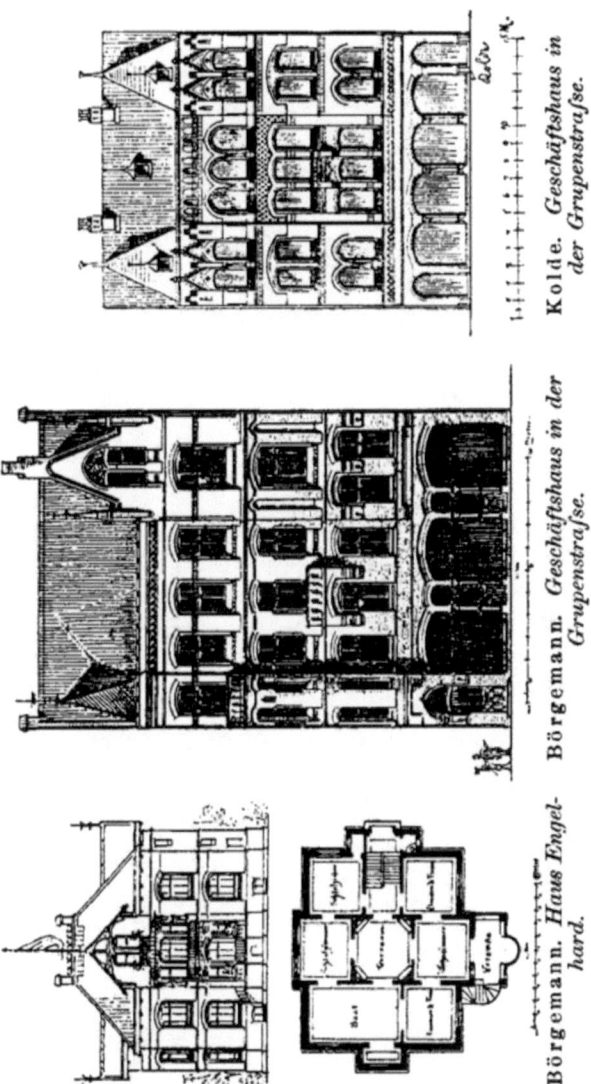

Kolde. Geschäftshaus in der Grupenstrafse.

Börgemann. Geschäftshaus in der Grupenstrafse.

Börgemann. Haus Engelhard.

den. Das letztere fehlt selten und nimmt Fremden- und
Mädchenkammern auf. An der freien Seite des Hauses
führt ein schmaler Gang neben der nachbarlichen Grenze
in einen kleinen Garten bezw. Hof hinter dem Hause.

Diese Grundrifsform ist die von Miethern gesuchte und deswegen vom Bauherrn meist gewünschte. Der in manchen Gegenden Deutschlands, am Niederrhein und in Bremen völlig eingebürgerte Bau von drei-

Unger. *Wohnhaus an der Akazienstrafse.*

fensterigen Ein-Familienhäusern hat in Hannover trotz vieler Einführungsversuche nie rechten Boden gefunden. Dagegen sind frei liegende und im Grundrisse ausge-dehntere Wohnhäuser und Villen für je eine wohl-habendere Familie recht zahlreich gebaut. Die grofsen Miethkasernen kommen nur seltener vor.

Mit den vorstehenden Ausführungen über die Entwicklung der in der Architektur Hannovers ausgeprägten Schule ist versucht worden, ein einigermafsen getreues

Unger. Wohnhaus an der Akazienstrafse.

Bild derselben wenigstens in Umrissen zu entwerfen. Die Darstellung hat sich indessen innerhalb der Grenzen dieser Schrift halten und deshalb auf die Charakteristik der in der Stadt verbliebenen Vertreter dieser Schule

und deren hervorragenderer lokaler Leistungen beschränken müssen. Die über das Weichbild der Stadt
hinausgetretenen Entwürfe und Ausführungen der auf-

Unger. *Geschäftshaus an der Ecke der Grupen- und Marktstraße.*

gezählten Künstler haben nur flüchtig gestreift, die
vielen auswärts wirkenden Angehörigen der Schule
kaum genannt werden können. Ebensowenig gestatten

der Zweck und Umfang dieser Schrift, einen Blick auf
die Anstalt zu werfen, welcher die vorbenannten Architekten zumeist ihre Ausbildung verdanken, und welche
berufen ist, ihrer Zahl immer neue Kunstjünger zu-
zuführen, die in den Disziplinen der mittelalterlichen
Kunst, wie in der Fertigkeit des Zeichnens fest geschult,

R. Dopmeyer *(Bildhauer)*. *Bödeker-Denkmal.*

den Prinzipien der hannoverschen Architektur ergeben
und mit frischen Kräften ausgerüstet ins praktische
Leben treten.

Unter solchen Umständen verbieten sich auch Be-
trachtungen an dieser Stelle über das Verhältnis der

hannoverschen Schule zu den ihr verwandten Richtungen
der Kölner und Wiener Schulen, zu der französischen
und englischen Gothik, sowie über ihre Stellung innerhalb des weiten Gebietes der heutigen Gesammt-Archi-
tektur.

Mag diese Stellung eine anerkannte sein oder
nicht — das Zeugnifs wird kein Besucher Hannovers
der Schule versagen wollen, dafs sie der Stadt eine
höchst charakteristische und interessante äufsere Erscheinung verliehen hat, und dafs deren Architekturen
eine äufserst rege, von frischem, lebendigen Geiste
durchdrungene Schaffenskraft der hannoverschen Architekten bekunden. Die Schule hat in Hannover bei
ihrer Entstehung viele fördernde Momente vorgefunden
und lange Zeit unter günstigen Verhältnissen wirken
und gedeihen können, — wenn sie heute, trotz der
seitdem eingetretenen schweren Zeiten und vielfach
widrigen Umstände weder untergegangen, noch wesentlich geschwächt ist, so mag das ein Zeichen ihrer
inneren Kraft und ihrer Zukunft sein! —

Renaissancebauten in Hannover

Die Bauten der Renaissance in Hannover.

Bearbeitet von Hubert Stier.

Die in der Stilrichtung der Renaissance in Hannover ausgeführten Bauten lassen keinen gemeinsamen Charakterzug erkennen, den man etwa als Eigenschaft einer Schule bezeichnen könnte, wie er im Gegensatz hierzu den Bauwerken der mittelalterlichen Richtung entschieden innewohnt. Die verschiedenen, im Renaissancestil ausgeführten Bauten, obgleich an Zahl und Bedeutung so erheblich, dafs die Gesammtphysiognomie der Stadt zwischen diesem Stile und der Gothik gegenwärtig ziemlich gleichwerthig getheilt erscheint, schliefsen sich vielmehr denjenigen Charaktereigenthümlichkeiten an, wie dieselben sich anderswo, beispielsweise in Berlin mit dem typischen Ausdruck einer Schule entwickelt haben.

Es hat dies darin seinen Grund, dafs es der Stilrichtung der Renaissance, wenn sie auch schon frühzeitig in Hannover durch hervorragende Künstler, wie u. A. durch *Laves* vertreten war, doch in früheren Jahren hierorts an einer Persönlichkeit gefehlt hat, die geeignet gewesen wäre, mit der Autorität eines Schulhauptes lehrend oder praktisch thätig, einen umfangreicheren Schülerkreis um sich zu versammeln und in ähnlicher Weise auf denselben einzuwirken, wie solches schon seit dem Jahre 1849 in der mittelalterlichen Stilrichtung hier der Fall war. Die Architekten vielmehr, welche in Hannover gegenwärtig die Renaissance aus eigner Ueberzeugung kultiviren, empfingen ihre Vorbildung von auswärtigen Schulen und Meistern, um dann erst nach Hannover überzusiedeln und hier zu lehrender oder praktischer Thätigkeit zu gelangen, wie z. B. *Köhler*. Auch die preufsische Besitzergreifung hat dahin geführt, dafs mehrere Bauten,

namentlich Staatsbauten von Berliner Künstlern oder
von dorther berufenen Architekten ausgeführt worden
sind.

Hieraus erklärt es sich dann zur Genüge, warum
diesen Werken der gemeinsame Charakter einer Schule
nicht innewohnt, daſs Hannover auch thatsächlich
keine als solche zu erkennende Tradition in dieser
Bauweise besitzt, daſs vielmehr die Stilnüancen der
verschiedenen hierher gehörigen architektonischen
Werke den anderswo in Deutschland und selbst im
Auslande gepflegten Richtungen sich anschlieſsen. So
sehen wir nach- und nebeneinander die strenge römisch-
klassische Richtung zu Anfange dieses Jahrhunderts,
dann die hellenische Richtung der Schinkelschen berliner
Schule, ferner die italienische Hochrenaissance, wie sie
neuerdings dort und anderwärts kultivirt wird, und
endlich auch die deutsche Renaissance in den Straſsen
und auf den Plätzen Hannovers erscheinen.

Alle diese Schattirungen, welche hier unter dem
Gattungsbegriff der «Renaissance» zusammen zu fassen
sind, werden in der Stadt durch künstlerisch bemerkenswerthe, zum gröſsten Theile auch durch sehr
umfangreiche Monumental- und Privatbauten vertreten,
so daſs dieselben nach Zahl und Gröſse den Bauten
der mittelalterlichen Richtung, wie schon erwähnt,
durchaus das Gleichgewicht halten. Ein Streben nach
gediegener Monumentalität, wie es sich namentlich in
der Verwendung echter Materialien für die Kunstformen kundgiebt, ist in diesen Werken unverkennbar,
sicherlich beeinfluſst durch die Bestrebungen der
mittelalterlichen Richtung. Ja in dieser Beziehung
zeichnen sich dieselben sogar vor gleichzeitigen auswärtigen Bauten vortheilhaft aus. Andererseits ist
aber auch nicht zu verhehlen, daſs im Gefolge dieses
Stiles, namentlich auf dem Gebiete des Privatbau-
wesens, der Putzbau und die Herstellung der Kunstformen durch Surrogate sich eingebürgert haben, ja
auf mancher Seite als von demselben untrennbar angesehen werden und hier wie anderwärts zu mancherlei
höchst unerfreulichen Hervorbringungen geführt haben.

Es sollen nun in dem Folgenden zunächst eine Anzahl der hervorragenden Monumentalbauten besprochen
werden, denen dann die Privatbauten und zum Schluſs
die öffentlichen Denkmale anzuschlieſsen sind.

Die Monumentalbauten.

Obenan ist hier zu nennen die an der Leinstrafse belegene, von *Laves* 1817 erbaute *Front des König-lichen Schlosses.* Die Mitte wird durch einen sechs-säuligen korinthischen Portikus mit Giebelfeld gebildet, in dessen Halle die Haupteingänge sich öffnen und welcher von beiden Seiten durch zweigeschossige Flügel

Laves. *Portikus des Königlichen Residenzschlosses.*

eingefafst werden sollte, von denen indessen nur der eine zur Ausführung gelangt ist, wie denn auch die von Laves geplante Strafsenanlage, welche die Altstadt in der Axe des Schlofsportikus durchbrechen sollte, unterblieb. Die des beschränkten Bauplatzes wegen ge-

wählte Anordnung, dafs die Flügel den mittleren Portikus wiederum vortretend umschliefsen, ist geschickt
gewählt. Die Verhältnisse sind edel und vornehm, die
Kunstformen von einfacher, den römischen Vorbildern
nachstrebender Klassizität, nicht ohne einige Strenge.
Die Ausführung ganz in Sandstein ist von vorzüglicher
Monumentalität.

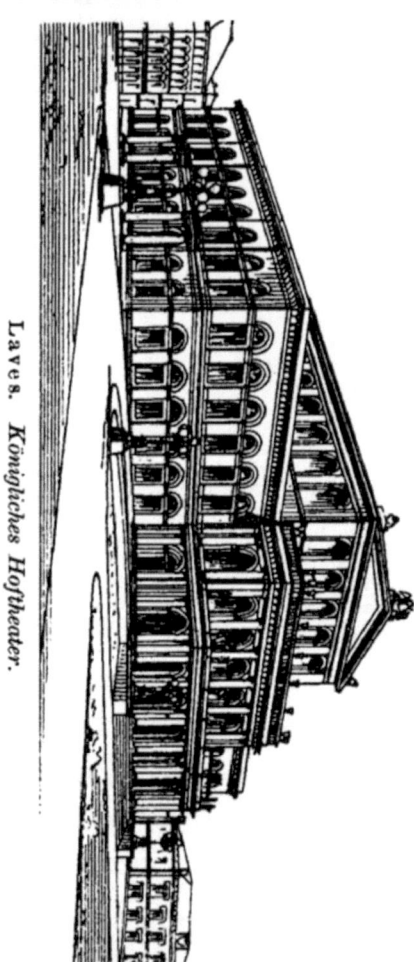

Laves. *Königliches Hoftheater.*

Auch der
zweite bedeu-
tende Bau von
Laves, das nach
seinen   Plänen
und unter Mit-
wirkung von
Molthan 1845-
1852 erbaute
Hoftheater zeigt
diese Vorzüge in
hervorragendem
Mafse, noch ge-
steigert   durch
eine vorzügliche,
ringsum frei und
etwas   erhöhte
Lage   auf   dem
Hauptplatze der
Stadt, dem Thea-
terplatz.

Sehr klar und
übersichtlich
sind der Grund-
rifs und der aus
diesem sich ent-
wickelnde Auf-
bau des Gebäu-
des angeordnet.
Bühne und Zu-
schauerraum,
nebst dem, vor
dem letzteren befindlichen Foyer sind zu einer, die Mitte
des Bauwerkes durchsetzenden Hauptmasse zusammengefafst, welche sich hoch über die Seitentheile erhebt
und an den kurzen Enden mit Giebeln abgeschlossen
ist. An der Eingangseite legt sich ihm in gleicher

Höhe mit den Seitenbauten ein grofses Treppenhaus
vor und dann eine massiv überwölbte Unterfahrt, eine
dreifache Abstufung der Baumasse, die eine vorzüglich
gelungene Gruppirung hervorruft. Die beiden Seitenbauten sind zweigeschossig und von vier inneren Höfen
erleuchtet. In dem ersten Geschosse des linken Flügels
liegt in Verbindung mit dem Hauptfoyer ein Konzertsaal von 12 m zu 31 m, nebst Vorsaal. Im rechten Flügel

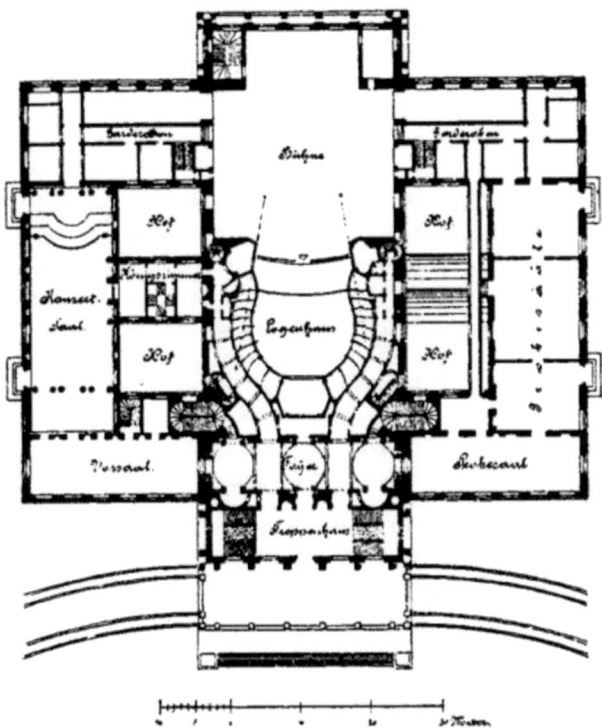

Laves. *Grundrifs des Königlichen Hoftheaters.*

befinden sich die Probesäle, während an der Hinterfront und im Erdgeschofs die Garderobe, Geschäftsräume und Dekorationsmagazine untergebracht sind.

Der Zuschauerraum zeigt sehr ansehnliche Verhältnisse, er fafst gegen 1800 Zuhörer und ist in vier
Ränge getheilt; die Breite der Bühnenöffnung beträgt
12,5 m. Die Zugänge zum Parkett, Parterre, II., III.
und IV. Rang erfolgen in übersichtlicher Weise getrennt, sämmtlich von dem unterhalb des Foyers an
der Vorderseite befindlichen Hauptvestibül. Nur für

den I. Rang und die Königliche Mittelloge, sowie für den Konzertsaal dient die vordere Haupttreppenanlage. Die am Proscenium belegene kleinere Hofloge erhält einen besonderen Zugang im linken Flügel.

Bei der Bestimmung des Hauses, zugleich für Oper und Schauspiel dienen zu sollen, beeinträchtigen die bedeutenden Abmessungen von Bühne und Zuschauerraum in etwas den Genufs des Schauspieles, namentlich im Konversationsstück, worauf wohl die mehrfach laut gewordenen Klagen über die Akustik des Hauses zurückzuführen sind, welche wenigstens für die Oper durchaus nicht zutreffend erscheinen. Die Architektur zeigt innen wie aufsen denselben Grundcharakter einer auf der römischen Antike beruhenden, einfach strengen Detailausbildung, wobei allerdings der nur durch die vortretenden Ränge gegliederte Zuschauerraum eine gewisse Nüchternheit erkennen läfst. Das ganze Aeufsere ist in sehr guter Sandsteintechnik durchgeführt. Im Inneren haben nur Zuschauerraum und Konzertsaal eine etwas reichere, wesentlich in Weifs und Gold mit rothen Wandtönen durchgeführte Ausstattung erhalten, bei welcher Kreling durch einzelne Bilder eingewirkt hat. Bekannt ist der noch aus dem alten Theater stammende Vorhang von Ramberg.

Gegenwärtig wird das Innere verschiedenen, den neueren Anforderungen an Feuersicherheit entsprechenden Abänderungen unterworfen, namentlich werden Bühne und Zuschauerraum durch eine massive Wand mit eisernem Vorhange geschieden, während diese Trennung bis jetzt nur aus dekorativem Fachwerk bestand. Ebenso wird die gesammte Dekoration des Logenhauses erneut.

Wenn von einigen Bauten für militärische Zwecke abgesehen wird, wie den *Kasernen am Waterlooplatze* und dem ebendaselbst belegenen *Zeughause,* von denen insbesondere das letztere, nach dem Entwurfe von *Stremme* durch *Ebeling* errichtet, ein recht charakteristisches Aeufsere nach dem Vorbilde florentinischer zinnenbekrönter Palläste zeigt, so ist während der ganzen nun folgenden, fast zwanzigjährigen Periode kein nennenswerther Monumentalbau im Stil der Renaissance in Hannover errichtet worden; erst die neueste Zeit hat, allerdings unter der Einwirkung einer erhöhten Bauthätigkeit, eine gröfsere Anzahl derselben entstehen sehen.

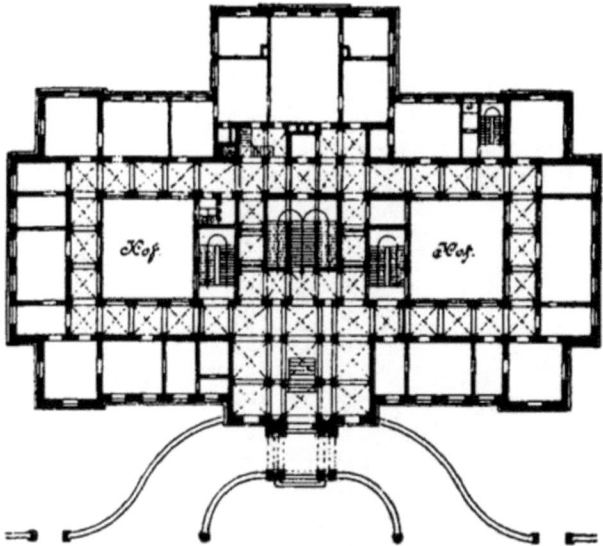

Wallbrecht. *Grundrifs vom Erdgeschosse des Provinzial-Ständehauses.*

Hier ist zunächst zu nennen das neue *Ständehaus,* nach dem Entwurfe des Architekten *F. Wallbrecht,* in den Jahren 1879 und 1880 am Kreuzungspunkte des

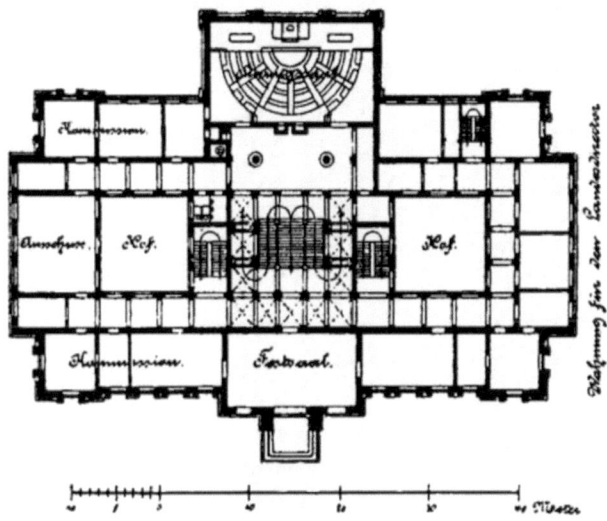

Wallbrecht. *Grundrifs vom Hauptgeschosse des Provinzial-Ständehauses.*

Schiffgrabens und der Sophienstrafse in der Axe der
letzteren erbaut. Dasselbe liegt ringsum frei und

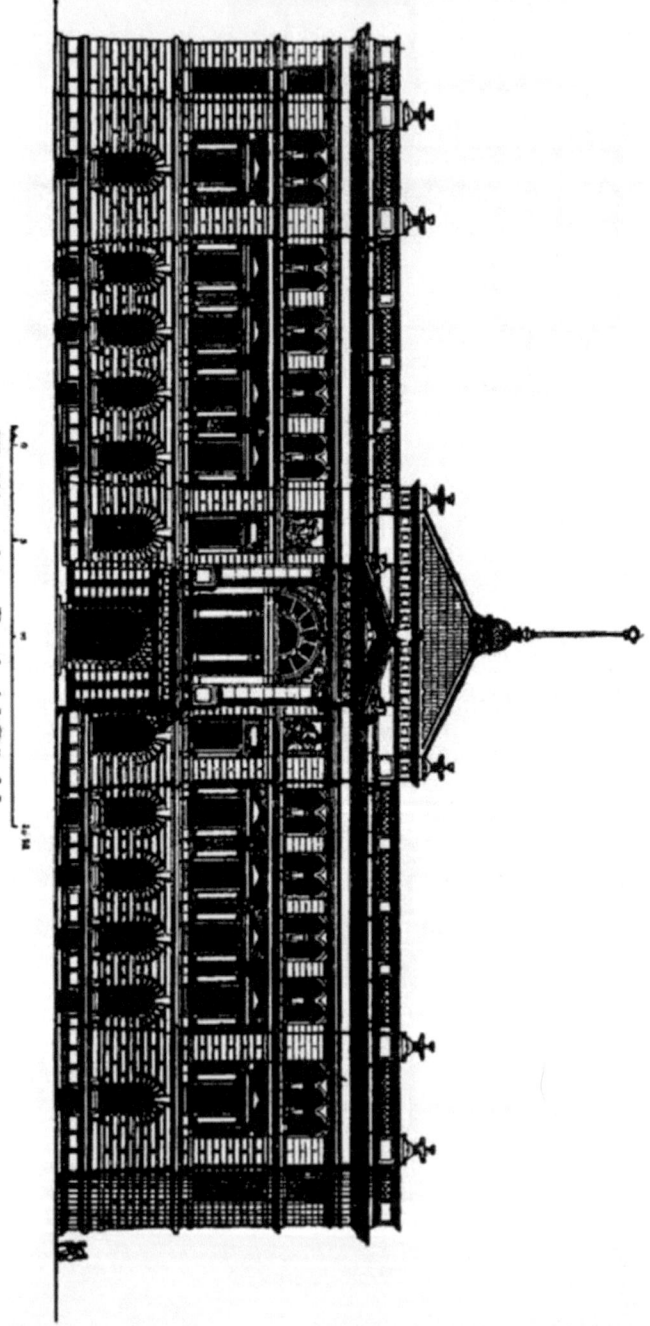

Wallbrecht. *Provinzial-Ständehaus.*

bildet ein Rechteck von 62 m zu 30 m Seite, mit vier
mittleren Risaliten an den Fronten und drei Stockwerken, zwei Hauptgeschossen und einem dritten
niedrigeren Geschofs. Im Mittelpunkt der Anlage
befindet sich ein ansehnliches, mit Oberlicht erhelltes
Treppenhaus, von Arkadengallerien umgeben, im Erdgeschofs durch einen Haupteingang und ein entsprechendes Vestibül zugänglich. Im ersten Stock schliefst
sich demselben der an der Hinterfront belegene, 17,5
zu 10 m grofse Sitzungssaal an, welcher 100 amphi-
theatralisch geordnete Sitze enthält und durch Ober-
und hohes Seitenlicht beleuchtet wird. Die übrigen
Räume des Gebäudes sind um zwei innere Höfe gruppirt,
und zwar befinden sich im Erdgeschosse Büreaulokale,
Kasse und Registratur, während im ersten Stock links
die Kommissionszimmer und der Sitzungssaal des Landes-
ausschusses, rechts die Wohnung des Landesdirektors
und über dem Haupteingang ein zu derselben gehöriger
Festsaal untergebracht sind. Im zweiten Geschofs
befindet sich u. a. die Bibliothek.

Klar und von einfacher Würde ist die Architektur
der im Stile italienischer Hochrenaissance gehaltenen
Façaden. Der Mittelbau der Vorderfronte insbesondere
wird durch das kräftige Motiv eines grofsen, von Säulen
mit Giebel umrahmten Rundbogenfensters wirksam
betont. Die Ausführung erfolgte für das Erdgeschofs
und alle Architekturtheile in hellgrauem Sandstein aus
den Nesselberger Brüchen des Herrn Wallbrecht, für
die Flächen der oberen Geschosse in gelben Greppiner
Verblendziegeln. Auch im Inneren sind einzelne Räume,
so namentlich Treppenhaus und Sitzungssaal, im Stile
italienischer Renaissance durchgebildet. Der Sitzungssaal wird durch Luftheizung erwärmt.

Bei der Ausführung des Entwurfes und der Detail-
zeichnungen hat dem Architekten Wallbrecht namentlich
der Architekt *Schreiterer* zur Seite gestanden.

Einen Schritt weiter in der Anwendung der erwähnten Stilfassung geht der *Neubau der Post* am
Ernst-August-Platze neben dem Bahnhofsgebäude, in
den Jahren 1879 – 81 von der Reichspostverwaltung
nach den Plänen des Baumeisters *Böttger* unter Oberleitung des Bauraths *Skalweit* errichtet. Die der architektonischen Ausbildung ebenfalls zu Grunde liegenden

Formen italienischer Hochrenaissance haben durch
verschiedene, mehr der französischen Renaissance an-
gehörige Zuthaten eine etwas unruhig wirkende Be-
reicherung erfahren. Aufserdem wirken die schmalen,
aus Gründen der Benutzbarkeit bei den Postgebäuden
typischen Axen von nur 2,8 m Breite für eine monumentale Entwickelung nicht gerade günstig.

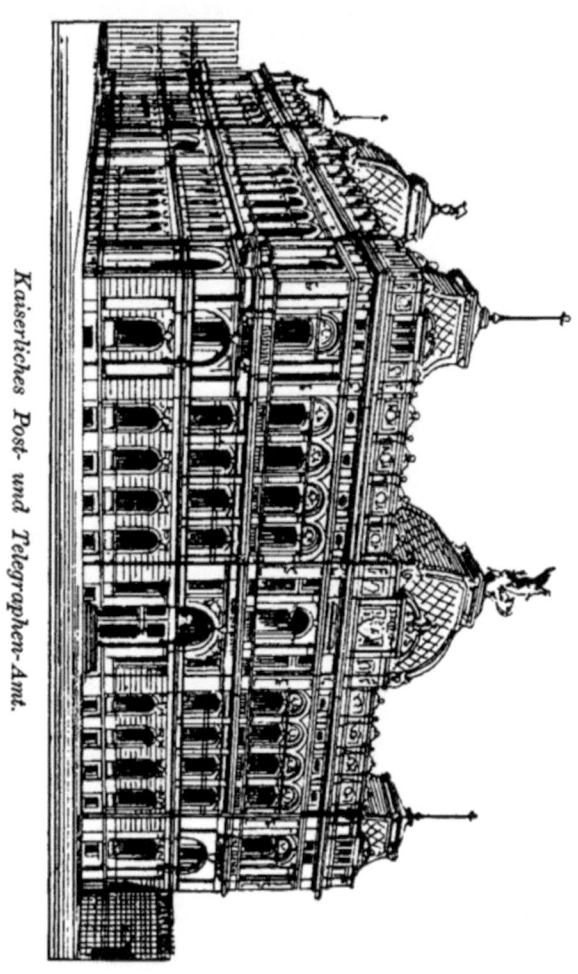

Kaiserliches Post- und Telegraphen-Amt.

Der Bau, ein Rechteck von 64,85 zu 47,14 m
Seite, gruppirt sich um einen grofsen inneren Hof.
Nur zwei der Fronten liegen an Strafsen und zeigen
ein Erdgeschofs, darüber einen mehr als Zwischengeschofs behandelten ersten Stock und einen als

Hauptgeschofs behandelten zweiten Stock mit hoher
Attika. Die dritte Längsseite schliefst sich dem erhöhten
Bahnhofsplanum an, während die vierte Seite nur bis
zur Höhe des Erdgeschosses bebaut ist. Zwei mit
Kuppeln bekrönte Mittelrisalite betonen die Hauptfronten, vier Eckrisalite mit Dachhelmen die Ecken
des Gebäudes.

Im Erdgeschofs befindet sich an der einen kurzen
Seite der Haupteingang für das Publikum mit der
Schalterhalle und den Schaltern für Brief-, Geld- und
Telegraphenverkehr. An der Längsseite ist eine grofse

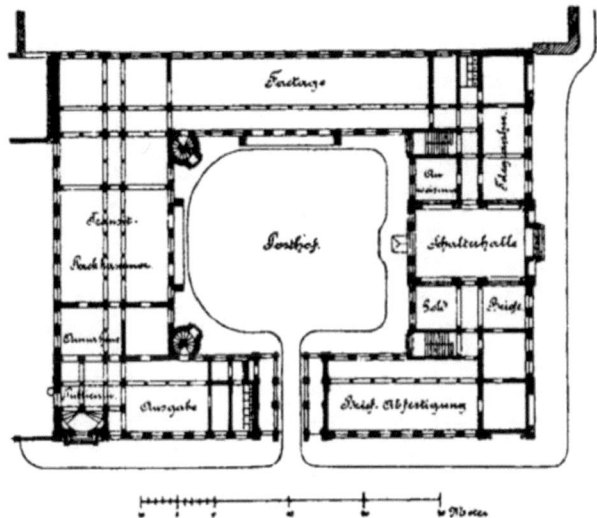

Grundrifs des Kaiserlichen Post- und Telegraphen-Amtes.

Durchfahrt zum Hofe angeordnet, jenseit derselben die
Packet-Annahme und -Ausgabe mit der in dem niedrigeren Flügel angebrachten Packkammer. Letztere
steht durch einen Tunnel und Auffahrtsrampen mit
den Perrons des Bahnhofs in Verbindung. Im ersten
Stock liegen an der Längsfront links die Briefträger-
säle, rechts Dienstwohnungen und Büreaus, im zweiten
Geschofs der grofse Apparatensaal, ein Raum von 21 m
zu 15 m, sonst weitere Diensträume und Büreaus.

Die Ausführung der Hauptfronten erfolgte in grauem
Mehler Sandstein mit theilweiser Verwendung von rothen
Verblendsteinen der Ziegelei von Hauers & Gosewisch
in Wülfel. Die Attika ist mit bunten Friesplatten,

Postembleme darstellend, aus der Fabrik von Villeroy &
Boch in Mettlach, bekleidet. Die Front gegen den
Bahndamm sowie die Hoffronten sind in gelben Verblendsteinen der Wülfeler Ziegelei mit Sandstein-
gesimsen, farbigen Streifen und Frieseinlagen durchgeführt.

Im Innern ist die Schalterhalle bemerkenswerth,
mit einer aus geschliffenen Zinktafeln hergestellten
Kassettendecke und vier, von A. Fitger in Bremen gemalten Lünetten-Bildern, sowie der grofse, ebenfalls in
reicherer Weise dekorirte Apparatensaal im zweiten
Stock.

Mag auch in mancher Beziehung, namentlich was
die Dekoration der Façaden anlangt, etwas zu viel geschehen sein, so dokumentirt doch auch dieser Bau das
stets auf solide Ausführung und monumentale Durchbildung gerichtete Bestreben der Postverwaltung.

Eine besonders durch ihren erheblichen Umfang
auffallende Bauanlage ist diejenige des *neuen Justizgebäudes,* welches ebenfalls in den Jahren 1879—82
durch den Landbau-Inspektor *Runge* und Baumeister
Lehmbeck als Ersatz der alten, an der Osterstrafse
befindlichen, aber nachgerade völlig unzureichend gewordenen Baulichkeiten ausgeführt worden ist. Zu
Grunde lag eine im Handelsministerium zu Berlin,
wie man sagt, vom Geheimen Rath Adler entworfene
Skizze. Das Bauwerk auf einem, von vier Strafsen
umgebenen Platze, zur Seite des Zellengefängnisses
belegen, umschliefst in hufeisenförmiger Anordnung
einen grofsen Hof, in welchem noch ein Mittel-
flügel auf der Hauptaxe des Gebäudes eingebaut
ist. Dieser enthält den Schwurgerichtssaal mit den
erforderlichen Nebenräumen für Richter, Geschworene,
Zeugen und Gefangene. Er schliefst sich an das in
der Mitte der Längsfront angeordnete Hauptvestibül
und Treppenhaus an. Zwei kleinere Vestibüle mit
Treppen sind für die Seitenflügel angeordnet. Zwischen
denselben stellen gewölbte, nach dem Hof zu belegene
Korridore die Verbindung im Gebäude her, während
die Geschäftsräume und kleineren Sitzungssäle in drei
Geschossen an den Aufsenfronten sich denselben anschliefsen. Die Architektur, ein Rundbogenstil nach florentinischen Mustern, vermag kein besonderes Interesse
zu erwecken, zumal auch die Gesammtverhältnisse

nicht glücklich sind und die Einförmigkeit der Motive
noch durch ein mager gehaltenes Detail vermehrt wird.

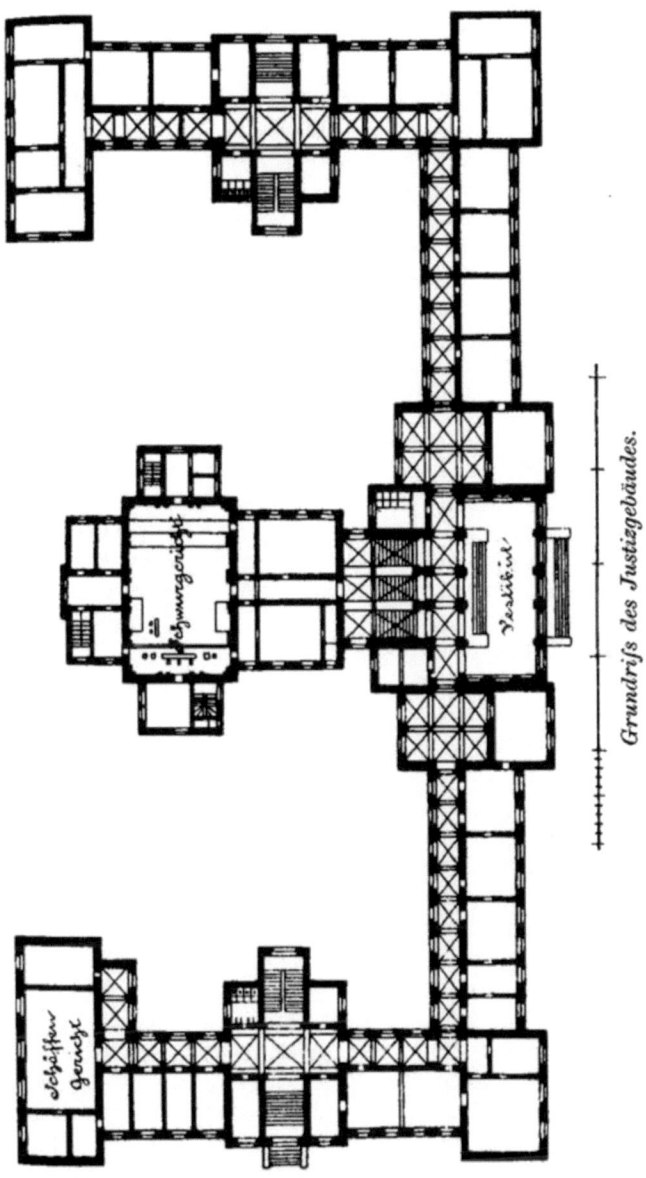

Grundriſs des Justizgebäudes.

Selbst die monumentale Ausführung der Straſsenfronten
(ganz in grauem Sandstein aus den Wallbrecht'schen

Brüchen) vermag diesen Eindruck nicht abzuschwächen. Die Hoffronten sind geputzt. Im Innern haben nur das Vestibül und der Schwurgerichtssaal eine einfache, aber entsprechende architektonische Ausbildung erhalten.

An dieser Stelle mag auch des etwas früher, im Jahre 1872 errichteten Baues der Reichsbankhauptstelle in der gr. Packhofstraße Erwähnung geschehen. Er ist nach einem Plane vom Professor E. Jakobsthal in Berlin errichtet und zeigt ganz den feinen, aber einfach strengen Charakter dieses, der tektonisch-hellenischen Schule Berlins zugehörigen Architekten. Die Façadenflächen des im übrigen sehr einfach gehaltenen Gebäudes sind mit Ziegeln verblendet und durch farbige Streifen belebt, die Architekturtheile von Sandstein. Leider ist die Ausführung des Baues nicht ganz den Intentionen des Architekten entsprechend ausgefallen.

Im Gegensatz zu den vorerwähnten, doch im Wesentlichen auf einer Ausführung in Haustein basirten Architekturen zeigen zwei andere, gleichfalls von Berlin aus, nach Plänen des Handelsministeriums festgestellte Bauten den Ziegelrohbau, aber in jener eigenthümlichen Fassung, wie sie in Berlin namentlich für Schulgebäude kultivirt wird, und die auf einer Verbindung rundbogiger resp. flachbogiger Architektur mit halbmittelalterlichen, halb hellenischen Details und Ornamenten beruht. Ein Vergleich mit den streng konstruktiv durchgeführten Ziegelbauten der mittelalterlichen Richtung in Hannover, zu welchem diese Werke herausfordern, fällt nicht zum Vortheil der Berliner Weise aus.

Es sind die Gebäude für das *Kaiser-Wilhelms-Gymnasium* und das *Lehrerseminar,* beide zusammen auf einem Straßenviertel hinter dem Justizgebäude errichtet und mit den Höfen zusammenstoßend. Die Ausführung erfolgte durch den Baumeister *Schröder* unter Oberleitung des Baurath *Pape* in den Jahren 1879 bis 1882. Das *Gymnasialgebäude* zeigt im Grundriß den üblichen Typus dieser Anlagen. Um einen mittleren, von beiden Enden erleuchteten Korridor, auf welchen zwei Haupttreppen münden, gruppiren sich die Klassenräume in drei Geschossen; im obersten Geschosse befindet sich die 20 zu 15 m große und

mit einer reicheren dekorativen Ausbildung versehene
Aula. Die Aufsenarchitektur zeigt den erwähnten

Kaiser - Wilhelms - Gymnasium.

Mischstiel; die Ausführung ist in sehr opulenter Weise
in Verblendsteinen der Laubaner Ziegelei von vorzüglich schöner Farbe erfolgt.   Das Gebäude wird
durch eine Luftheizung erwärmt.

Ganz verwandt in der Anlage und Durchbildung
ist das *Lehrerseminar* gestaltet. Auch hier ist der
in dem zweiten Stockwerk belegene Hauptraum, die
Aula, im Innern reicher dekorirt und sogar mit figürlichen Darstellungen nach Schnorr'schen Kompositionen
vom Maler Wilke geschmückt.

Für beide Gebäude dient eine gemeinsame, ge-
räumige Turnhalle.

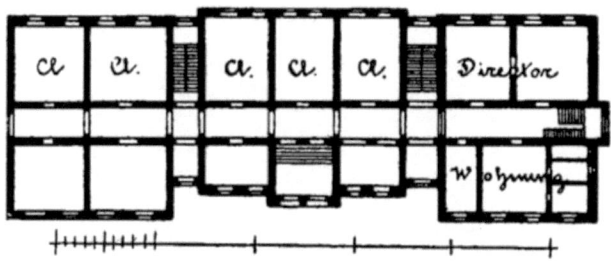

Grundriſs vom ersten Obergeschoſs des Kaiser-Wilhelms-
Gymnasiums.

Grundriſs vom zweiten Obergeschoſs des Kaiser-Wilhelms-
Gymnasiums.

Von hervorragender Bedeutung für Hannover sind
sodann die in Verbindung mit der Höherlegung des
gesammten Bahnplanums innerhalb der Stadt errichteten
Anlagen des *Staats-Bahnhofes* am Ernst-August-Platze
geworden.

Für dieselben hatte schon im Jahre 1867 ein von
Hitzig in Berlin entworfener Plan vorgelegen, welcher
aber späterhin wieder aufgegeben wurde.   Nur ein
Theil desselben, das *Verwaltungsgebäude der Eisenbahn-
Kommission*, gelangte zur Ausführung, — ein Bauwerk,

welches weder in ästhetischer Hinsicht bei seiner in schweren Verhältnissen gebildeten Rundbogenarchitektur, noch in anderer Richtung bei seiner mangelhaften technischen Ausführung einen erfreulichen Eindruck hervorzubringen vermag.

Das jetzige *Empfangsgebäude*, welches den Ernst-August-Platz an seiner Nordostseite abschliefst, wurde in den Jahren 1876—79 nach den Plänen des Baumeisters *H. Stier* erbaut. Seine generelle Disposition, ebenso wie die der ganzen Bahnhofsanlage entwarf der damalige Baurath *Grüttefien.*

An ein mittleres Hauptvestibül, in welchem die Billetur als besonderes Haus eingebaut ist, und welches die ansehnlichen Abmessungen von 30,7 m Breite bei 25,2 m Tiefe erhalten hat, schliefsen sich rechts vom Eingange die Gepäck-Annahme (B in Skizze S. 182) und der Wartesaal II. Klasse (D) nebst Speisesaal (E) und Damensalon, links die Gepäck-Ausgabe(C) und die Wartesäle III. und IV. Klasse (F u. G) an. Zwei Eckbauten an den Enden des 168 m langen

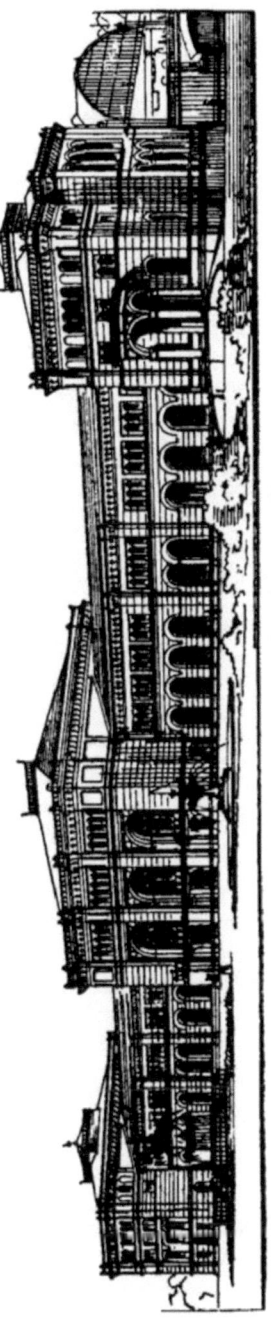

Stier. *Bahnhofs-Empfangsgebäude.*

Gebäudes enthalten rechts die Zimmer für den Kaiser (H)
mit besonderer Vorfahrt, links die Betriebsräume (J).
Der Fußboden der Vestibüle und Wartesäle liegt im
Niveau des Ernst-August-Platzes, während das Bahn-
planum mit den Perrons um 4,0 m höher belegen ist.
Zur Vermittelung des Verkehrs sind nur Tunnel vom
Empfangsgebäude unter den Gleisen her angeordnet,
ein Haupttunnel von 7,0 m Breite direkt aus dem
Vestibül und je ein seitlicher Tunnel von 4,0 m Breite
aus den Wartesälen II. resp. III. Klasse. Treppen-
läufe führen von diesen Tunneln auf die Perrons, so
daß ein Ueberschreiten der Gleise prinzipiell vermieden
ist. Auch das Gepäck wird durch besondere Tunnel
und mittels hydraulischer Hebevorrichtung auf die

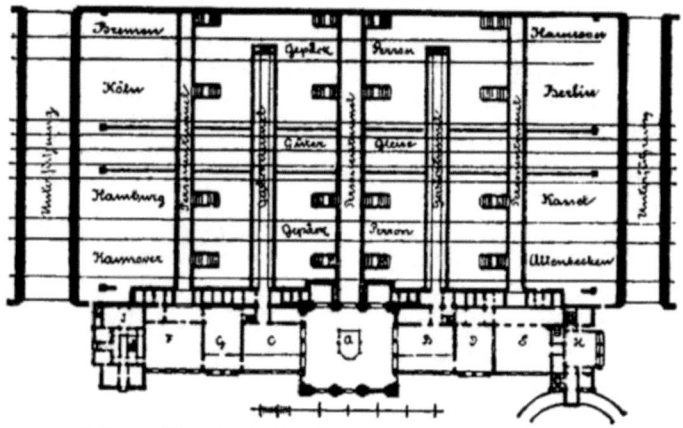

S t i e r. *Grundriß des Bahnhofs-Empfangsgebäudes.*

lediglich diesem Zwecke dienenden Gepäckperrons geschafft. Die Außenarchitektur des Empfangsgebäudes
zeigt einen Ziegelbau aus hellgelben, von den Greppiner Werken gelieferten Verblendsteinen mit Gesimsen
und einzelnen Architekturtheilen aus Mehler Sandstein. Der Rundbogenstil ist systematisch durchgeführt und schließt sich im Detail an die in Hannover
vertretene Fassung des mittelalterlichen Ziegelbaues
an, während die innere Dekoration, namentlich die
Farbengebung, den Vorbildern der Renaissance folgt.
Sämmtliche Innenräume haben sichtbare kassetirte Holz-
decken erhalten, der Kaiserliche Salon eine reichere
Dekoration in Stuckmarmor. Die Tunnel sind, um
jeden kellerartigen Eindruck zu vermeiden, mit weißen

glasirten Thonplatten der Mettlacher Fabrik bekleidet.
Die Ueberdeckung des Bahnplanums hinter dem Empfangsgebäude geschieht durch zwei hintereinander
liegende Hallen von 37,12 m Spannweite und 160 m
Länge.

Die erste Halle steht 4,5 m vom Gebäude ab;
dieser Raum wird durch ein besonderes Pultdach über-
deckt, während zwischen den Hallen ein Raum von
9,25 m Breite für die Rangirgleise unbedeckt geblieben
ist. Ein Querschiff von 38,4 m Spannweite setzt sich
von der Mitte des Gebäudes an durch beide Hallen
fort. Die Konstruktion wird durch volle Blechträger
im Segmentbogen, welche auf eisernen Säulen in 6,73 m
Axenentfernung ruhen, gebildet. Die aeufsere, dem
Gebäude entgegengesetzte Hallenwand ist mit einer
durchgehenden Verglasung geschlossen.

Die Kosten betrugen für das Gebäude 1250000 ℳ
oder 19 ℳ pro cbm, für die Hallen 500000 ℳ oder
37 ℳ pro qm.

Nach den vorbeschriebenen gröfseren öffentlichen
Bauten sind noch einige Bauanlagen zu erwähnen, bei
denen, als im Wesentlichen Nützlichkeitsbauten, die
Architektur nur eine untergeordnetere Rolle spielt.

Zunächst das kleine, in der Lavesstrafse belegene
Dienstgebäude des Medizinal-Kollegiums *(die Anatomie)*,
vom Architekten *Wallbrecht* 1876 erbaut, in einfacher
Renaissance, die Flächen in gelben Verblendsteinen,
die Architekturtheile in Sandstein.

Ferner das von demselben Architekten als Unternehmer 1875—76 an der Vahrenwalderstrafse neu
errichtete *Militär-Reitinstitut*. Dasselbe bildet einen
Gesammtkomplex von 170 m Breite zu 370 m Tiefe.
An der Vorderseite befinden sich zwei isolirte zweigeschossige Gebäude, das eine die Dienstwohnungen
verheiratheter Offiziere, das andere die Offizier-Speise-
anstalt nebst Wohnungen für unverheirathete Offiziere
enthaltend. Dahinter liegt ein dreigeschossiges Kaserne-
mentsgebäude für 208 Mann der Unteroffizier-Reitschule
und sodann, um einen grofsen mittleren Hof geordnet,
14 Stallungen für zusammen 408 Pferde, sowie 6 Reitbahnen. Die Stallungen sind auf eisernen Säulen
überwölbt, im Inneren oberhalb mit Verblendsteinen,
unterhalb mit Sandsteinquadern bekleidet.

Die 17,5 m zu 35 m grofsen Reitbahnen sind mit
hölzernen Dächern auf eisernen Polonceauträgern über-
deckt. Die einfache
Aufsen-Architektur
sämmtlicher Ge-
bäude ist in hell-
gelben Verblend-
steinen mit Ver-
wendung von
weifsem Sandstein
hergestellt.

Das Wohnhaus
des Chefs des In-
stituts liegt auf ei-
nem besonderen
Grundstücke etwas
näher der Stadt, es
ist ein herrschaft-
liches zweigeschos-
siges Wohnhaus,
mit Stallungen von
ähnlicher, nur etwas
reicher durchgebil-
deter Architektur,
wie die übrigen An-
lagen.

Die Gesammt-
kosten, einschliefs-
lich Grund und
Boden, betrugen für
das Haus des Chefs
160 000 ℳ, für
die Hauptanlage
2 521 000 ℳ.

Von den in Re-
naissanceformen
ausgeführten öf-
fentlichen Bauten
sind endlich noch
einige für Vergnü-
gungszwecke be-
stimmte zu ver-

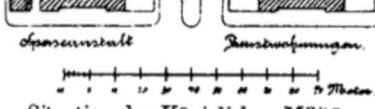

*Situation des Königlichen Militär-
Reitinstitutes.*

zeichnen. Wir nennen darunter den *Wallbrecht*'schen
Konzertsaal *(das Konzerthaus)*, 1879 aus einem Theil

des ehemaligen Königlichen Reitbahnhauses hergestellt,
ein Saal von 38,0 m Länge zu 19,60 m Breite, mit
eisernen, vorgekragten Gallerien an den Längsseiten,
durch eine freie Treppenanlage mit einem höher gelegenen
Speisesaal in interessante Verbindung gebracht.   Der
Saal faſst 1700 Personen und ist in anspruchsloser,
aber harmonischer Renaissance-Architektur durchgebildet.   Die Akustik ist eine gute.

Die andere Hälfte der Reitbahn wurde etwas später,
ebenfalls von *Wallbrecht*, zu einem einfachen Saal-
theater, dem *Stadttheater* umgebaut.

Der Saal des *Odeon*, für Versammlungen und
Konzerte bestimmt, ist ein ganz schmuckloser Raum
aus früherer Zeit; nur ein vom Architekten *Hehl* später
angebauter Vorsaal zeigt eine reichere Renaissance-
Dekoration in Stuck.

Endlich ist zu erwähnen das *Residenztheater*, von
Goetze aus den Räumen der ehemaligen Thalia-Gesell-
schaft 1879 hergestellt, ein behaglich und freundlich
ausgestattetes Theater kleineren Maſsstabes mit zwei
Logenreihen, etwa 1400 Personen fassend.

Die Privatbauten.

Wir beginnen nunmehr die Besprechung der Privatbauten mit der *Villa*, dem freistehenden Einzelhause,
deren Anlage in Hannover sogar innerhalb der bebauten Stadttheile durch das Vorhandensein gröſserer
Gärten und Grundstückskomplexe noch immer ermög-
licht ist.   Auſser vereinzelten Bauten früherer Zeit,
unter denen das *Cohen*'sche Haus an der *Brühlstraſse*, das
später von *Oppler* im Inneren ausgebaute *Houget*'sche
Haus am *Königsworther-Platz*, sowie einige Häuser in
der *Wilhelmstraſse* einiges architektonisches Interesse
bieten, ist hier besonders die von *Köhler* 1872—77
erbaute *Villenanlage am Schiffgraben* erwähnenswerth.

Die Südseite dieser Straſse ist auf eine Länge von
rund 160 m mit 9 Villen bebaut, welche zu einer einheitlichen Gebäudegruppe zusammengefaſst sind.   Die
mittlere Villa, sowie die beiden an den Ecken belegenen,
sind etwas gröſser in den Abmessungen gehalten, letztere
auſserdem etwas vorgezogen, so daſs sie das Ganze
wirksam flankiren.   Die sechs anderen Villen sind zu
je zwei dreitheiligen Gruppen vereinigt, deren Mittel-
häuser die kleinsten Abmessungen haben.   Arkaden-

stellungen verbinden die einzelnen Gruppen. Die Villen
sind zweigeschossig; sie enthalten im Erdgeschofs die

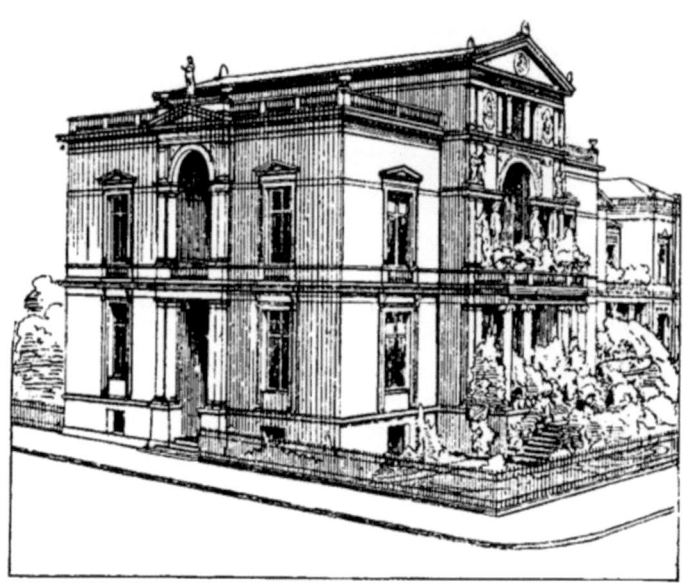

Köhler. *Villen am Schiffgraben.*

Wohnräume in meist sehr gut gewählten Dispositionen
und ansehnlichen Abmessungen, im ersten Stock die

Schlafräume, Küche und Zubehör im Souterrain. Auf eine reiche und wechselvolle Anordnung von Hallen, Veranden und Terrassen ist besonderer Werth gelegt.

Die Architektur bewegt sich in feinen, mit hellenischem Detail durchgebildeten Renaissanceformen. Die äufseren glatten Wandflächen sind in Cement geputzt,

Köhler. *Grundrisse der Villen am Schiffgraben.*

die Gesimse in Sandstein, die Mehrzahl der dekorativen Details in gebranntem Thon von March in Charlottenburg und von der Mettlacher Fabrik ausgeführt. In Verbindung mit einer sehr sorgfältig gehaltenen gärtnerischen Umgebung bietet die Anlage einen der Glanz-

punkte im Strafsenbilde Hannovers. Auch die innere
Ausstattung ist zum Theil ziemlich luxuriös durchgeführt, namentlich in der mittleren, dem Dr. de Haën
gehörigen Villa begegnet man einem reichen Aufwand
und einer sehr sorgfältigen künstlerischen Durchbildung.

Im Gegensatz sei als eine Anlage einfachster Art
eine Reihe Villen, von der Hannoverschen Baugesellschaft in der *Rumannstrafse* ausgeführt, hervorgehoben.
Schon mehr im städtischen Charakter, doch immer

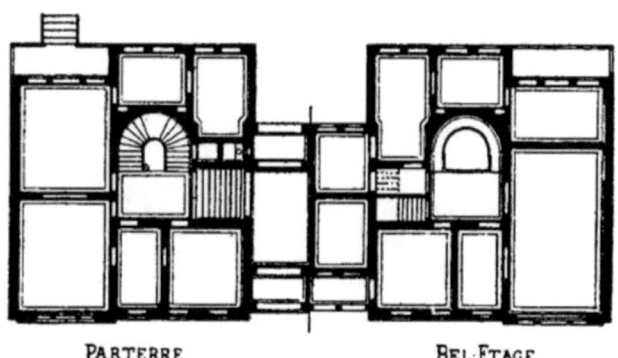

PARTERRE   BEL·ETAGE.

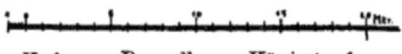

Heine. *Doppelhaus, Königstrafse.*

noch als Einzelhaus aufgefafst und in zwei Geschossen
disponirt, sind zu nennen die Wohnhäuser *Stiftsrafse 3*
mit einer in gelbem Ziegel und röthlichem Sandstein
ausgeführten Façade von sehr guten Verhältnissen in
den Renaissanceformen der Berliner Schule, nach dem
Entwurfe des Architekten *Heine,* ferner das in Putzbau von demselben Architekten errichtete Doppelhaus *Königstrafse 8 u. 9,* dem vorigen gleich im Stil-

Charakter und der feinen Detailbehandlung; weiterhin
das Eckhaus von *Königstrafse* und *Am neuen Hause*
vom Architekten *Geb*, ein Backsteinbau mit Sandstein
in den Formen einer gemäfsigten deutschen Renaissance,
die Ecke durch einen Erker mit Spitzdach hervorgehoben. Auch das aus einer älteren Anlage in englisch-

Geb. *Villa an der Königstrafse.*

gothischem Stile von *Heine* zu einem Renaissancebau umgewandelte Haus des Herrn *Mummy, Langelaube*, wäre
hier, namentlich auch in Bezug auf seine ziemlich reiche
innere Ausstattung zu nennen. Ebenso das von *Oppler* im
Inneren ausgestattete Haus des Herrn *Laporte* in *Linden*,
sowie das vom Architekten *Hehl* für den Kommerz-

rath *Jänecke, Lavesstrafse 51,* in französischer Renaissance errichtete Wohngebäude. Als kleine städtische
Einzelhäuser nach dem Vorbilde Bremens sind ferner
hier anzuführen die Häuser *Langelaube 15—17.*

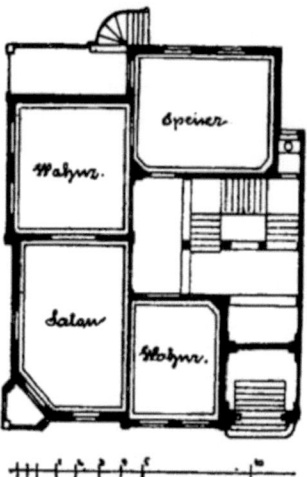

Geb. *Grundrifs der Villa an
der Königstrafse.*

Den Uebergang zu dem
eigentlichen städtischen
Miethshause bilden sodann
eine Anzahl meist zwei-,
höchstens dreigeschos-
siger Häuser, die aber in
jedem der Geschosse nur
eine Wohnung enthalten
und namentlich in den
zwar schon städtisch be-
bauten, aber von der
eigentlichen Geschäftsge-
gend doch entfernter lie-
genden Strafsen zu finden
sind.

Es sei hier angeführt
eine Gruppe von drei,
ebenfalls als ein Ganzes
zusammengefafsten Häusern an der Ecke der *Jägerstrafse*
und des *Königsworther-Platzes* vom Architekten *Hehl.*
Die geringen Abmessungen der Baustelle haben zu
einer etwas gedrängten Grundrifsanlage geführt. Das
Aeufsere zeigt eine reiche französische Renaissance
mit allen den zu diesem Stile gehörigen Zuthaten an
Dächern, Dacherkern und Balkonen; namentlich ist
die Ecke durch eine runde thurmartige Vorlage ausgezeichnet. Selbstverständlich erfolgte die Ausführung
nur im Putzbau mit Details in Cementgufs. Das Innere
trägt den gewöhnlichen Miethhaus-Charakter.

Hierher gehören ferner das *Biedenweg'*sche Haus
an der *Prinzenstrafse* von *Köhler.* Dessen Façade ist
ausgezeichnet durch den hierbei zum ersten Male in
Hannover angewendeten Schmuck von Sgraffito-Malereien, ausgeführt vom Maler *Wilke;* ferner das Haus
Warmbüchenkamp Nr. 12 von demselben Künstler,
beide in dem gleichen Charakter feiner italienischer
Renaissance. Auch von *Oppler* findet sich ein zu der
erwähnten Gattung gehörender Bau im Stile deutscher
Renaissance an der *Ecke der Hausmannstrafse und*

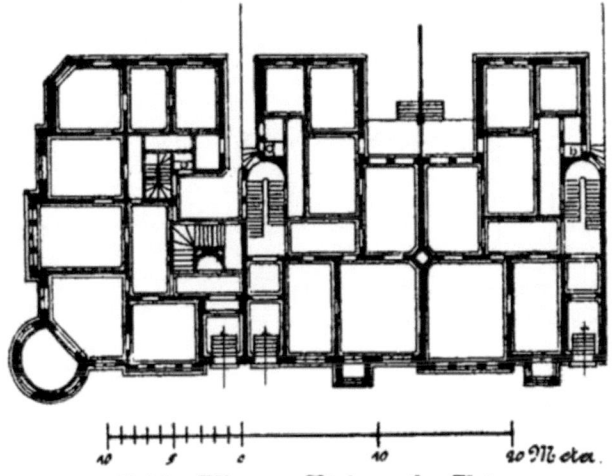

Hehl. *Villen am Königsworther-Platz.*

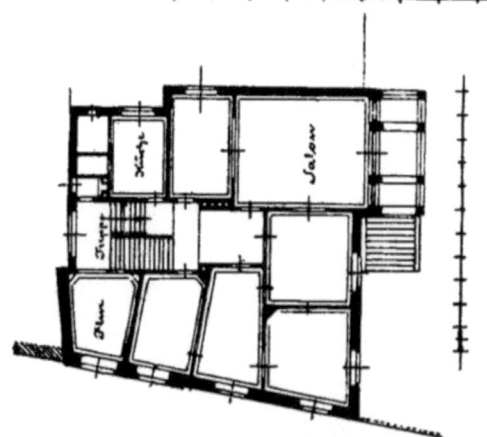

Langenlaube, eines der ersten Gebäude dieser Stilfassung in Hannover; die Architektur etwas massiv und schwer, die Ausführung in Putz mit rothen Verblendsteinen für die Flächen

Oppler. *Villa an der Langenlaube.*

Wie in allen Städten mit raschem Wachsthum und
damit verbundener intensiver Bebauung enger Stadttheile, fehlt auch in Hannover nicht das vielstöckige,
im Erdgeschofs zu möglichst weit geöffneten Läden
ausgebaute *Geschäfts- und Miethhaus.* Es sind insbesondere durch die Bauthätigkeit der neuesten Zeit
auch hier eine ganze Anzahl von bemerkenswerthen
Lösungen für dies im Wesentlichen immer gleich gestaltete und allenfalls nur durch die Abmessungen oder
die Lage der Baustellen etwas modifizirte Programm
entstanden. Namentlich hat Architekt Wallbrecht bei
den von ihm unternommenen Strafsen-Durchbrüchen
es sich angelegen sein lassen, durch Heranziehung
verschiedener anderer hannoverscher Architekten interessante Projekte (insbesondere für die hervortretenden
Eckgrundstücke) zu gewinnen.

Im Erdgeschofs enthalten diese Häuser fast ausnahmslos Läden, welche derartig disponirt sind, dafs
dieselben, je nach den Wünschen der Miether, eine
Theilung nach verschiedener Gröfse zulassen. Häufig
folgt dann ein zu Kontorzwecken oder untergeord-
neteren Läden benutztes Zwischengeschofs und dann
zwei, meist drei Geschosse mit Miethwohnungen. Die
Grundrifs-Disposition der letzteren wird so gewählt,
dafs die Räume möglichst von einem gemeinsamen Vor-
flur oder Mittelkorridor aus zugänglich sind, während
die Berliner Anordnung von Seitenflügeln und Eck-
zimmern bislang keinen Anklang gefunden hat, vielleicht
wegen der in den alten Stadttheilen fast durchgehends
nur geringen Tiefe der Grundstücke. Auch die Abmessungen der Räume sind wohl aus diesem Grunde
meist etwas geringer, als sie anderwärts üblich sind.

Aus etwas früherer Zeit stammend ist in dieser
Gruppe zunächst ein *Eckhaus an der Georg- und Andreaestrafse,* von *Köhler* 1863 erbaut, erwähnenswerth. Seine
Ecke ist polygonal abgestumpft und die Läden des
Erdgeschosses sind noch als geschlossene Rundbogen-
arkade aufgefafst, während die oberen Geschosse mit
einer fein detaillirten griechischen Pilasterarchitektur
und gradlinig geschlossenen Fensterüberdeckungen ausgezeichnet sind. Die Architekturglieder wurden theils in
Sandstein, theils, namentlich was die ornamentalen Theile
anlangt, in Cementgufs hergestellt, und die Flächen der
Façade mit Ziegeln verblendet, eine Art der Aus-

führung, die jetzt fast allen besseren Bauten dieser
Gattung in Hannover eigenthümlich ist.

Auch das *gegenüberliegende Wohnhaus* vom Architekten *Kunze,* zur selben Zeit erbaut, zeichnet sich
durch stilvolle Behandlung in italienischer Pilasterarchitektur mit Rundbogenfenstern aus.

Der neueren Bauperiode entstammen die von *Wallbrecht* (und *Schreiterer*) entworfenen *Eckhäuser zwischen
Nordmann- und Artilleriestrafse* einer- und *Nordmann-
und Georgstrafse* andrerseits. Die ziemlich spitz zu-
laufenden Ecken sind als thurmartige Risalite ausgebildet
und mit verzierten Kuppelhelmen abgeschlossen. Die
Architektur ist in kräftigen Renaissanceformen durchgebildet und verleiht, ebenso wie die Ausführung in
Sandstein mit Cement-Ornamenten bei einer Flächen-
verblendung in dunkelgelbem Backstein, beiden Gebäuden
einen hervorragenden und monumentalen Charakter.

Von verwandter Art sind auch die beiden Eckhäuser an der von der Georg- zur Osterstrafse durchgeführten *Passage.* Das eine derselben, von *Wallbrecht*
(und *Hantelmann*) ganz in weifsem Sandstein mit rother
Verblendung der Flächen hergestellt, schliefst ebenfalls
mit einem kuppelgekrönten Eckrisalit ab. Das Erdgeschofs und ein darüberliegendes Zwischengeschofs
werden abwechselnd durch kräftige Sandsteinpfeiler
und Eisensäulen gestützt und enthalten Läden, während
die Fenster der oberen Geschosse geschickt zu Gruppen
zusammengefafst sind. Das gegenüberliegende Eckhaus
von *Köhler* zeigt einen runden, durch die drei Wohn-
geschosse hinaufgeführten, schlanken Erker an der unten
abgestumpften Ecke, im Uebrigen eine mit dem vorerwähnten Gebäude verwandte Anordnung. Nur ist
auch hier die Architektur durch die, diesem Künstler
eigene Feinheit des Details charakterisirt.

Von dem Architekten *Heine* rührt das noch im Bau
begriffene Eckhaus derselben *Passage und der Karmarschstrafse* her, ein in geschickter Weise die Schwierigkeiten der Aufgabe lösender Bau in italienischer
Renaissance, welcher sich namentlich durch die ab-
wechselnde Behandlung der im Uebrigen gleichwerthigen
Fensteraxen bemerkbar macht.

Heine entwarf auch in Gemeinschaft mit *Wallbrecht* die Pläne zu dem jetzigen *Continental-Hôtel,* ent-

standen aus dem ehemaligen Gebäude der polytechnischen
Schule, dessen drei Geschosse noch um zwei Stockwerke erhöht wurden. Das Erdgeschofs enthält Läden,
die übrigen Geschosse Logirzimmer; das Ganze bildet
eine mächtige, in kräftigem Rundbogenstil durchge-

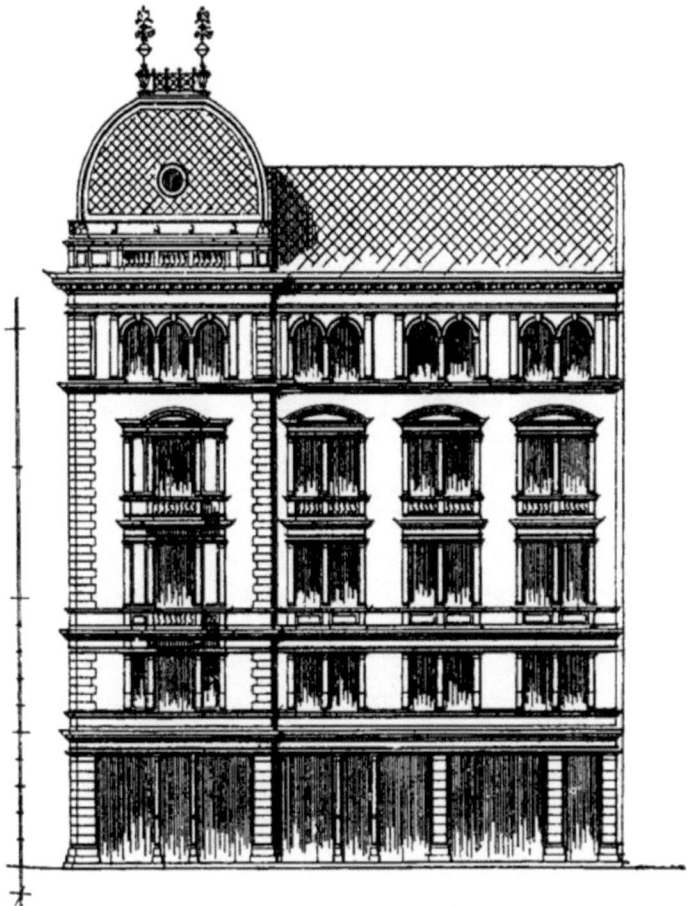

Wallbrecht (und Hantelmann). *Geschäftshaus an der
Ecke der Georgstrafse und Passage.*

führte Façade, deren Fenster mit zahlreichen Balkonen
versehen sind. Im Innern tragen das durch zwei
Geschosse reichende, mit Arkaden umgebene Haupt-
vestibül nebst Treppenhaus, sowie der, durch eiserne
Säulenreihen freilich in etwas störender Weise getheilte
Speisesaal reichere Detaillirung.

Mehr durch seine Ausdehnung und Größe, als durch die Feinheit der Detaillirung macht sich ein anderer *Bau* von *Wallbrecht* (und *Hantelmann*) *in der Grupenstraße* bemerkbar, in dessen Mitte durch einen hohen Thorbogen ein Durchgang zu dem dahinter belegenen Marktplatze hergestellt ist.

Von *L. Brockmann* sei ein ganz im Putzbau im Berliner Charakter durchgeführtes *Wohnhaus am Georgsplatz* erwähnt, dessen unteres Geschoß zu einem Wiener Café mit etwas reicherer Ausstattung der Innenräume ausgebaut ist. Das Haus wird durch zwei, mit Giebeln versehene Eckrisalite abgeschlossen.

Das Gebäude der früheren *Provinzial-Diskonto-Gesellschaft* (Georgstraße Nr. 16), von demselben Archi-

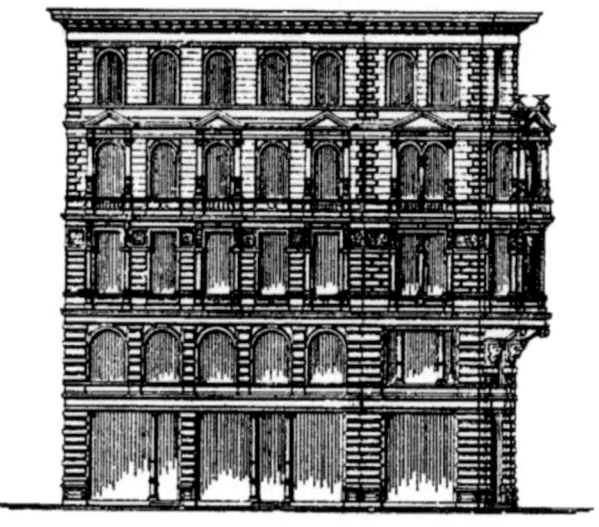

Heine. *Geschäftshaus an der Ecke der Karmarschstraße und Passage.*

tekten, zeichnet sich dem gegenüber durch seine monumentale Durchführung ganz in Sandstein und durch die Anordnung der Erdgeschoßläden als kräftig behandelten Bogenstellung auf polirten Granitsäulen aus.

Der Architekt *Geb* vertritt in verschiedenen, von ihm entworfenen Wohnhäusern die deutsche Renaissance, jedoch in einer Form, die sich im Detail möglichst

einfach und von den barocken Formen des Stils frei
zu halten sucht, dabei allerdings etwas an charakteristischer Eigenthümlichkeit einbüfst. Wir nennen
von demselben ein Miethhaus ohne Läden an der
Ecke der Leopoldstrafse und des Schiffgrabens, ferner
die Häuser *Goethe-* und *Lützowstrafsen-,* sowie *Grupen-*
und *Osterstrafsen-Ecke,* beide mit Lädenanordnung im
Erdgeschofs und mit schlanken, durch Spitzdächer
abgeschlossenen Erkern auf den Ecken.

Stier. *Geschäftshaus Brackebusch an der Ecke der Georg-
und Karmarschstrafse.*

In derselben Stilart deutscher Renaissance ist
auch ein *Haus der Karmarsch- und Osterstrafsen-Ecke*
von *H. Stier* durchgeführt. Die beiden Ladengeschosse
sind durch hohe Steinpfeiler mit einer eisernen Zwischen-
theilung zusammengefafst. Die Ecke, mit einem Erker
versehen, wird durch einen reicheren Ziergiebel abgeschlossen. Sehr echt im Charakter des Stils wirkt

auch ein kleines, nur 4 Fenster breites Haus, vom
Bildhauer *Narten* in der Osterstrafse Nr. 20.

Einen durchaus eigenartigen Stilcharakter vertritt
endlich ein *Eckhaus an der Georg- und Karmarschstrafse* von *H. Stier,* eine modifizirte Gothik, die sich
in einigen Beziehungen der italienischen Auffassung
dieses Stils anschliefst. Erdgeschofs und Zwischengeschofs sind zu Läden benutzt und durch hohe Spitz-
bogenarkaden zusammengefafst; ein weit vortretendes
hölzernes Sparrengesims, auf steinernen Konsolen ruhend,
bekrönt den Bau, bei welchem auch hinsichtlich der
Grundrifs-Disposition an Ausnutzung des knapp bemes-
senen Bauplatzes das möglichste geleistet werden
mufste.

Als zur Gruppe der Privatbauten gehörig mögen
endlich noch einige reicher ausgestattete *Zimmer-
einrichtungen* genannt werden, die zum Theil in älteren
vorhandenen Häusern ihren Platz gefunden haben. Es
seien hier die Einrichtung im Houget'schen Hause
Königswortherplatz 2 von *Oppler* erwähnt, im Renaissancestil, die farbigen Dekorationen von dem belgischen
Maler Charles Aubert, die innere Ausstattung des
Laporte'schen Hauses *Ricklingerstr. 61,* ebenfalls von
Oppler, ferner die sehr reich durchgebildeten Räume
des Hügel'schen Hauses *Königstr. 50A* nach Plänen
des Architekten *Hehl,* mit Malereien der Maler *Schaper*
und *Koken,* sowie eine Anzahl Räume in deutscher
Renaissance, namentlich einige Zimmer im Vering'schen
Hause *Langelaube 15A* von demselben Architekten.

Die Denkmale.

Es erübrigt, einen Blick auf die öffentlichen Denkmale der Stadt zu werfen, welche in nicht unerheb-
licher Anzahl die Plätze derselben zieren. Obenan
stehen wiederum mehrere von *Laves* entworfene Werke
wesentlich architektonischen Charakters, vor allem das
zum Andenken an die Betheiligung der Hannoveraner
in der Schlacht bei *Waterloo* errichtete *Monument.*
Dasselbe in der typischen, der römischen Antike ent-
lehnten Form einer 64,7 m hohen Säule toskanischer
Ordnung, erhebt sich auf einem viereckigen Unterbau,
welchen Tafeln mit den Namen der Gefallenen und

aufrechtstehende eroberte Geschützrohre schmücken.
Ueber der Kapitälplatte, welche als Aussichtspunkt
hergerichtet ist und auf einer im Innern des Säulen-
schaftes emporführenden Treppe erstiegen wird, erhebt
sich eine, vom Bildhauer Hengst modellirte, in Kupfer
getriebene Victoria. Die Figur erscheint etwas zu
klein gegenüber der Säule, die in einem, den anderen

Laves und Bildh. Hengst. *Waterloo-Monument.*

Werken von Laves gleichenden, kräftigen römischen
Charakter gezeichnet ist.

Unweit davon erhebt sich das dem Philosophen
Leibniz 1790 errichtete *Monument,* ein zwölfsäuliger,
offener Rundtempel mit Flachkuppel, unter welcher die,
trotz ihrer ansehnlichen Abmessungen für diese Umgebung nicht ganz genügend wirkungsvolle Kolossalbüste des Philosophen steht. Ausführung und Gedanke
sind auch hier von völlig römischem Charakter.

Ein Denkmal verwandter Art enthalten die Herrenhäuser Gärten. Dasselbe wurde zum Gedächtnifs der
Kurfürstin Sophie nach den Plänen vom Ober-Baurath
Schuster im Jahre 1864 auf derselben Stelle errichtet,
wo die Fürstin vom Schlage getroffen wurde. An dem
Kreuzungspunkte dreier Wege erhebt sich eine nach
drei Seiten geöffnete Halle korinthischen Stils, unter
welcher die Marmorstatue der Fürstin aufgestellt ist.
Die seitlich sitzende und im Kostüm ihrer Zeit dar-
gestellte Figur, welche den geistreichen Kopf dem
Beschauer zuwendet, ist vom Bildhauer *Engelhard* ge-
fertigt.

Zu den architektonischen Monumenten kann auch
in gewissem Sinne noch das ebenfalls in den Herrenhäuser Gärten errichtete *Mausoleum*, die Begräbnifs-
stätte des Königs Ernst August und seiner Gemahlin
Friederike, gezählt werden, von *Laves* 1842 entworfen
und 1846 vollendet. Es ist ein quadratischer, im
Aeufseren nur durch einen viersäuligen dorischen
Peristil mit Giebel vor der Eingangsthür ausgezeich-
neter Bau, aus grofsen Sandsteinquadern in vollendeter
Technik hergerichtet. — Im Inneren erhebt sich über
vier Gurtbogen eine Kuppel mit Oberlicht, welche die
auf Sarkophagen ausgestreckt ruhenden Marmorstatuen
des Königs und seiner Gemahlin, beide von *Rauch*,
umschliefst. Der untere Theil der Wände des Inneren
ist mit Platten von Carrara-Marmor bekleidet, der
obere Theil der Kuppel dagegen nur in Stuck ausgeführt. Die auch hierfür geplante Bekleidung unterblieb, weil die Ungeduld des Königs eine schnellere
Vollendung erheischte.

Es folgen noch eine Anzahl von Denkmalen lediglich bildhauerischen Charakters, unter denen zunächst
die *Statue des Generals v. Alten*, des Führers der Hannoveraner in der Schlacht bei Waterloo, in Marmor
1849 ausgeführt vom Bildhauer *Kümmel*, zu nennen
ist. Ferner die überlebensgrofse *Statue des Königs
Ernst August*, in Bronze ausgeführt vom Bildhauer
A. Wolff in Berlin (1860), der König zu Pferde in
Husaren-Uniform, ruhig dahin reitend. Der schlichte
Sockel besteht aus braunem Granit vom Harz. —
Weiterhin die *Statue von Schiller* auf dem Georgsplatze,
vom Bildhauer *Engelhard* 1863 errichtet. Die Figur
des Dichters in idealem Gewande vermag, wie leider

so manche andere Schillerstatue, nicht zu erwärmen, während es dagegen dem Künstler des Marschner-Denkmals, *Hartzer*, gelungen ist, die zur plastischen Darstellung wenig geeignete Porträtfigur des Komponisten dennoch anziehend aufzufassen. Zu den Füfsen der vor dem Theater aufgestellten Statue sind zwei reizvolle, sitzende Figuren der dramatischen und lyrischen Musik angebracht.

Vor der Marktkirche steht auf einem gothischen, als Brunnen ausgebildeten Postamente die vortreffliche, von *Dopmeyer* modellirte *Bronzestatue des Seniors Bödeker*, des verdienstvollen, langjährigen ersten Geistlichen der Stadt. (S. die Skizze S. 161.)

Am Ende der Königstrafse, wo diese gegen die Eilenriede ausmündet, und von den grünen Bäumen der letzteren als Hintergrund umgeben, soll sich das vom Bildhauer *Voltz* in Karlsruhe modellirte *Kriegerdenkmal* erheben. Der untere Theil des Monuments, welcher bereits aufgestellt ist, besteht aus einem hohen Sockel von schwedischem Granit mit den, die Namen der Gefallenen tragenden Bronzetafeln, und wird an der Vorderseite von der Statue der Hannovera, an den beiden Seiten von zwei grofsartig komponirten, ruhenden Löwengestalten geschmückt. Die obere Gruppe, Germania von zwei, über ihr die Kaiserkrone haltenden Genien begleitet, soll im Jahre 1883 zur Aufstellung gelangen. Soweit das Modell und die vollendeten Theile erkennen lassen, wird das Denkmal jedenfalls zu den schönsten und wirkungsvollsten der zahlreichen, den gleichen Vorwurf behandelnden Werke gehören.

Andere Denkmale stehen noch in Aussicht, so für *Karmarsch*, den langjährigen Direktor der polytechnischen Schule, einen der Begründer der technologischen Wissenschaft in Deutschland; ferner für *Stromeyer*, einen verdienstvollen Arzt Hannovers. Der Umstand, dafs verschiedene der vorerwähnten Denkmale an zum Theil ungeeigneten Plätzen zerstreut Aufstellung gefunden haben und für die noch geplanten die Platzfrage hier, wie überall, zu leidigen Erörterungen geführt hat, haben dem Baurath *Köhler* Veranlassung zu einem interessanten Vorschlage gegeben, der, wenn auch einstweilen noch Entwurf, doch hier zu erwähnen bleibt. Der seitlich vom Theater gegen Süden belegene Theil

des Theaterplatzes, von annäbernd dreieckiger Grund-
form, von belebten Strafsen umgeben und sonach zu

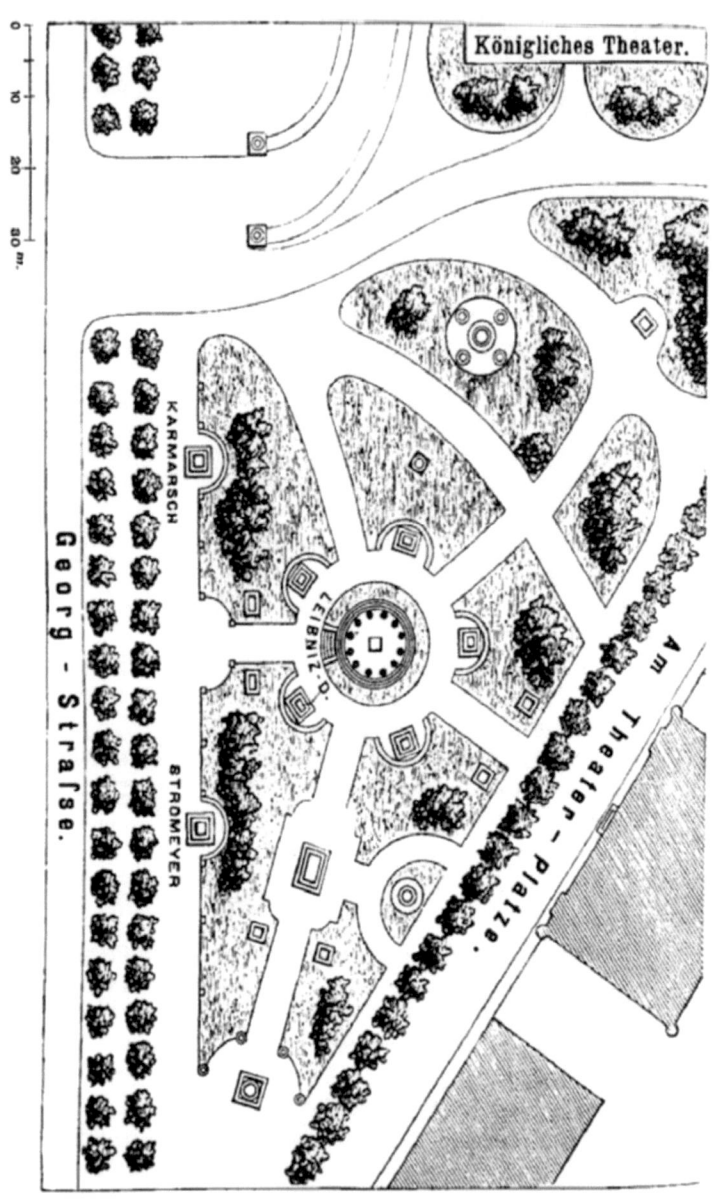

diesem Zwecke vorzüglich geeignet, soll nach diesem
Entwurfe zu einem *Ehrenforum Hannovers* ausgebildet
werden.   Auf demselben sollen nicht nur die neu

geplanten Monumente eine Stelle in schöner gärt-
nerischer Umgebung finden, die durch Hermen, Vasen,
Fontänen und Sitzbänke noch eine weitere Ausbildung
zu erfahren hätte, und welche hinreichenden Platz für
zukünftig zu errichtende Statuen oder Denkzeichen
bieten würde; vielmehr ist die Idee wesentlich in der
Rücksicht aufgeworfen, dafs das jetzt an ungünstigem
Platze stehende Leibniz-Monument hierher zu bringen
sei, um den Mittelpunkt für das Ehrenforum abzu-
geben.

Möchten dieser eigenartigen und vom künstlerischen
Standpunkte warm zu empfehlenden Idee die ihr, wie
meist in ähnlichen Fällen, entgegengetretenen Bedenken
kleinlicherer Natur bald aus dem Wege geräumt werden!

Ingenieur-

und

industrielle Bauten.

1.

Bahnhofs-Anlagen.

Bearbeitet vom Regierungs-Baumeister G. Barkhausen.

Entwickelung der Idee der jetzigen Bahnhofs-Anlagen zu Hannover.

Der alte, 1844 eröffnete Bahnhof der Hannoverschen Staatsbahn war, wenn auch nach den damaligen Verhältnissen mit Rücksicht auf weitgehende Vergröfserungen doch so angelegt, dafs er dem ungeahnten Anwachsen des Bahnverkehres in seiner Leistungsfähigkeit schon nach vergleichsweise kurzer Zeit nicht mehr zu entsprechen vermochte. Es erwies sich namentlich bald als unthunlich, den Personen-, Güter-, Produkten-, Rangir- und Werkstättenverkehr durch eine gemeinsame Anlage auf der anfangs für mehr als ausreichend gehaltenen und in ihrer Lage später nur mit grofsem Kostenaufwande zu vergröfsernden Fläche zu bewältigen. Hauptsächlich zeigte sich das einzige vorhandene durchgehende Perrongleis für Personenzüge trotz mehrmaliger Verlängerungen des Perrons und Anfügung von Kopfgleisen als durchaus unzureichend. Bei der Erbauung der hannoverschen Staatsbahn hatte man zwar vermieden, Hannover direkt zu einem Kreuzungspunkte zu machen, man hatte vielmehr die Bahnen von Bremen und Köln 22 km westlich von Hannover, in Station Wunstorf, die von Hamburg und Braunschweig 15 km östlich in Station Lehrte zusammengeführt. So schien der Bahnhof neben der endigenden

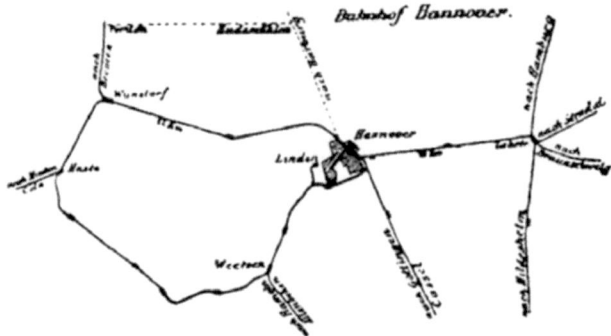

Südbahn nach Kassel nur die einzige Linie Wunstorf-Lehrte zu enthalten. Bald bildeten sich jedoch schon auf diesen wenigen Linien zwei getrennte und entschieden vorherrschende durchgehende Verkehrsrichtungen aus, nämlich Bremen-Kassel und Köln-Wunstorf-Lehrte-Braunschweig, neben welchen noch ein Kopfstations-Betrieb für den stark wachsenden Verkehr Hamburg-Lehrte-Hannover-Kassel entstand.

Der Knoten dieser drei Richtungen lag thatsächlich trotz der außerhalb vollzogenen Verbindungen in Hannover und war auf dem einen durchgehenden Gleise trotz nahezu 500 m Perronlänge nicht zu entwickeln. Diese Bahnhofsanlage, welche der Güterzüge wegen Nebengleise von 750 m Länge besaß, schädigte außerdem die Entwickelung der Stadt auf das schwerste. Bei Erbauung lag der Bahnhof im freien Felde; es war daher unbedenklich, die Wege in Abständen bis zu 750 m im Niveau zu überführen. Aber schon nach wenigen Jahren hatte die Stadt den Bahnhof erreicht und dehnte sich nordwärts desselben aus, so daß der Verkehr auf den Niveauübergängen bedeutend anwuchs, wobei aber eine richtige Entwickelung der Stadt durch die vielfachen Unterbrechungen des Straßenverkehres gehindert wurde.

Diese Unzuträglichkeiten führten zu fortwährenden lokalen Aenderungen und Erweiterungen, wie die Zwangslage sie forderte, nebenher aber schon früh zu einer Reihe von Projekten für definitive Abhülfe, welche immer dringender wurde, als der Verkehrsaufschwung nach einander die Projekte für die weiter aufzunehmenden Linien Hannover-Altenbeken, Hannover-Stendal-Berlin und Hannover-Harburg ins Leben rief. Die ersten praktischen Erfolge dieser Bestrebungen waren die Hinauslegung des Rangirbahnhofes in die jetzige Lage bei Hainholz D (s. Zeichnung auf S. 210) im September 1868, sowie des Produktenbahnhofes C auf das Dreieck zwischen Vahrenwalder- und Cellerstraße auf der Südseite der Hauptgleise, gegen Ende der 60r Jahre; durch diese Anordnung wurde zwar der Güterverkehr auf dém Hauptbahnhofe gemindert, auch wurden die Straßenübergänge von dem lästigen Rangirverkehre befreit, immer aber blieb die alte Station, welche nun für Güterzüge als Durchgangsstation neu in Anspruch genommen wurde, ungenügend in ihrer Leistungsfähigkeit. Zunächst versuchten daher die weitergehenden Projekte zu Anfang der 70r Jahre gänzliche Befreiung von den Güterzügen durch nördliche Umführung derselben auf einer Güter-Ringbahn, doch hatten sich vor Verwirklichung dieser Idee die Klagen der Stadt über die fortdauernden Unzuträglichkeiten, wie auch die Schwierigkeit der Abwickelung des Personenverkehres, so gesteigert, daß man an einen vollständigen Umbau des ganzen Bahnhofes schreiten mußte. Ein solcher war nur durchführbar, wenn die sowohl bei Verlegung, wie bei einfachem Umbau des Stadtbahnhofes außer Betrieb zu setzenden Werkstätten zuvor an anderer Stelle betriebsfähig hergestellt waren. Man schritt daher 1873 zunächst zur energischen Förderung des Projektes und der Ausführung eines Werkstättenbahnhofes, für den ein Terrain hinter Herrenhausen an der Chaussee von Hannover nach Nienburg erworben wurde. Mit Fertigstellung der neuen Werkstätten E war das letzte Hindernis des Umbaues des nun lediglich dem Personen-, Post- und Eilgut-Verkehre dienenden Stadtbahnhofes geschwunden, und man konnte 1875 zur Ausführung der inzwischen bearbeiteten Projekte schreiten.

Der Feststellung dieser Projekte stellten sich erhebliche Schwierigkeiten sowohl bezüglich der Lage, wie der Anordnung und Ausführung des Neubaues entgegen. Zunächst war nicht zweifelhaft, daß der neue Bahnhof so hoch zu legen sei, daß die kreuzenden Straßen ohne erhebliche Versenkung unterführt werden konnten. Die Schwierigkeit der Hochlegung während des Betriebes, die erwähnten Rampenanlagen in den Straßen und die Nothwendigkeit der Anlage einer provisorischen Personenstation während der Bauzeit in unbequemer Lage erweckten große Bedenken gegen einen Umbau in der alten Lage und führten zu dem Gedanken, die ganze Anlage in ein Terrain an der Nordgrenze der Stadt gegen die Eilenriede (heutige Bödekerstraße) zu verschieben, das etwa 1000 m von der alten Station entfernt, noch ziemlich unbebaut lag, und dessen noch unentwickelte Straßen der Bahnanlage leicht angepaßt werden konnten. Auch konnte hier der neue Bahnhof zuerst fertig gestellt werden, bevor man den alten aufgab. Gegen diesen Vorschlag erhob sich aber eine energische Agitation der Stadt Hannover, welche fürchtete, daß eine solche Verlegung des Verkehrscentrums gleichzeitig eine vollständige Verschiebung des Grundwerthes zur Folge haben werde, ganz abgesehen von den Verlusten, welche der um 1 km verlängerte Zugang zum Bahnhofe von den meisten Stadttheilen aus in sich schloß. Es gelangte denn auch in Folge dessen 1874 eines der unter Beibehaltung der früheren Lage bearbeiteten generellen Projekte zur Annahme, für welches der erforderliche Platz durch Wegräumung der Werkstätten gewonnen war.

Der neue Personenbahnhof A (s. Seite 210) hatte aufzunehmen:

1) die Durchgangslinie Köln-Berlin (a),
2) die neu projektirte Linie von Harburg, welche mit der Linie nach Kassel verbunden eine Durchgangslinie Harburg-Kassel geben sollte (b),
3) die Linie Hannover-Altenbeken (c),
4) den Lokalverkehr von Osten (Lüneburg-Braunschweig) (e),
5) den Lokalverkehr von Westen (Bremen).

Von diesen kreuzen sich die beiden Linien 1 und 2 in Hannover, zu welchem Zwecke die neu zu bauende Linie nach Harburg westlich vor dem Bahnhofe über die Linie 1 hinweggeführt werden sollte, so daß also im Bahnhofe der Durchgangsperron (a) Köln-Berlin nördlich von dem (b) Harburg-Kassel zu liegen kam.

Ein dritter Perron mit nicht durchgehenden Gleisen war dann weiter südlich anzufügen für die hier von Osten her endende Linie nach Altenbeken, während nördlich noch ein eingleisiger Perron für den aus den Gleisen der Linie 1 abzuschwenkenden östlichen Lokalverkehr hinzukam. Der Verkehr von Bremen sollte durch die auf Skizze S. 207 angedeutete Verbindungslinie Verden-Hudemühlen mittels der neuen Harburger Linie in den Perron Harburg-Kassel geleitet werden, während der Lokalverkehr von Minden naturgemäß dem Köln-Berliner Perron zugewiesen wurde. Diese vier Perrons sind auf Seite 210 dargestellt.

Eine weitere Verbreiterung erfuhr die Station aus folgenden Gründen. Zunächst mußte an der Südseite entlang der Nordfront des Stationsgebäudes ein fünfter Perron für die Beamten angelegt werden; ferner erschien es bei der vorhandenen Breite des Platzes thunlich, den Längstransport des Gepäcks und der Postpäckereien im Bahnhofe durch Verlegung auf gesonderte Perrons vom Personenverkehre möglichst zu trennen, für welchen

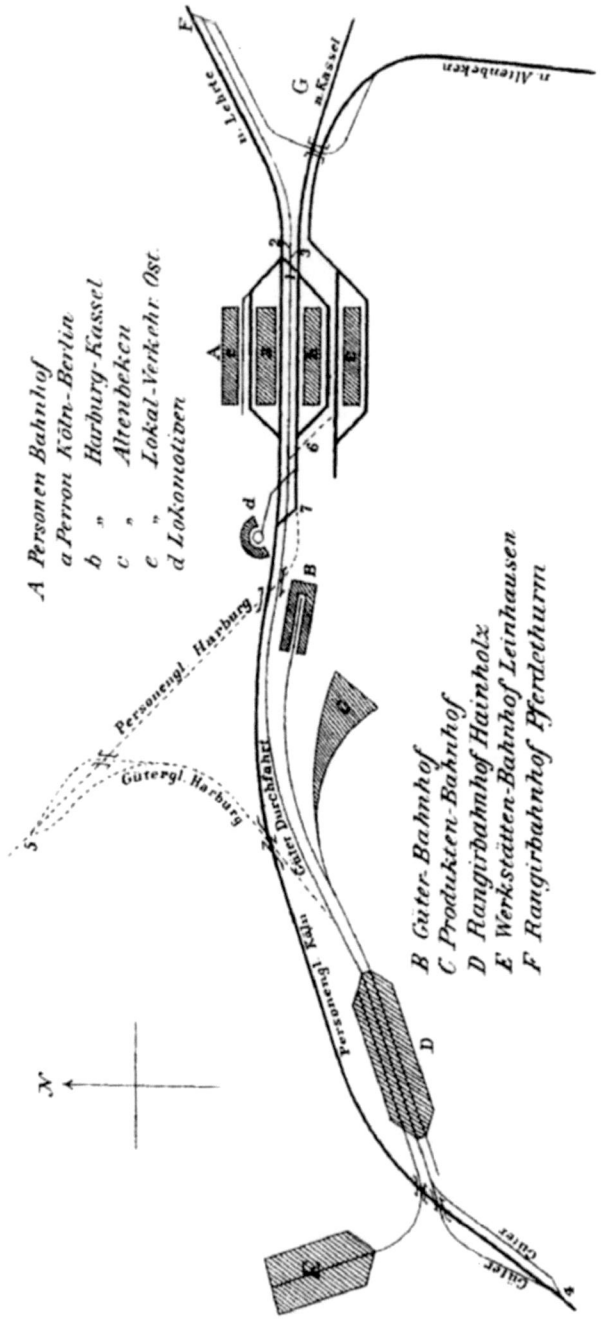

A Personen Bahnhof
a Perron Köln-Berlin
b „ Harburg-Kassel
c „ Altenbeken
e „ Lokal-Verkehr Ost.
d Lokomotiven

B Güter-Bahnhof
C Produkten-Bahnhof
D Rangirbahnhof Hainholz
E Werkstätten-Bahnhof Leinhausen
F Rangirbahnhof Pferdethurm

Zweck neben dem mitbenutzten südlichen Beamtenperron zwei
weitere Gepäckperrons angelegt sind; und schliefslich mufste
behufs Freihaltung der Personengleise im Bahnhofe eine zweigleisige Güterbahn für die nach und vom Rangirbahnhofe durchfah-
renden Güterzüge durchgeführt werden. Ein Lokomotiv-Durch-
fahrtsgleis wurde erst vorgesehen, später aber nicht ausgeführt.

Verbindung der verschiedenen Bahnhöfe.

Die Gütergleise mufsten mitten zwischen die Hauptlinien
Köln-Berlin und Harburg-Kassel gelegt werden, weil nur
diese Lage eine Vertheilung der Züge mittels der Verbindungen 2 und 3 Seite 210 ohne Linienkreuzung am Ostende
in die beiden Richtungen Lehrte und Kassel ermöglichte. Am
Westende gehen die Züge aus dem Rangirbahnhofe mittels der
Auseinanderziehungen der Gütergleise bei 4 und 5 Seite 210
ohne Kreuzung direkt in die Aufsenlinien. Die für die Harburger Verbindung projektirte Unterführung ist noch nicht zur
Ausführung gelangt. Nur die Güterzüge der Altenbekener Linie
sollten nach dem definitiven Projekte von der Hauptlinie da
abschwenken, wo diese sich neben die Kasseler Strecke legt,
sodann beide Linien, Altenbeken und Kassel, unterfahren, und
nach einer besonderen Rangirstation, Pferdethurm F, gehen,
bis zu welcher ein Güterdurchfahrtsgleis vom Personenbahnhofe
aus verlängert wird.

Die Güterzüge laufen somit sämmtlich direkt in den Rangirbahnhof ein, von welchem aus der Werkstätten- (E), Pro-
dukten- (C) und Güterbahnhof (B) zugänglich ist.

Der Umbau.

Aus dem alten Zustande, in welchem Rangir- und Produktenbahnhof bereits von den übrigen getrennt waren, wurde
der neue nach folgendem generellen Vorgange entwickelt.
Zuerst wurde der Werkstättenbahnhof E behufs Freilegung des
Terrains in der Stadt erbaut. Die Züge benutzten während
dieser Zeit noch die alten Hauptgleise, an welche der Rangirbahnhof unzweckmäfsig beiderseitig angeschlossen war, so dafs
alle Züge den Rangirbahnhof der ganzen Länge nach mitten
durchfuhren. Sodann wurden die alten Werkstätten abgerissen,
gleichzeitig eine provisorische Personenstation im Zwickel
zwischen den Linien nach Lehrte und Kassel bei G Seite 210
aufserhalb der Stadt erbaut, welche für die Richtung Köln-
Berlin Kopfstation war. Nach deren Fertigstellung begann man
die südliche Breitenhälfte des neuen Personenbahnhofes und
der anschliefsenden zu hebenden Bahnstrecken fertig zu stellen,
während am Nordrande des Terrains die erforderlichen Gleise
für die Personen- und Güterzüge in niedriger Lage im Betriebe
blieben. Auch jetzt noch passirten die Personenzüge den Rangirbahnhof, doch wurde auf dessen Nordseite der Damm für die
demnächstige Lage der Personengleise angeschüttet, der somit
vorläufig mittels provisorischer Unterführung unterfahren werden
mufste. Nachdem bis 1879 das Empfangsgebäude, wie die südliche Hälfte des ganzen Bahnhofes fertig gestellt waren, wurde
auf dieser ein provisorischer Verkehr an den beiden südlichen
Perrons (Harburg-Kassel und Altenbeken) für alle Linien ein-

gerichtet, auch wurden die Güterzüge über die gleichfalls fertig-
gestellten Durchfahrtsgleise geleitet. Nunmehr konnte auch die
Erbauung der Nordhälfte erfolgen, während welcher noch die
provisorisch am Harburg-Kasseler Perron verkehrenden Kölner
Züge den Rangirbahnhof passiren mußsten, da sie nur mittels
einer Niveaukreuzung mit den Gütergleisen auf den bereits
hergestellten Damm nördlich vom Rangirbahnhofe hätten über-
führt werden können. Nach Fertigstellung der Nordhälfte im
Frühjahre 1881 konnte der definitive Betrieb der Station eingerichtet, und damit der Rangirbahnhof von den Personengleisen vollständig entlastet werden, so daſs die mittleren
Durchgangsgleise hinfort nur den Güterzügen dienen.

Beschreibung der einzelnen Bahnhöfe.

Der Rangirbahnhof ist eine, schon Ende der 60r Jahre
ausgeführte Anlage, welche daher den gegenwärtigen Anforderungen kaum mehr genügt. Besonders hinderlich ist die
Längsdurchschneidung durch Passagegleise, welche, wenn sie
auch jetzt nicht mehr, wie vor 1880, von Personenzügen durch-
fahren werden, doch für den Rangirbetrieb durch die fortwährenden Unterbrechungen beim Ein- und Ausfahren von
Güterzügen hinderlich sind. Es wird daher daran gedacht,
diese Passagegleise auf die Nordseite nach außen zu verlegen.
Uebrigens werden die beiden langgestreckten Gruppen von
beiden Enden her in gewohnter Weise zum Rangiren nach
Linien und Stationen benutzt; den Rangirdienst besorgen am
Ostende Lokomotiven, am Westende ist neuerdings ein steigendes
Auszieheglis mit horizontalem Plateau und kurzer Gegen-
steigung vor dem Ablaufgleise angelegt; die von Wunstorf
kommenden Güterzüge werden bereits in der Nähe der Nien-
burger Chaussee (4 Seite 210) aus den Personengleisen abgelenkt,
die nach Wunstorf gehenden benutzen ein unter dem Damme der
Personengleise unterführtes Gleis, um ohne Niveaukreuzung ihr
nördliches Hauptfahrgleis erreichen zu können. Unmittelbar
neben dieser Unterführung liegt eine zweite zweigleisige für
die aus dem Rangirbahnhofe kommenden Verbindungsgleise
mit dem Werkstättenbahnhofe. Weiter münden in das Ostende
die den Personenbahnhof passirenden Durchfahrtsgleise nach
Osten, welche sich ansteigend neben die Kölner Gleise legen,
und die Verbindungsgleise mit dem Güterbahnhofe (B) und dem
Produktenbahnhofe (C) ein.

Der Werkstättenbahnhof (nachstehender Situationsplan im
Maſsstabe 1 : 5250) ist nach obigem vom Rangirbahnhofe aus
zugänglich. Die Gesammtanlage besteht aus

1) den eigentlichen Werkstätten, welche jedoch nur für
   Reparaturen dienen;
2) den Anlagen für die Central-Materialien-Verwaltung;
3) Nebenanlagen, wie Büreaus, Speisehaus, Verwaltungs-
   gebäuden u. s. w.;
4) einer Arbeiterkolonie, welche bei einer Entfernung von
   5 km vom Personenbahnhofe zur Heranziehung älterer
   tüchtiger Arbeiter dringend nöthig erschien.

Im Gegensatze zu den meisten ähnlichen Anlagen sind hier
die Gebäude für verschiedene Zwecke möglicsht selbständig

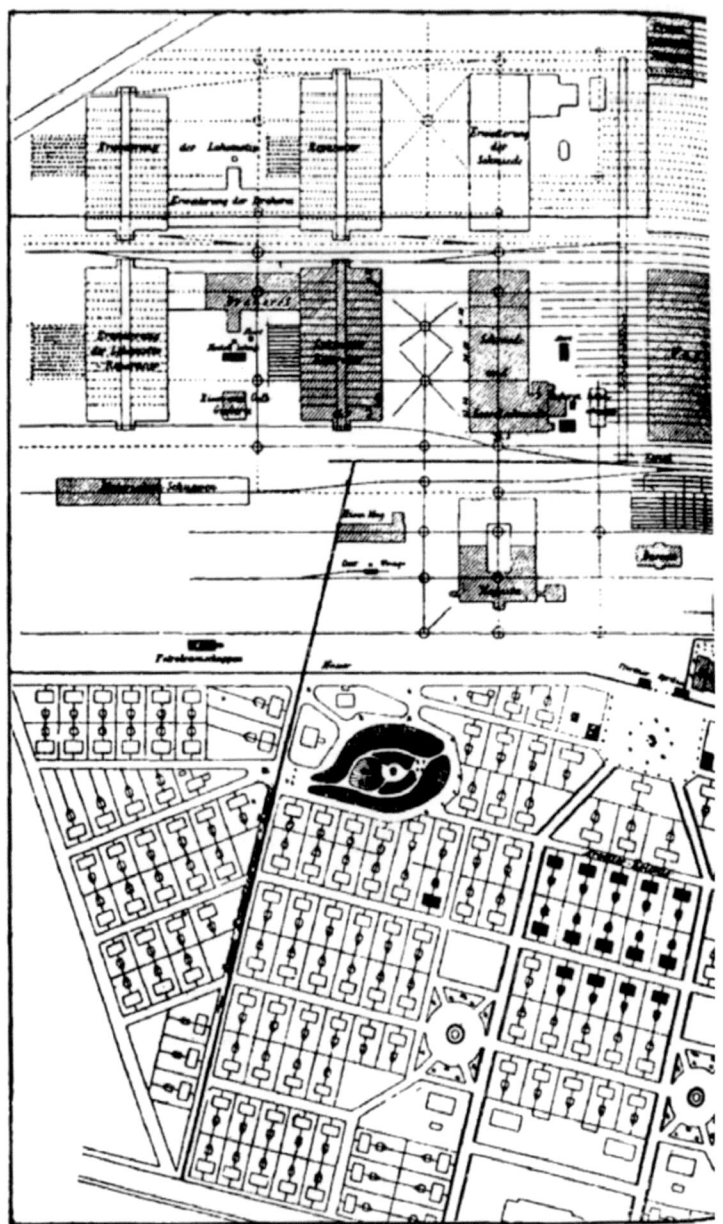

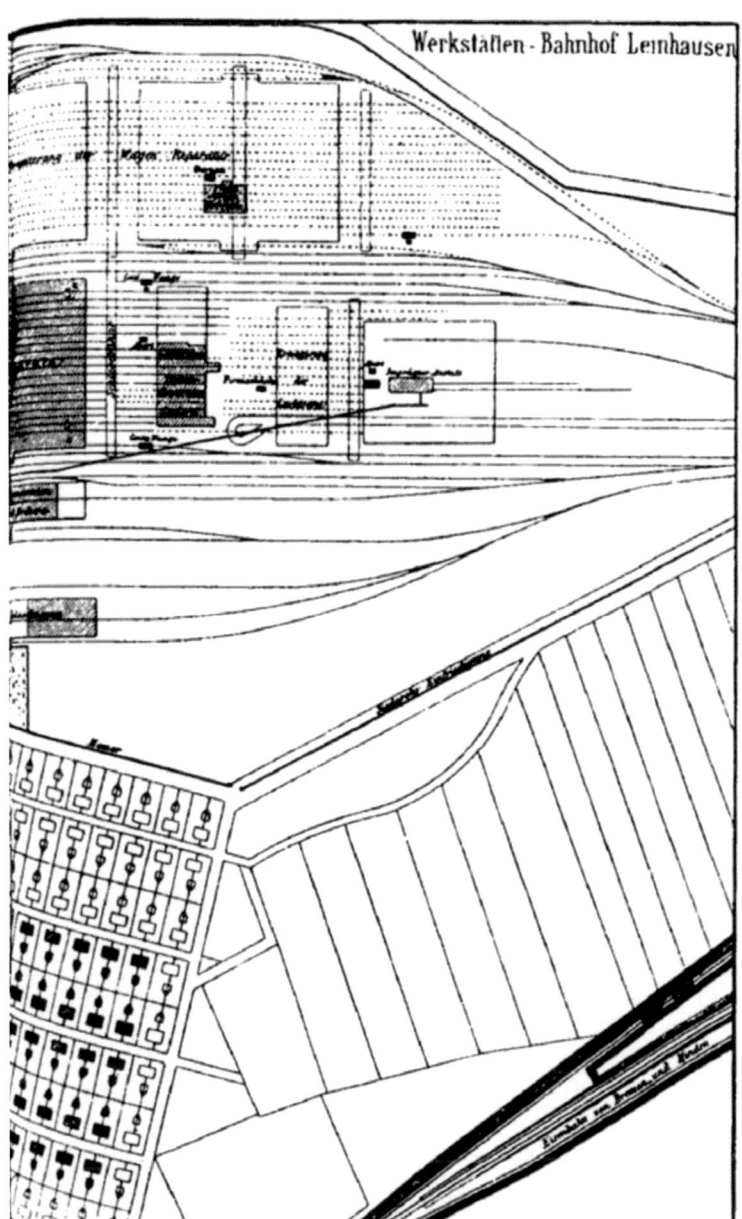

Werkstätten-Bahnhof Leinhausen

entwickelt, da man die freiere Erweiterungsfähigkeit für wichtiger hielt, als die Transportersparnifs, welche man durch enges An- und Ineinander-Rücken der Gebäude erzielen kann.

Die ganze Anlage der Werkstätten besteht aus zwei durch die beiden Hauptzugangsgleise getrennten nahezu völlig symmetrischen Hälften, von denen jedoch vorläufig nur die eine ausgeführt ist.

Die wesentlichen Theile einer solchen Hälfte sind folgende:
Die Wagenreparatur wurde auf 8 % von 2472 Personen- und 3 % von 12910 Güterwagenachsen, mit Rücksicht auf weitere Beschaffungen an Wagen und bei Unterbringung von $1/15$ der Achszahl in der Lakir-Werkstatt, also auf 580 Achsen berechnet. Sie hat 140 m Länge und 112,62 m Breite. Die Breite ist durch 9 Säulenreihen in 10 Felder getheilt, in deren jedem 3 Gleise, das mittlere zum Ein- und Ausbringen der Achse, liegen. Diese Gleise sind zugänglich durch 3 Schiebebühnen, von denen eine das Gebäude mitten durchsetzt, die beiden andern vor den Kopfseiten des Gebäudes liegen. Die Kosten des Gebäudes betrugen ausschliefslich der Gleisanlagen nach dem Anschlage 900000 M, also 55 M pro 1 qm Grundfläche. Die Ausführung erforderte 45 M.

Die Dachkonstruktion enthält 500000 kg Eisen, also 30,6 kg pro 1 qm Grundfläche, die stützenden Säulen enthalten 6,1 kg, die Wellblechdeckung 6,9 kg pro 1 qm.

Hinter der Wagenreparatur liegt die *Dreherei* und *Achsenrevisionsanlage*, projektirt mit 90 m Länge und 23 m Breite, zunächst nur 60 m larg ausgeführt. Die Verbindung mit der Wagenreparatur ist durch eine Drehscheibenstrafse in den Gleisen hergestellt, welche von der andern Seite durch die Schiebebühne der Wagenreparatur zugänglich sind. Das Dach besteht aus Holz mit Schieferdeckung auf gufseisernen Säulen. Die Kosten des Gebäudes betrugen pro 1 qm Grundfläche einschliefslich des Kesselhauses und Schornsteines 50 M, im Ganzen 84000 M.

In der Richtung der Hauptgleise reiht sich zunächst die *Schmiede mit Wasserstation* an die Wagenreparatur, ein Gebäude, welches bei rund 105 m Länge und 40 m Breite 14 Stück freistehende vierfache Essen mit das Dach unterstützenden eisernen Schloten und 14 doppelte Wandessen aufnimmt, vorläufig sind nur $4/5$ der Länge mit 10 von jeder Art der Essen erbaut. Die anschliefsende Kesselschmiede, welche $1/3$ des ganzen Baues einnehmen soll, hat vorläufig 2 Doppel-Wandessen. Das eiserne Dach der Schmiede wiegt, abgesehen von den Stützen und der Deckung, 27,8 kg pro 1 qm, die Stützen, welche die Krahnträger mit aufnehmen 13,4 kg pro 1 qm. Die Blecheindeckung wiegt 8,5 kg pr. 1 qm. An die Kesselschmiede schliefst sich ein Anbau, welcher im Erdgeschosse den Schweifsofen, Dampfkessel und Betriebsmaschine, im 1. Obergeschosse Magazinräume, im 2. ein Wasser-Reservoir von 144 cbm Inhalt enthält. Die Kosten des ausgeführten Theiles belaufen sich auf 44,7 M pro 1 qm, die des Anbaues mit Reservoir aber ohne Einrichtung auf 60000 M.

Den Hauptgleisen folgend, trifft man weiter auf die *Lokomotivreparatur* mit anschliefsender *Dreherei*. Letztere liegt in einem Mittelbau, erstere in 2 ausgedehnten Flügeln, doch

ist von dem ⌐ Grundrifs nur wenig über die Hälfte ausgeführt.
Es sind zu beiden Seiten der mittleren Schiebebühne im Flügel
16 Stände für je 2 Lokomotiven angeordnet, die für 25 %
des ganzen Parks von 250 Lokomotiven einschliefslich der
Tender ausreichen. Vor dem Kopf der Stände ist an den Wänden
Platz für Werkbänke gelassen. Bei 5,5 m Gleisentfernung ist
der Flügel 99 m lang und 54,5 m breit. Alle Stände sind mit
Gruben, 8 von ihnen mit einem Achskanale versehen. $^2/_{16}$ der
aus 5 Satteldächern über der Breite bestehenden Bedachung
sind Oberlicht; die Dachkonstruktion wiegt 27,1 kg, die Unterstützung, welche Krahnträger aufnimmt 14,6 kg, die Deckung
9,5 kg per 1 qm Grundfläche. Die Baukosten betrugen 52 ℳ
pro 1 qm Grundfläche.

Die Dreherei entspricht völlig der der Wagenreparatur
und kostete 48 ℳ pro 1 qm Grundfläche.

Die übrigen kleinern Baulichkeiten umfassen:

den Lackirschuppen mit Firnifsküche,
einen Reserve-Lokomotivschuppen,
ein Hauptmagazin mit Büreaugebäude,
einen Holzschuppen,
ein Eisenmagazin,
einen Materialienschuppen,
einen Kohlenschuppen,
einen Petroleumschuppen,
die Imprägniranstalt,
ein Speisehaus,
ein Badehaus,
Abortsanlagen,
Büreaugebäude,
die Einfriedigung mit Thorgebäuden.

An die Westseite schliefst sich die Arbeiter-Kolonie mit
Doppelwohnhäusern für je zwei Familien mit getrennten Ein-
gängen an; der Platz ist für 600 Wohnungen erworben, doch
sind zunächst nur 37 Häuser und 2 Vorarbeiter-Häuser erbaut.
Die Kosten eines Doppelhauses für Arbeiter betragen 9850 ℳ,
der Miethertrag beläuft sich auf 300 ℳ. Die Vorarbeiter-Häuser
haben 2 Wohnungen in 2 Geschossen und kosten 13 300 ℳ.

Eine besondere Schule für die Kolonie ist hergestellt.

Die Gesammtkosten der Anlage belaufen sich auf nahezu
5 Millionen ℳ bei 70 ha Fläche des Bahnhofes. Die Erdar-
beiten ergaben einen Abtrag von 500 000 cbm, der willkom-
menes Material für die Aufhöhung des Personenbahnhofes und
der Personengleise lieferte, und dessen Gewinnung mit zu der
Wahl dieses fern liegenden Terrains beitrug.

Der Produktenbahnhof, Seite 215, schliefst unmittelbar an
das Ostende des Rangirbahnhofes an. Da dieser zum Ordnen
der Züge für den Produktenbahnhof benutzt wird, so sind die
Gleisgruppen nur mit zwei Gleisen ohne Rückfahrtsgleis für
Maschinen ausgeführt und im Interesse gröfserer Beweglichkeit
der Züge kurz gehalten. Da von 430 000 t bewältigter Massen-
güter im Jahre 1877 120 000 t Kohlen waren, so besteht die Absicht, auf dem Terrain des alten Produktenbahnhofes an der Vahrenwalderstrafse einen besondern Kohlenbahnhof zu errichten.

Ein grofser Theil der Flächen dieses Bahnhofes ist an
Private zu Lagerplätzen pachtweise überlassen, auch schliefsen

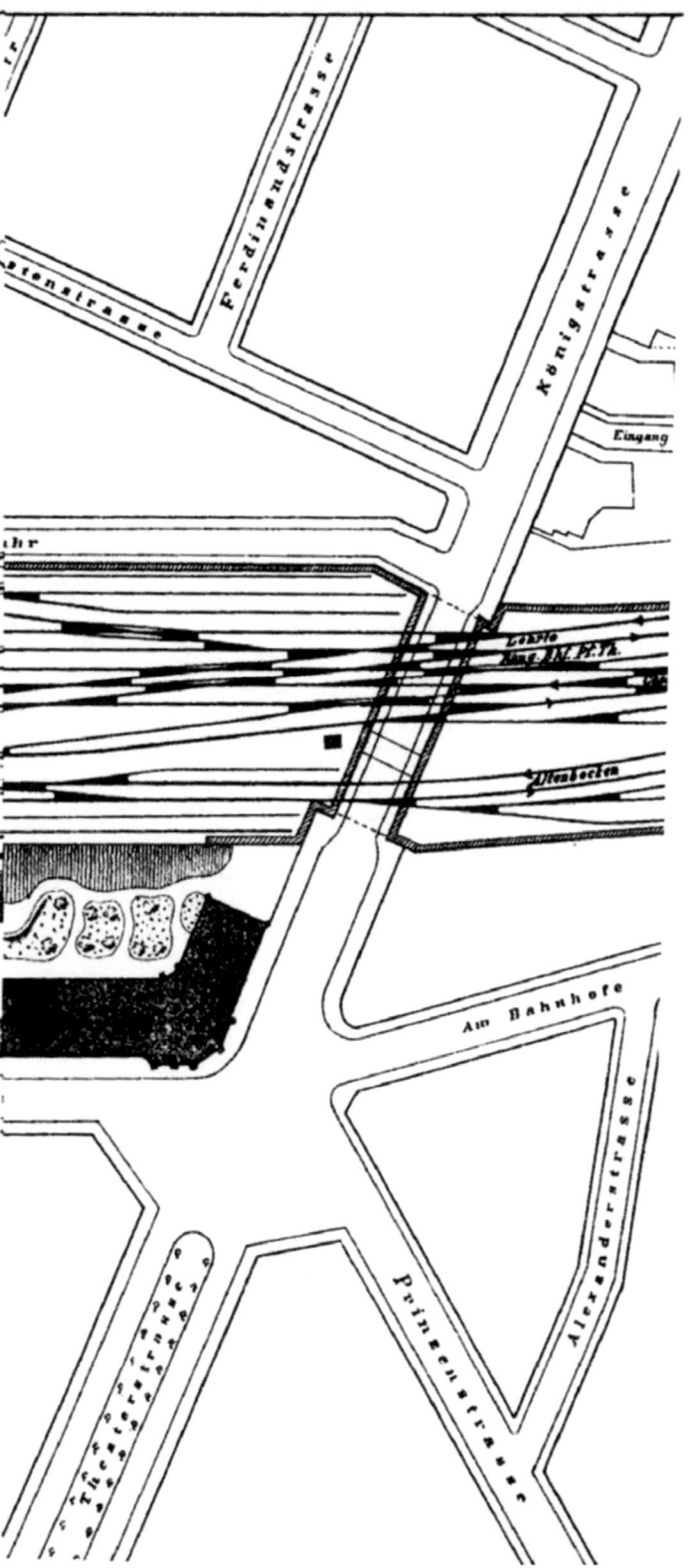

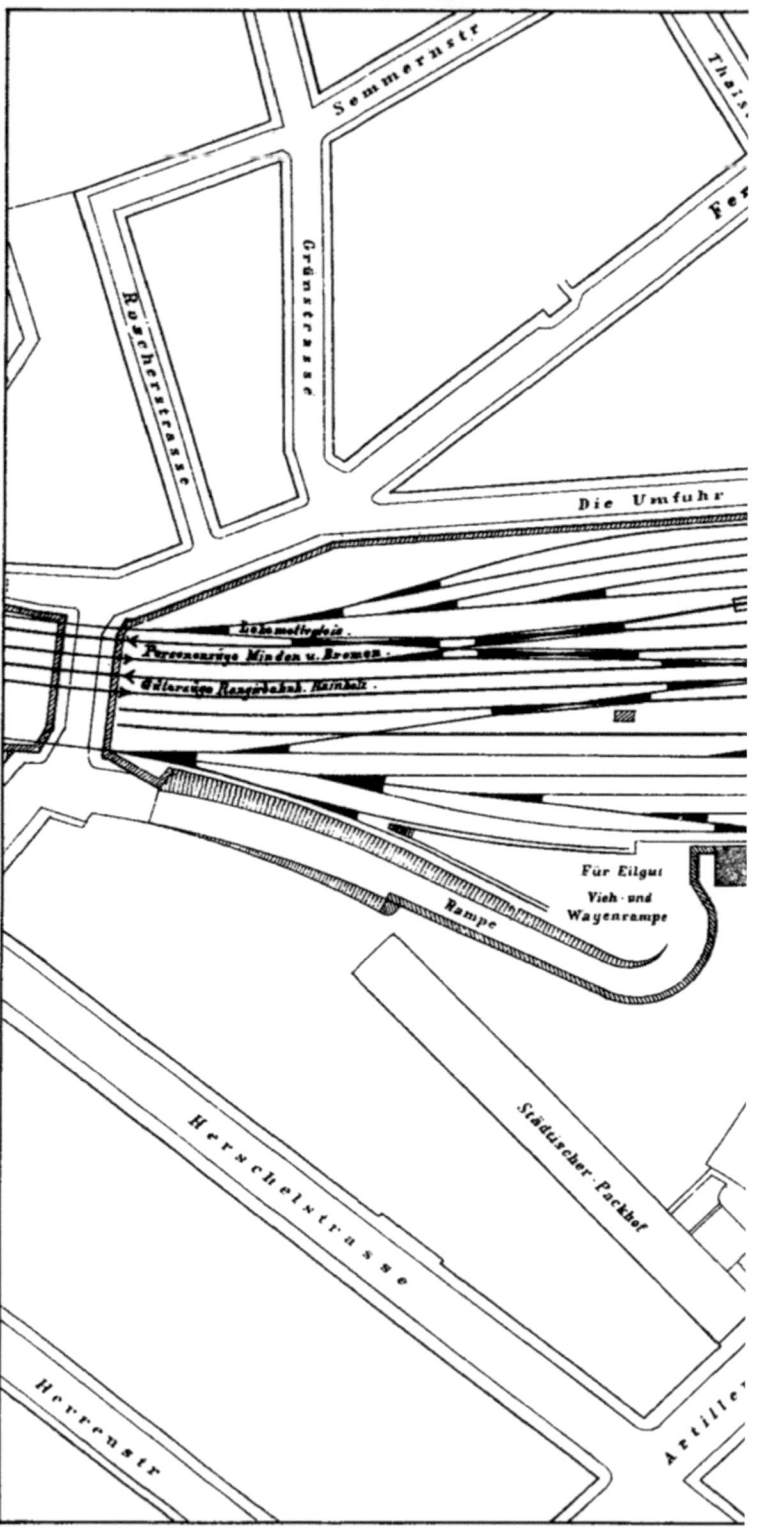

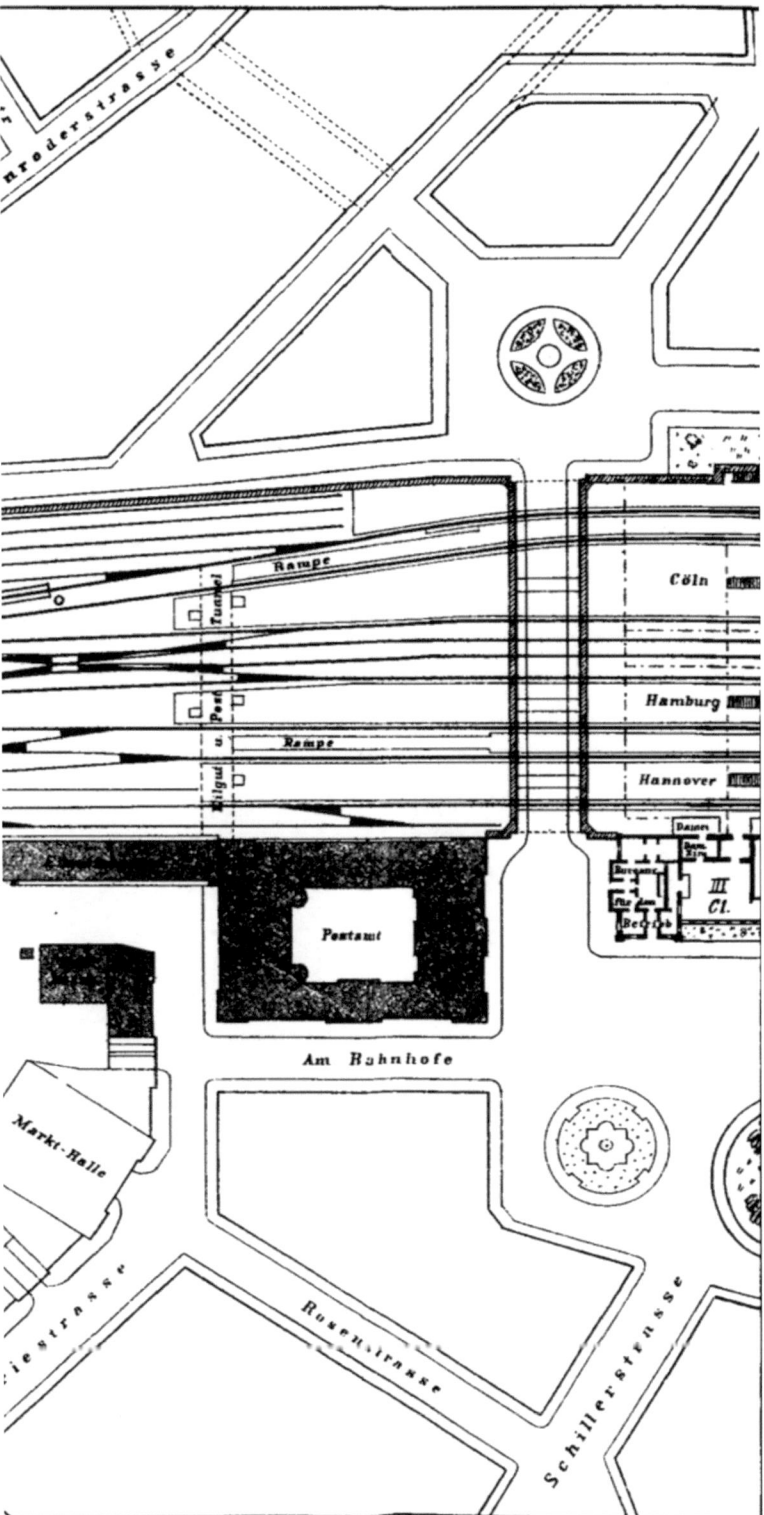

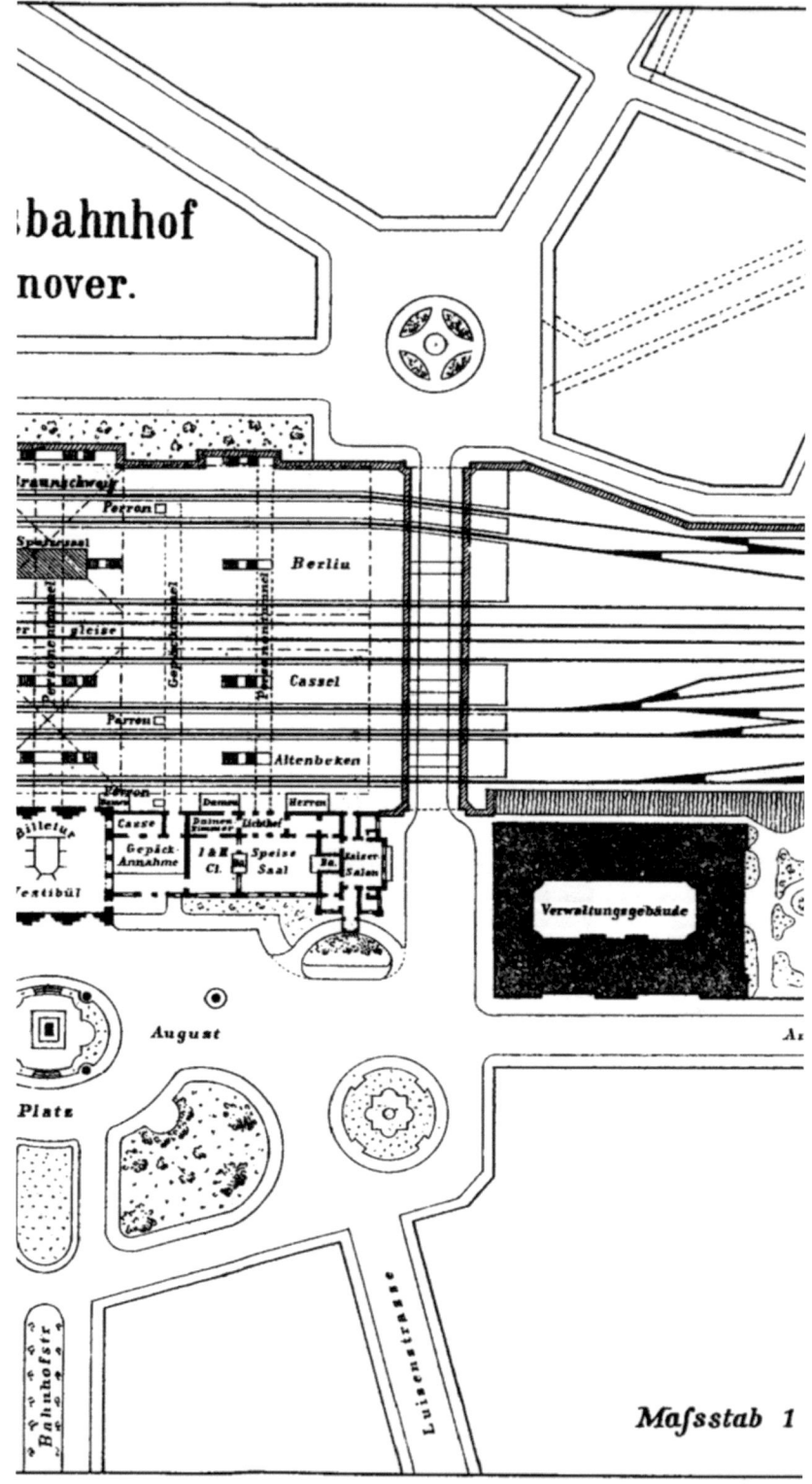

bahnhof
nover.

Braunschweig

Perron

Sparkassal

Berlin

Gleise

Cassel

Perron

Altenbeken

Billetur

Cassa

Gepäck-Annahme

Damen
Zimmer

I.&II.
Cl.

Lichthof

Speise
Saal

Herren

Kaiser-
Salon

Vestibül

August

Platz

Verwaltungsgebäude

A

Bahnhofstr.

Luisenstrasse

Mafsstab 1

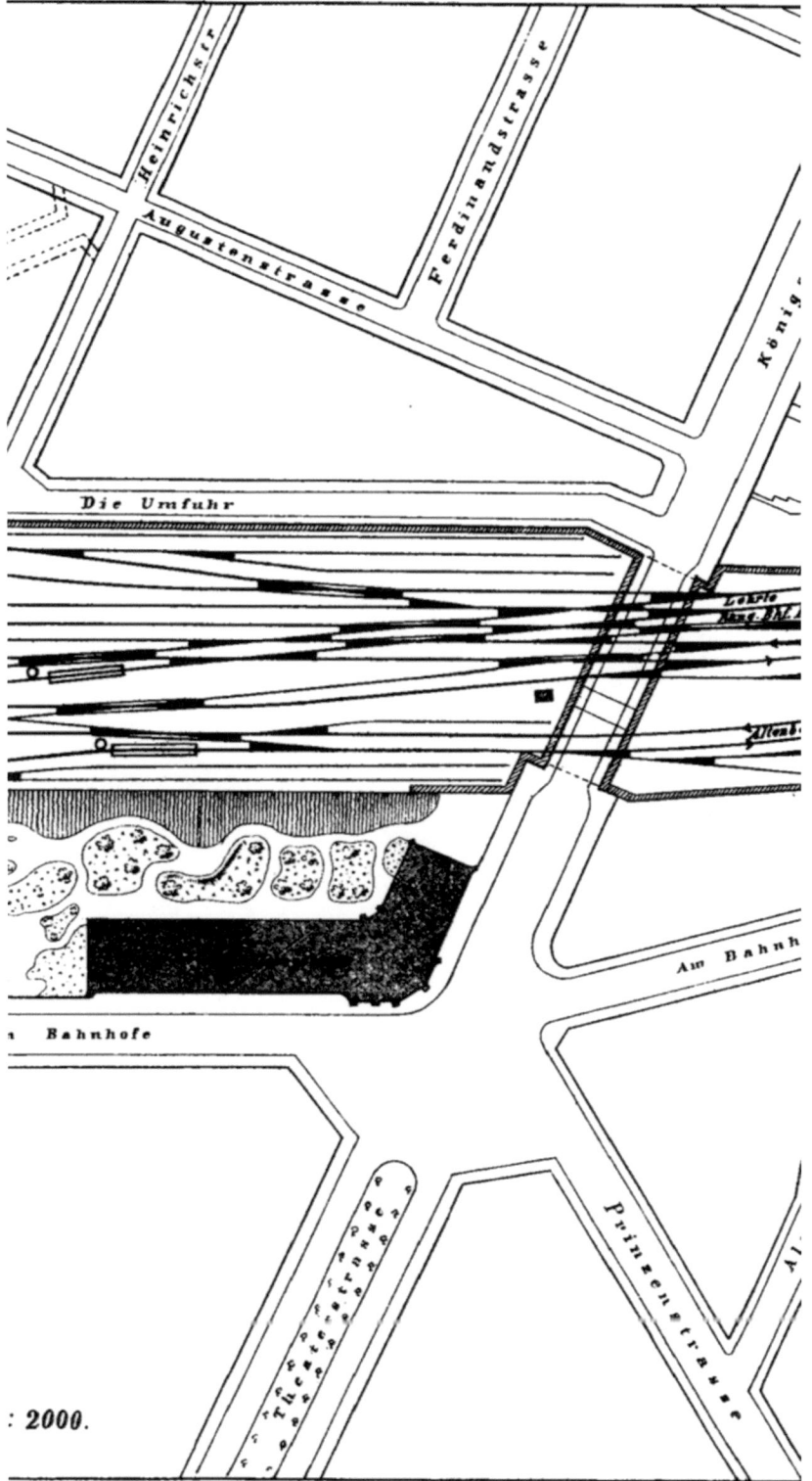

Heinrichstr

Ferdinandstrasse

Augustenstrasse

König.

Die Umfuhr

Leipz.
b. M.

Bahnhofe

Am Bahnh

Prinzenstrasse

: 2000.

Produktenbahnhof.

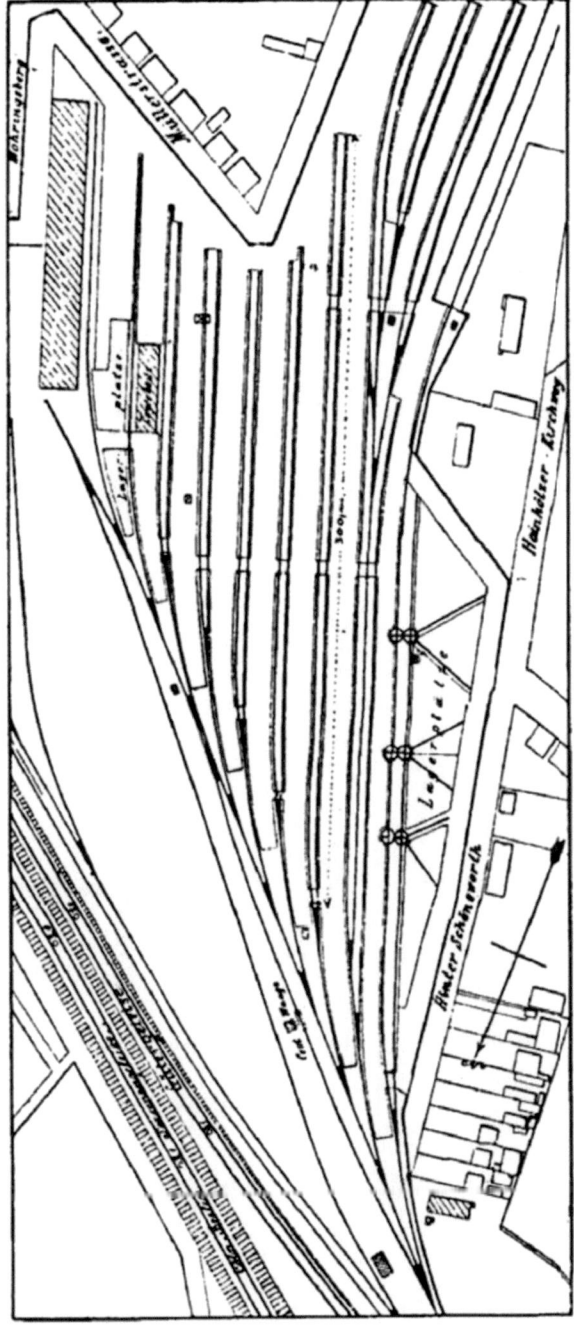

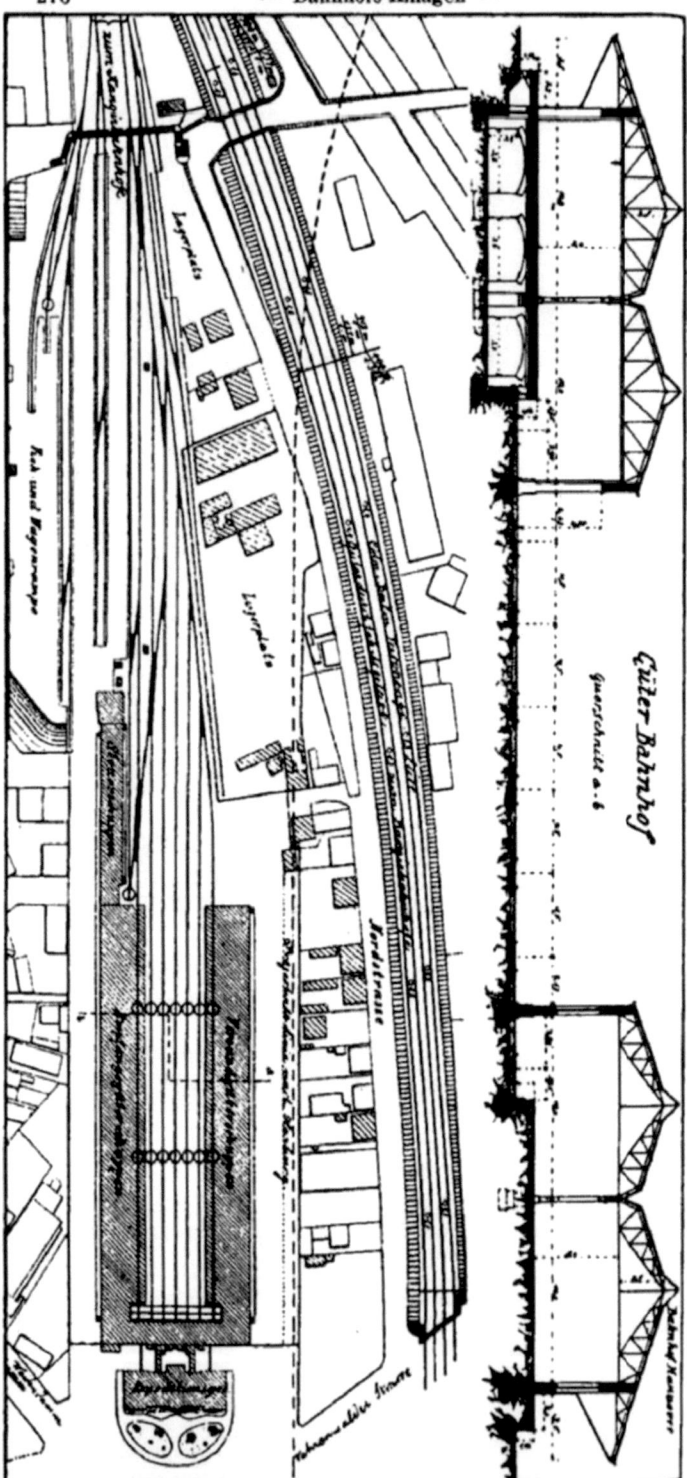

die Steinlagerplätze der städtischen und Provinzial-Verwaltung so an, dafs sie durch Gleise zugänglich sind.

Die Gesammtkosten des Produktenbahnhofes belaufen sich auf 1,5 Millionen *M.*

Zwischen dem Produktenbahnhofe und der Rampe der Güter-Durchfahrtsgleise liegen zwei Verbindungsgleise zum Güterbahnhofe, welcher sich an jenen direkt anschliefst, und somit gleichfalls von dem in nächster Nähe liegenden Rangirbahnhofe aus betrieben werden kann.

Der Güterbahnhof, Seite 216, weist zu beiden Seiten von fünf durch Weichen, zwei Drehscheibenstrafsen und am Ende durch eine Schiebebühne verbundenen Zufahrts- und Aufstellungsgleisen den Empfangs- und Versandschuppen auf. Beide sind durch einen Kopfbau verbunden, an den sich mittels zweier verdeckter Gänge das wegen der Feuersgefahr übrigens ganz selbstständig ausgebildete Expeditionsgebäude anschliefst. Beide Schuppen haben an der Strafsenseite ein überhängendes Dach und darunter den Aufsenperron für Strafsenfuhrwerk, an der Bahnseite ist dagegen noch je ein Gleis in die Umfassungsmauern hineingezogen, um die Verladung im gedeckten Raume und ohne Rücksicht auf Thore auf ganzer Perronlänge vornehmen zu können. Diese beiden Ladegleise sind nicht blos durch ihre Thore im Giebel der Schuppen zugänglich, sondern sie stehen mit beiden Drehscheibenstrafsen und der Schiebebühne gleichfalls durch seitliche Thore in Verbindung, welch letztere aber bei dem gegenwärtig geringen Verkehr kaum benutzt werden. Die Schuppen sind mit je zwei eisernen Dächern versehen, die Eindeckung besteht aus Wellblech auf hölzernen Pfetten, nur die beiden Firstpfetten tragen ein sattelförmiges Oberlicht, dessen Neigung steiler ist, als die der Dachfläche. Zwischen den beiden Dächern jedes Schuppens liegt eine tiefe Rinne mit Entwässerung durch die Säulen.

An den Empfangschuppen schliefst sich ein Steuerschuppen an; aufserdem ist eine ausgedehnte Vieh- und Wagenrampe mit Lang- und Kopf-Ladegleisen vorhanden. Uebrigens ist die ganze Anordnung derart getroffen, dafs beide Schuppen später allerdings unter Aufgabe einiger jetzt vorhandenen Freiladegleise auf das Doppelte verlängert werden können.

Der Personenbahnhof.

Das Stationsgebäude (siehe nachfolgenden Situationsplan) liegt auf der Südseite nach der Altstadt hin, etwas gegen den Ernst-August-Platz erhöht. Der Mittelbau enthält nur das 25 m/30 m grofse Vestibül, in welches ein Schaltergebäude mit drei Billetschaltern und einer Depeschen-Annahme frei eingebaut ist; in der Rückwand liegen 3 Thüren zu dem mittleren Zugangstunnel zu den Perrons. An diesen Mittelbau schliefsen niedrigere Seitenbauten an, vor denen der rechte die Gepäckannahme, und hinter dieser den vereinigten Warte- und Speisesaal I. und II. Klasse enthält, mit zusammen 38 m Länge und 14 m Tiefe. Den Abschlufs des rechten Seitenbaues bildet der Königspavillon mit besonderer Vorfahrt, über welchem noch ein niedriges zweites Stockwerk mit Sitzungssälen angelegt wurde.

Auf der linken Seite des Vestibüls ist zunächst die Ge-
päckausgabe, sodann Wartesäle III. und IV. Klasse angeordnet.
Der Abschluß ist durch ein zweistöckiges Gebäude für die
Stationsbüreaus gebildet.

Aus den Wartesälen II. und III. Klasse führen Personentunnels direkt zu den Perrons.

Die Tunnel sind ein wesentlicher Bestandtheil der ganzen
Anlage, und aus der Absicht entstanden, jedes Ueberschreiten
der Gleise seitens des Publikums zu vermeiden.

Im Ganzen sind 6 Tunnel (3 Personen-Tunnel und 2 Ge-
päck-Tunnel, aufserdem 1 Eilgut- und Post-Tunnel) vorhanden.

Die Personen-Tunnel unterfahren mit rund 87 m Länge
die ganze Breite der Station; an ihre vordern Mündungen
schliefsen sich Erweiterungen mit Retiraden an. Der mittlere
Tunnel hat 7 m Breite in zwei durch gufseiserne Säulen getrennten Hälften. Die in Form böhmischer Kappen in Ziegelrohbau hergestellte Ueberwölbung ist nur eine Verkleidung,
sie trägt nur die Perrons, nicht aber die Gleise. Da im
Ganzen von Schienenoberkante bis Tunnelsohle nur 4,0 m zur
Verfügung standen, so mufsten die Wölbungen sehr flach
werden, und hätten unter der starken Last der Gleise somit
aufserordentlich starke Seitenmauern bedingt. Es sind daher
über die Gewölbe Doppelträger von minimaler Höhe für jede
Schiene gelegt, welche aber nicht blos auf den Tunnelwänden,
sondern auch auf den Mittelsäulen ruhen. Die Säulen ragen
daher nach oben durch die Gewölbe hindurch, und tragen
auf ihren Kapitälen gufseiserne Kasten mit den Kämpfer-
flächen für die Gewölbegurtbögen, welche jedoch dem sie
durchdringenden Säulenschafte genügend Spielraum lassen, um
die unvermeidlichen Bewegungen und Erschütterungen der
Träger und Säulen für die gewölbte Decke unschädlich zu
machen. In den Tunnels sind kreisförmige Oberlichter mit
26 mm starkem Glase in Eisenrahmen in die Scheitel der
böhmischen Kappen gesetzt. Die Treppenlöcher sind auch
durch die Tunnelbreite offen gelassen, nur zwischen den
Treppen des Köln-Berliner Perrons wurde nicht allein die
Tunnelbreite, sondern auch eine Verlängerung der Treppen-
schläuche überwölbt, zum Zwecke der Aufstellung eines Speisesaales auf dem Perron. Die Treppen sind an diesem Tunnel
beiderseits angelegt.

Die von den Wartesälen ausgehenden seitlichen Personen-
tunnel haben eine Breite von 4 m ohne Mittelstützen. Die
Gleise ruhen auch hier auf eisernen Zwillingsträgern, die
Tunneldecke ist unter den Gleisen und Hauptperrons aus
durch Gurte getrennten Tonnengewölben, wischen den Gleisen
und unter den Gepäckperrons aus böhmischen Kappen mit
Kreisoberlichten hergestellt. Die Treppen sind einseitig nach
der Stationsmitte zu angeordnet. Sie führen in zwei Läufen
zu den Perrons hinauf und sind 2,5 m bis 3,25 m breit.

Die Gepäcktunnel, 4 m weit, gehen von der Gepäck-
Annahme und Ausgabe aus, reichen aber nur bis unter den
nördlichen Gepäckperron und haben unter den Gepäckperrons
seitliche Nischen, in denen die hydraulischen Aufzüge stehen.
Sie sind mit einer parabolischen Wölbung völlig geschlossen,
welche auch die Gleise zu tragen hat. Sie dienen zur Ver-

theilung des Gepäckes durch die Querrichtung der Station, während der Längstransport oben auf den Perrons vollzogen wird. Eine Kollision zwischen Personen und Gepäck ist somit vollständig vermieden.

Am Westende der Station liegt an der Stelle, wo das Postgebäude mit dem Eilgutschuppen zusammentrifft, ein fünfter mit Eisenkonstruktion überdeckter 7 m weiter Tunnel, welcher in erster Linie den Postverkehr, in geringerm Maße den Eilgut-Verkehr bewältigt. Für letztern sind nämlich vor dem Schuppen besondere Ladegleise vorhanden, zu denen die Güter mittels zweier hydraulischer Aufzüge größerer Dimension im Schuppen hinaufgehoben werden; in der Regel werden also die Eilgüter vor dem Schuppen verladen, und dann in die Züge eingestellt. Dieser Post- und Eilgut-Tunnel besitzt in den Hauptperrons den für den Gepäckverkehr angeordneten gleiche Aufzüge, auf die separaten Gepäcksperrons führen dagegen Rampen mit Steigung 1:12, um den auf kurze Zeiten konzentrirten Postverkehr von den Aufzügen unabhängig zu machen.

Die Perrons. Der Bahnhof hat 7 Perrons, wovon 4 für den Personen- nur 3 für den Gepäckverkehr bestimmt sind. Der Perron (a) für die Berlin-Kölner Züge wurde mit 19,5 m Breite zwischen Gleisemitten angelegt, um auf demselben Platz für die Anordnung eines Speisesaales mit Buffet (Eisenkonstruktion) zu finden, die zur Abkürzung des Aufenthaltes der Mittag-Schnellzüge, mit Rücksicht auf die große Entfernung der Restauration nicht zu umgehen war. Die 21 cm über Schienen-Oberkante liegenden Perrons werden durch Treppen von den beiden Seiten- und dem Mittel-Tunnel erreicht und sind mit Brunnen, Uhren und elektrischer Beleuchtung ausgestattet. Von einer Regelung der Verkehrsrichtung beim Zu- und Abgange auf den Perrons ist abgesehen; bislang haben sich keine Uebelstände aus diesem Umstande ergeben.

Die nur 7,0 m zwischen Gleisemitten breiten Gepäckperrons werden von den Gepäcktunnels aus durch die hydraulischen Aufzüge erreicht.

An den Perrons liegen 7 Gleise und zwar 2 für die Linie Altenbeken, 2 für Harburg-Kassel und Bremen, 2 für Berlin-Köln und 1 Lokalgleis für den östlichen Verkehr.

In der Mitte der Anlage gehen die beiden Gütergleise von und nach dem Rangirbahnhofe durch.

Die Perron-Ueberdachung besteht aus 2 vollständig getrennten Hallen von je 37 m Weite und 167,5 m Länge. Zwischen beiden Hallen ist ein offener Zwischenraum für 2 Gütergleise von 9,25 m Breite. An die Nordseite schliefsen sich noch 3 Ausbauten für die Tunneltreppen von 3,95 m Breite an, an der Südseite ist eine Verbindung der Halle mit dem Stationsgebäude durch einen 4,5 m breiten gedeckten Perron erreicht. Das Hallendach ruht auf steifen Blech-Bögen mit I Querschnitt von 40 cm Höhe, deren Schub durch Zugstangen aus Rundeisen von 6 cm Durchmesser aufgenommen wird. Die Bögen ruhen auf Säulen, so dafs der Angriff der Zugstange 6,78 m über Perron-Oberkante liegt; an jedem Bogen ist das nördliche Auflager fest, das südliche auf Rollen gelagert. Die Bögen tragen im Scheitel eine I Pfette, auf den Schenkeln je 10 L Pfetten von 15 cm Höhe.

Diese Längshallen werden vor dem Vestibül-Mittelbau durch eine gleich hohe 38,464 m weite Querhalle durchbrochen, deren Durchschneidung mit den Längshallen 2 nahezu quadratische kreuzgewölbeartige Vierungen bildet. Jede hat vier Bögen über den Rechteckseiten und 2 Diagonal-Gratbögen von rund 53,5 m Spannweite, zwischen welche sich kürzere den obern Theilen der normalen Bögen entsprechende flache Bögen einschiften. Diese Querhalle läuft auch über den Südperron am Stationsgebäude, über die Gütergleise und über den nördlichen Anbau für die letzten Treppen des Mittelperrons mit 91,95 m Länge fort, so dafs die 4 Hälften der beiden Längshallen gewissermafsen Flügel des Mittelbaues bilden. In diesen 4 Flügeln schliefsen je 9 normale Bindertheilungen von 6,73 m und eine Endtheilung von 3,95 m mit eingehängter Glasschürze an. Der Schlitz zwischen den Längshallen ist aufserdem in der Nähe der seitlichen Personentunnel mit Wellblech-Bogendächern überspannt, um die Tunneldecke vor Regen zu schützen. Die Eindeckung der Halle besteht aus Wellblech, welches auf den Pfetten direkt befestigt ist. In den 7 Feldern vom 3. bis zum 9. vom Hallenende her sind in den 4 Theilen der Längshallen je 35 sattelförmige Oberlichter von 1,346 m Breite auf die 8 mittleren Pfettentheilungen aufgesetzt, deren Kehlenrinnen auf den Pfetten ruhen, und zugleich die kreisförmig gebogenen Träger der Oberlichter bilden. Auch die obern Theile der beiden Vierungen sind in der entsprechenden Breite mit solchen Satteloberlichtern versehen. Die Sattelform der Oberlichter, welche für die Eisenkonstruktion die unbequemere ist, wurde der flachen Anordnung mit Rücksicht auf bessere Reinhaltung, gröfsere Haltbarkeit unter Hagelschlag, leichtere Dichtung gegen Schlagregen und mindere Verdunkelung durch Schnee gewählt.

Die Entwässerung geht durch die auf besondern Fundamentpfeilern im Damme, resp. auf der nördlichen Futtermauer des Dammes stehenden Säulen.

An der freien Nordseite der nördlichen Halle ist eine Glaswand mit Eisengerippe zwischen die Säulen gesetzt, während die Hallen nach den Gütergleisen hin ganz offen sind.

Die ganze überdeckte Fläche beträgt ausschliefslich der kleinen Wellblechbögen über den Gütergleisen 13880 qm. Die Oberlichtfläche verhält sich mit 3900 qm Grundfläche hierzu wie 1 : 3,6. Das gesammte Eisengewicht beträgt 90 kg pro 1 qm Grundfläche.

Der gegenwärtige Zustand des Bahnhofes entspricht jedoch dem vorher geschilderten Projekte nicht ganz, weil vorläufig der Bau der Linie nach Harburg und der Verbindung Verden-Hudemühlen nicht zur Ausführung kamen; die Möglichkeit der Herstellung des volltändigen Projektes ist jedoch nach allen Richtungen gewahrt.

Die Harburger Güterzüge gelangen gegenwärtig mittels der Güterdurchfahrtsgleise und die Verbindung 2 (S. 210) in die Hauptgleise nach Lehrte, um die alte Hamburger Linie zu benutzen. Die Güterzüge der Altenbekener Bahn gehen nicht durch das Güterdurchfahrtsgleis nach dem Rangirbahnhofe Pferde-

thurm (F) und von dort durch die gegenwärtig nicht ausgebaute
Verbindungskurve in die Außenlinie, sondern sie fahren, da die
südlich von den Gütergleisen liegende neue Personenlinie Harburg eben noch fehlt, am Westende des Bahnhofes durch die
Verbindung 6, ohne Niveaukreuzung hervorzurufen, in das Altenbekener Personen-Ankunftsgleis und aus diesem direkt in die
Altenbekener Hauptgleise. Nach Ausbau der Harburger Linie
würde dieser Betrieb nur mittels Niveaukreuzung aufrecht
erhalten werden können.

Auf die Personenstation ist der provisorische Betrieb in-
sofern von Einfluß, als das Altenbekener Ankunftsgleis als
Güterdurchfahrtsgleis mit benutzt wird, und der Verkehr Ham-
burg-Kassel über Lehrte bedingt, daß der entsprechende
Perron (s. Situationsplan und b Seite 210) nicht als Durchgangsperron, sondern als Kopfperron betrieben wird; da er aber
gleichzeitig den über Wunstorf in den Kölner Gleisen kommenden Bremer Verkehr aufzunehmen hat, so wird jetzt meist
das rechte Gleis zur An- und Abfahrt nach Hamburg und Kassel,
das linke mit Hülfe der Verbindung 7 (S. 210) zur Ueberfüh-
rung in die Kölner Gleise zur An- und Abfahrt nach Bremen
benutzt. Die auf der Strecke nach Lehrte verkehrenden Hamburger Züge müssen die Verbindung 1 zum Uebergange an
diesen Perron benutzen. Sowohl die Verbindung 7 wie 1 bedingt aber eine Kreuzung zwischen Personen- und Güterzügen,
sie heben also das Prinzip der Unabhängigkeit der Hauptlinien und Verkehrsarten von einander zum Theil auf.

Für den Betrieb der hydraulischen Aufzüge wie der elek-
trischen Beleuchtung des Bahnhofes ist südlich vom Eilgutschuppen am Ostende des Bahnhofes ein besonderes Maschinenhaus mit Akkumulatoren erbaut.

Nach Osten schließt sich an den Eilgutschuppen die Rampe
für Luxus-Fuhrwerke, Leichentransporte und Pferde, welche
durch die Gleisanlagen für Eilgut mit betrieben wird.

Der Bahnkörper. Der Körper des Bahndammes, welcher zur
Höherlegung des Bahnhofes auf rund 8 km Länge erforderlich

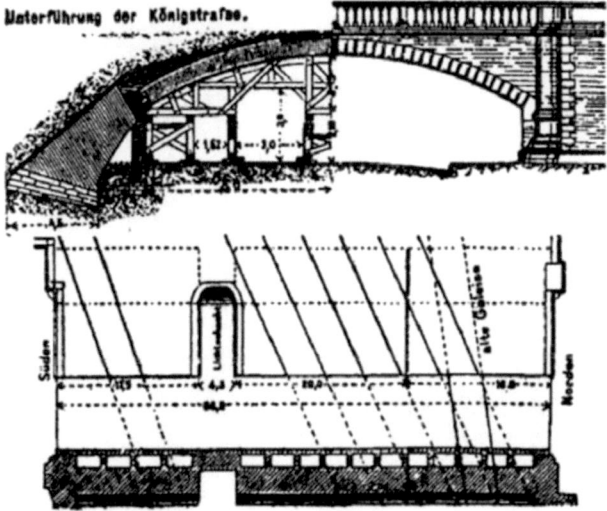

wurde, besteht durchweg aus einfacher Sandschüttung, welche nur innerhalb der wichtigern Stadttheile mit 8000 m langen Futtermauern, sonst durch Böschung begrenzt ist. Naturgemäfs wurde auf dieser Länge für die Strafsen eine gröfsere Zahl (17) von Unterführungen nöthig.

Drei Unterführungen sind gewölbt: nämlich die beiden Unterführungen an den Enden des Stationsgebäudes und die Königstrafsen-Unterführung.

Drei Unterführungen haben schmiedeeiserne Bögen erhalten: Cellerstrafse, Schiffgraben und Misburgerdamm.

Eine Unterführung (Vahrenwalderstrafse) hat Halbparabelträger.

Vierzehn Unterführungen sind mit Blechbalken versehen.

Es mufs hier besonders darauf hingewiesen werden, wie durch die von der Stadt verlangten, und zum Theil von ihr bezahlten, früher als Niveauübergänge nicht vorhandenen beiden Unterführungen unmittelbar neben dem Stationsgebäude am Ernst-August-Platz den ausgedehnten neueren Stadttheilen nördlich von der Bahn erst eine gedeihliche Weiterentwickelung eröffnet ist; diese Theile entbehrten vor dem Umbau auf 750 m Länge jeglicher Verbindung mit den älteren Stadtvierteln.

Von den Bauwerken des Dammkörpers sind zunächst die gewölbten Unterführungen bemerkenswerth, von denen die der

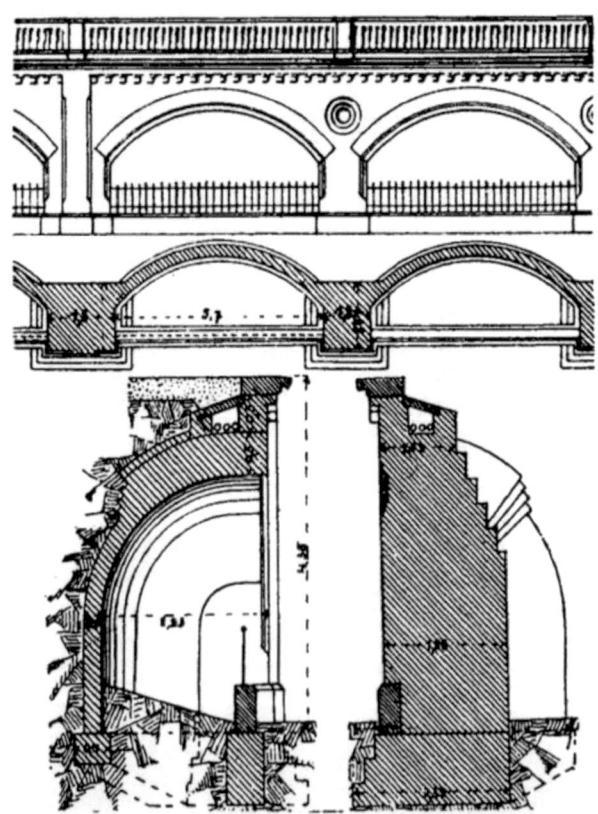

Königstraße S. 221 dargestellt ist. Der Pfeil mußte wegen der geringen Konstruktionshöhe sehr flach gewählt werden, daher auch Druckwiderlager zur Anwendung kamen, die gegen die Straße eine Verkleidungsmauer erhielten.

Eine eigenthümliche Anordnung zeigen die vorstehend skizzirten Stützmauern, welche aus zwischen Strebepfeiler gesetzten Viertelellipsoiden mit anschließenden vertikalen Cylindergewölben bestehen.

Kostenangaben. Die Kosten für den Personenbahnhof betrugen rund 12,7 Millionen Mark, die der gesammten Anlage rund 22,5 Millionen Mark.

An Einzelpreisen mögen noch folgende angeführt werden:

1 lfd. m der 4,5 m hohen Futtermauer . . . . . 200 $\mathcal{M}$

1 lfd. m der Personentunnel im Durchschnitt . . 847 $\mathcal{M}$

1 lfd. m der Gepäcktunnel . . . . 374 $\mathcal{M}$

1 qm der Hallenkonstruktion . . . . 40,8 $\mathcal{M}$

Das Projekt wurde vom Geheimen Ober-Baurath Grüttefien und Ober-Baurath Geheimen Regierungs-Rath Durlach aufgestellt.

Die Leitung der Ausführung war dem Bau-Inspektor Blanck, sowie den Abtheilungs-Baumeistern Claudius, Schwering und Seeliger, und bezüglich des Entwurfs und der Ausführung des Stationsgebäudes dem Abtheilungs-Baumeister Stier übertragen.

2.

Wasserleitung und Kanalisation.

Bearbeitet vom Regierungs-Bauführer Karl Kiel.

Wasserversorgung.

Einleitung. Geschichtliches. Die Stadt Hannover besitzt
schon lange eine Wasserleitung, welche ihr Wasser direkt aus
der Leine erhält, das mit Hülfe der durch Aufstauung dieses
Flusses gewonnenen Kraft direkt ins Rohrnetz gedrückt wird.
Sie kann pro Tag 5000 cbm Wasser liefern, das jedoch nur zum
Sprengen der Strafsen, Spülen der Rinnsteine und zu Feuer-
löschzwecken benutzt wird. Das Bedürfnifs einer ausreichen-
den, auch für den Hausgebrauch geeigneten Wasserleitung
führte in den Jahren 1871—1874 zu umfangreichen Vorarbeiten
unter Leitung des Baurath Hagen, welche das Ergebnifs hatten,
dafs eine Entnahme aus dem Grundwasser des Leinethals den
Vorzug vor allen übrigen in Frage kommenden Methoden (Fil-
tration von Leinewasser, Leitung vom Deister oder vom Harz)
verdiene. Die Ergiebigkeit des Grundwasserstroms wurde durch
ein vier- bis sechswöchentliches ununterbrochenes Pumpen aus
zwei zusammen 100 m langen Versuchsgräben mit einer täglichen durchschnittlichen Förderung von über 5000 cbm ausreichend nachgewiesen, da sich hierbei eine Absenkung des
Grundwasserspiegels in den Gräben von nur 1,0 m zeigte, während auf 120 m Entfernung eine Veränderung nicht mehr zu
bemerken war.

Nach kommissioneller Besichtigung der hervorragendsten
Wasserwerke Deutschlands beschlossen die städtischen Behörden am 1. Juli 1875 die Ausführung des Werkes auf Rechnung
der Stadt.

Die Ausführung erfolgte in der Zeit von September 1876
bis November 1878 unter Leitung des Stadtbaurathes Berg durch
den Oberingenieur Hemme, den Stadtbau-Inspektor Wilsdorff
(Hochbauwesen) und den Ingenieur Halbertsma (Maschinen).

Die **Leistungsfähigkeit** des neuen Werkes bei Annahme
einer Bevölkerungszahl von 200 000 Köpfen wurde zu 25 000 cbm
pro 24 Stunden festgesetzt. Vorläufig sind Maschinen nur für
15 000 cbm Tageslieferung unter Annahme einer Bevölkerungs-
ziffer von 140 000 Einwohner beschafft. Der Tageskonsum
kann sohin ohne bezw. mit Hinzurechnung der Eingangs erwähnten 5000 cbm Leinewasser pro Kopf vorläufig 107 bezw.
140 l, später 125 bezw. 150 l betragen.

Die **Wassergewinnung** erfolgt im Leinethale oberhalb der Stadt beim Dorfe Ricklingen. In einer 5 bis 6 m mächtigen Kiesschicht, welche auf einer undurchlässigen Lehm- und Thonschicht lagert, bewegt sich ein mächtiger Grundwasserstrom dem Leinebett zu (Temperatur konst. 9 bis 10°C., Härte 15,7°, bleibende Härte 5°). Derselbe wird durch einen 918 m langen Strang von 800 mm weiten geschlitzten gußeisernen Röhren, welche mit ihrer Oberkante 3,0 m unter dem Grundwasserspiegel liegen, gefaßt und dem Hauptbrunnen zugeführt. Drei eingeschaltete, in der Sohle ausbetonirte, unten gußeiserne, oben massive Brunnen von 2 m Durchmesser ermöglichen die Revision, und durch Schützvorrichtungen, womit in der oberhalb liegenden Strecke ein Aufstau erzeugt werden kann, eine streckenweise Spülung des Stranges. Da diese Brunnen im Ueberschwemmungsgebiet der Leine liegen, so wurden sie mit ihrer Oberkante 0,8 m über größtes Hochwasser geführt und über Terrain mit einem Erdkegel umschüttet. Eine weitere Erhöhung mußte noch nachträglich erfolgen, da dieselben im März 1881 durch ein vorher nicht bekanntes Hochwasser noch um 0,5 m überfluthet wurden.

Die *Wassergeschwindigkeit* in den Schlitzen des Sammelrohres berechnet sich zu 2,4 mm, im Rohrstrange selbst bei seinem Eintritt in den Hauptbrunnen zu 0,35 m pro Sekunde bei 15 000 cbm Wasserentnahme.

Der *Hauptbrunnen* (s. folgende Grundrißskizze) in unmittelbarer Nähe der Maschinenstation hat oben bei einem lichten Durchmesser von 6,0 m 64 cm Wandstärke; im untern Theile beträgt dieselbe 77 cm bei einer Zunahme der Lichtweite auf 6,4 m. Die lichte Höhe oberhalb des 2,5 m starken Betonbetts beträgt 9,65 m, die Wasserhöhe bei mittlerem Wasserstande 4,6 m. Der Brunnenkranz ist aus 6 Lagen 10 cm starker Buchenholzbohlen und einem 10 cm breiten, 1,8 cm starken schmiedeeisernen Ring zusammengesetzt und durch 6,4 m lange Anker mit dem Mauerwerk verbunden. Auf der 2,5 m starken Betonsohle befindet sich eine 1,4 m hohe Quermauer zwischen der Mündung des Sammelrohres und den Saugrohren, um die aus ersterem eingeführten Sandtheilchen von letzteren möglichst zurückzuhalten.

Die **Wasserhebung** in das Hochreservoir auf dem Lindener Berg erfolgt in der unmittelbar bei den Sammelrohren liegenden *Maschinenstation.*

Maschinelle Anlagen. *Allgemeines.* Die in 22 Stunden zu leistende Maximalarbeit besteht in der Hebung von 25 000 cbm auf eine Maximalförderhöhe von 48,26 m. Dazu kommt die Widerstandshöhe in den beiden 2,3 km langen, 600 mm weiten Steigrohren mit 2,25 m, so daß die dynamische Förderhöhe 50,5 m beträgt. Falls (bei Reparaturen) nur ein Steigrohr benutzt wird, beträgt die Widerstandshöhe 7,78 m, also die dynamische Förderhöhe 56,0 m. Erstere ist für die Berechnung der Leistungsfähigkeit der Maschinen, letztere (durch vermehrte Dampfadmission zu erreichen) für die Stärkebestimmung der Maschinentheile zu Grunde gelegt.

Danach ergiebt sich die Nutzleistung der Pumpen zu 212,5 Pferdestärken. Rechnet man 8% Volumverlust in den Pumpen

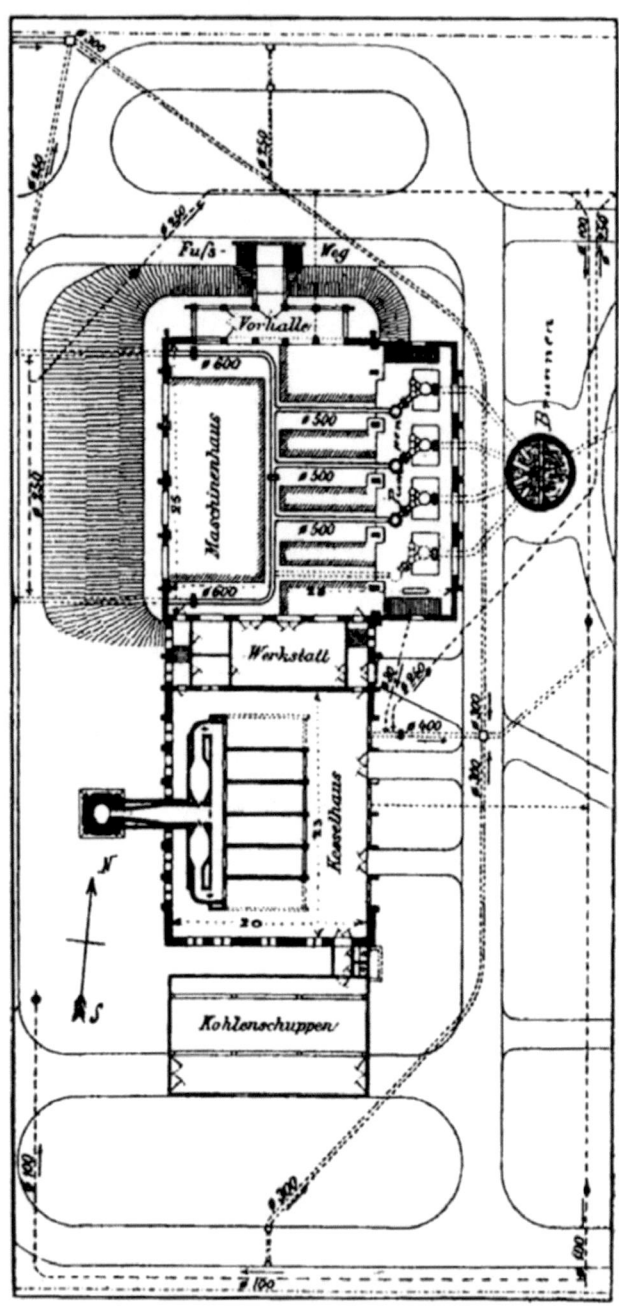

und 8% Effektverlust in Pumpen und Saugleitung, also den
Nutzeffekt der Pumpen mit 85 %, so ergiebt sich die Leistung
der Dampfmaschinen zu 250 Pferdestärken, welche auf drei

von einander unabhängige Maschinen mit Pumpe zu je 83$^1/_3$ Pferdestärken vertheilt ist. Vorläufig sind deren zwei und eine dritte als Reserve ausgeführt.

Da die der leichtern Revision wegen horizontal angeordneten Dampfmaschinen über Hochwasser, die vertikalen Pumpen dagegen zur Verminderung der Saughöhe möglichst tief gelagert werden mufsten, so ergab sich ein Höhenabstand von 5,6 m von Maschinenmitte bis Pumpenmitte. Die Uebertragung der Kraft erfolgt durch einen Winkelhebel, welcher zugleich die Luft- und Kaltwasserpumpe, sowie die Luftkompressionspumpe (zur Ergänzung der Luft im Windkessel) treibt.

Die normale Hubzahl beträgt 24 pro Minute.

Die *Pumpen* sind doppelwirkend, haben 500 mm Durchmesser und 750 mm Hub. Jedes der zwei Ventilgehäuse hat einen kleinen gufseisernen, aufserdem jede Pumpe einen 5 m hohen, 1,1 m Durchmesser haltenden schmiedeeisernen Druckwindkessel mit Manometer und Wasserstandsglas, ferner jede Pumpe einen 925 mm weiten, 1,8 m hohen Saugwindkessel mit Quecksilber-Vakuummeter und Wasserstandsglas. In die Saugleitung ist ferner ein Rückschlagventil und Absperrschieber, in die Druckleitung vor dem Hauptwindkessel ein Absperrschieber eingeschaltet.

Die Saughöhe bis Mitte Pumpe beträgt bei niedrigstem Wasserstande im Hauptbrunnen 5,6 m, im Mittel 2,8 m.

Von jeder Pumpe führt eine 500 mm weite Saugleitung in den Hauptbrunnen, während die 500 mm weite Druckleitung sich an ein quer unter den Maschinen liegendes, 600 mm weites Rohr anschliefst, welches sich an beiden Enden als Steigrohr zum Hochreservoir fortsetzt. Die Wasserstände sind dem Maschinisten durch zwei im Maschinenhause befindliche Wasserstandszeiger sichtbar gemacht, deren einer mit einem Schwimmer des Hauptbrunnens in Verbindung steht, während der andere elektrisch mit dem Hochreservoir verbunden ist.

Die horizontalen Woolf'schen *Dampfmaschinen* arbeiten mit Kondensation. Hoch- und Niederdruckcylinder, ersterer von 530 mm, letzterer von 930 mm Durchmesser und mit 1400 mm Hub, sind hinter einander auf gemeinschaftlichem Rahmen gelagert. Die durchgehende, aus einem Stücke bestehende gufsstählerne Kolbenstange ist in ihren beiderseitigen Verlängerungen durch Kreuzköpfe und Traversen auf Leitbahnen geführt. Der eine der Kreuzköpfe überträgt die Bewegung auf das Schwungrad von 6 m Durchmesser und 12 t Gewicht, der andere auf den Winkelhebel.

Die Dampfvertheilung erfolgt durch Doppelsitzventile, von denen die Eingangsventile des Hochdruckcylinders durch eine Präzisionssteuerung, die übrigen durch Daumen von einer mit der Schwungradwelle durch konische Räder verbundenen Steuerwelle aus bewegt werden. Die Präzisionssteuerung gestattet eine Veränderung des Füllungsgrades im kleinen Cylinder zwischen 0 und 65 %. Normal beträgt derselbe 12$^1/_2$—13%. Der Ueberdruck im Kessel beträgt 5 Atm., das Vakuum in der Luftpumpe bis 700 mm Quecksilbersäule.

Das Verbindungsrohr zwischen Hoch- und Niederdruckcylinder, sowie letzterer sind mit Dampfmänteln versehen.

Von 6 vorgesehenen *Dampfkesseln* mit 8 m Länge und 2,14 m Durchmesser, sind vorläufig 4 ausgeführt (davon 1 als Reserve). Die beiden Flammrohre haben 840 mm Durchmesser, verengen sich jedoch hinten auf 780 mm. Die Heizfläche beträgt 60 qm, d. i. 1,2 qm pro Pferdestärke, die Rostfläche 3 qm.

Der Dampf wird Dampfsammlern zugeführt, deren einer für jede Hälfte der Kesselanlage vorhanden ist. Dieselben bestehen aus je einem liegenden schmiedeeisernen Cylinder von 0,7 m Durchmesser und 7,5 m Länge, welcher quer zur Kesselrichtung über dem Rauchkanal eingemauert ist.

Die Speisung der Kessel erfolgt durch 2 im Kesselhause aufgestellte doppelwirkende Dampfpumpen, welche ihr Wasser entweder direkt oder durch Vorwärmer (Green'sche Economiser) in die Kessel drücken. Letztere bestehen für jede Hälfte der Kesselanlage aus 9 (vorläufig 6) Systemen von je 16 vertikalen gußeisernen Röhren von etwa gleicher Gesammtheizfläche wie die Kessel bestehen.

Die Dampfpumpen entnehmen ihr Wasser aus dem Warmwasserbassin, einem unter der Sohle des Kesselraums liegenden Behälter, welcher das Ausgußwasser der Luftpumpen aufnimmt. Ausnahmsweise ist auch eine Füllung des Kessels oder des Warmwasserbassins vom Hauptsteigrohr aus möglich.

Beide stehen ferner mit dem Hauptabflußrohr von 400 mm Durchmesser in Verbindung, um sie entleeren bezw. das überflüssige Ausgußwasser der Luftpumpe abführen zu können. Eine von dem Dunstrohr des Warmwasserbassins in genügender Höhe abzweigende Leitung von 250 mm Durchmesser tritt als Abwässerungsrohr in Wirksamkeit, wenn bei außergewöhnlichem Hochwasser das tiefer liegende Hauptabflußrohr geschlossen werden muß.

Bauliche Anlagen. *Maschinen- und Pumpenhaus* Der Höhenunterschied der Fußböden führte zur Trennung des Maschinen- und Pumpenraumes durch eine durchbrochene Wand. Die gemeinsame Achstheilung beider ergab sich durch die Entfernung der Maschinen zu 5,0 m, so daß, einschließlich einer Verlängerung von 2,5 m auf jeder Seite für Treppen, die Länge beider 25,0 m beträgt. Die lichte Weite des Maschinenhauses beträgt 20,24 m, die des Pumpenhauses 7,45 m. Da bei der Fundirung des Pumpenhauses mit Rücksicht auf die tiefe Lage Wasserdichtigkeit zu erstreben war, so wurde zuerst unter Wasserhaltung der Boden bis 1 m unter Kellersohle ausgehoben, dann die das Pumpenfundament bildenden Brunnen von 3,6 m Höhe und 3,32 m mittlerem Durchmesser abgesenkt, in der Sohle ausbetonirt und nach Erhärtung des Betons ausgepumpt und ausgemauert, endlich auf der übrig bleibenden Sohlfläche unter Pumpen im Trocknen ein Betonbett aus zwei 0,5 m starken Lagen hergestellt und auf demselben die Umfassungswände bis über Hochwasser-Spiegel in Cementmörtel ausgeführt. Die Maschinenfundamente sind aus Klinkern in Cementmörtel, besonders beanspruchte Theile aus Dolomitquadern, die Umfassungswände aus einfachen rothen Ziegeln in Kalkmörtel, jedoch mit Sandsteinsockel ausgeführt. Die Kanäle und sonstigen Oeffnungen im Fußboden sind mit Sandsteineinfassungen versehen, erstere mit gerifffeltem Eisenblech abgedeckt. Eine massive Treppe mit Eisengeländer verbindet Pumpen- und Maschinenhaus.

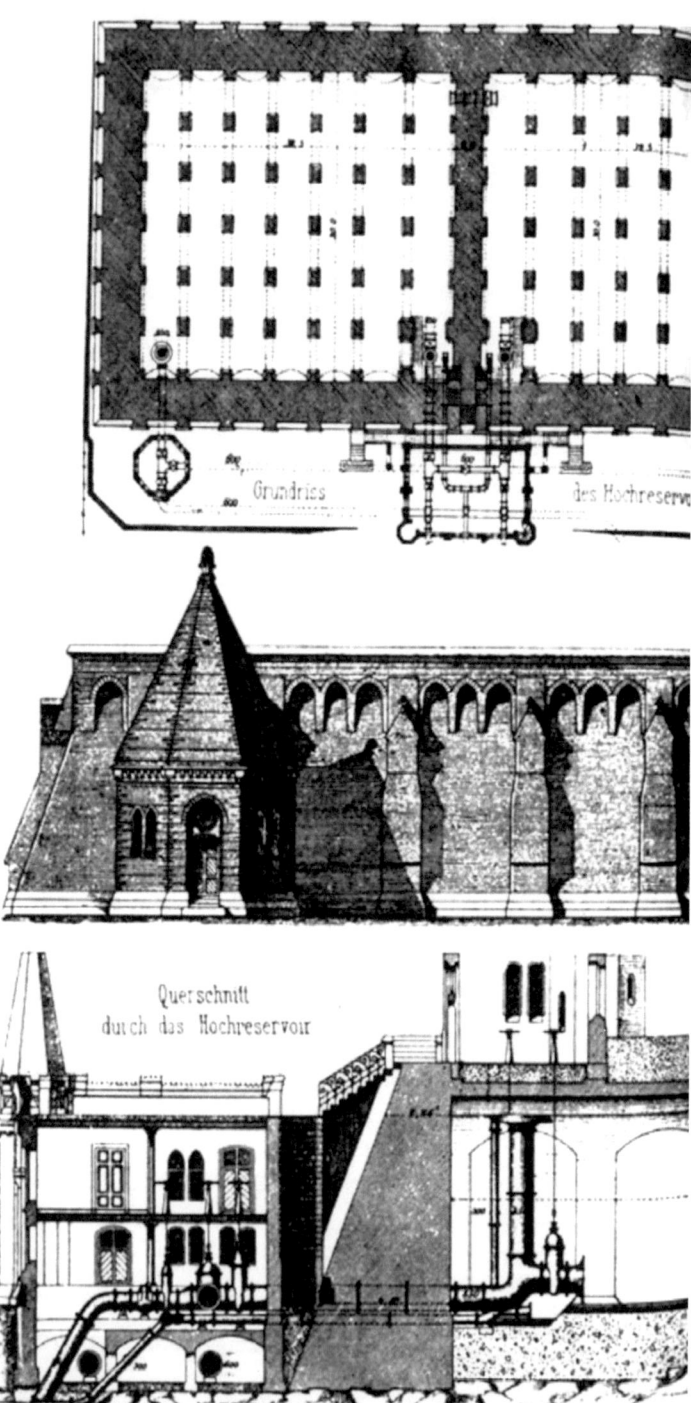

Grundriss des Hochreservo...

Querschnitt
durch das Hochreservoir

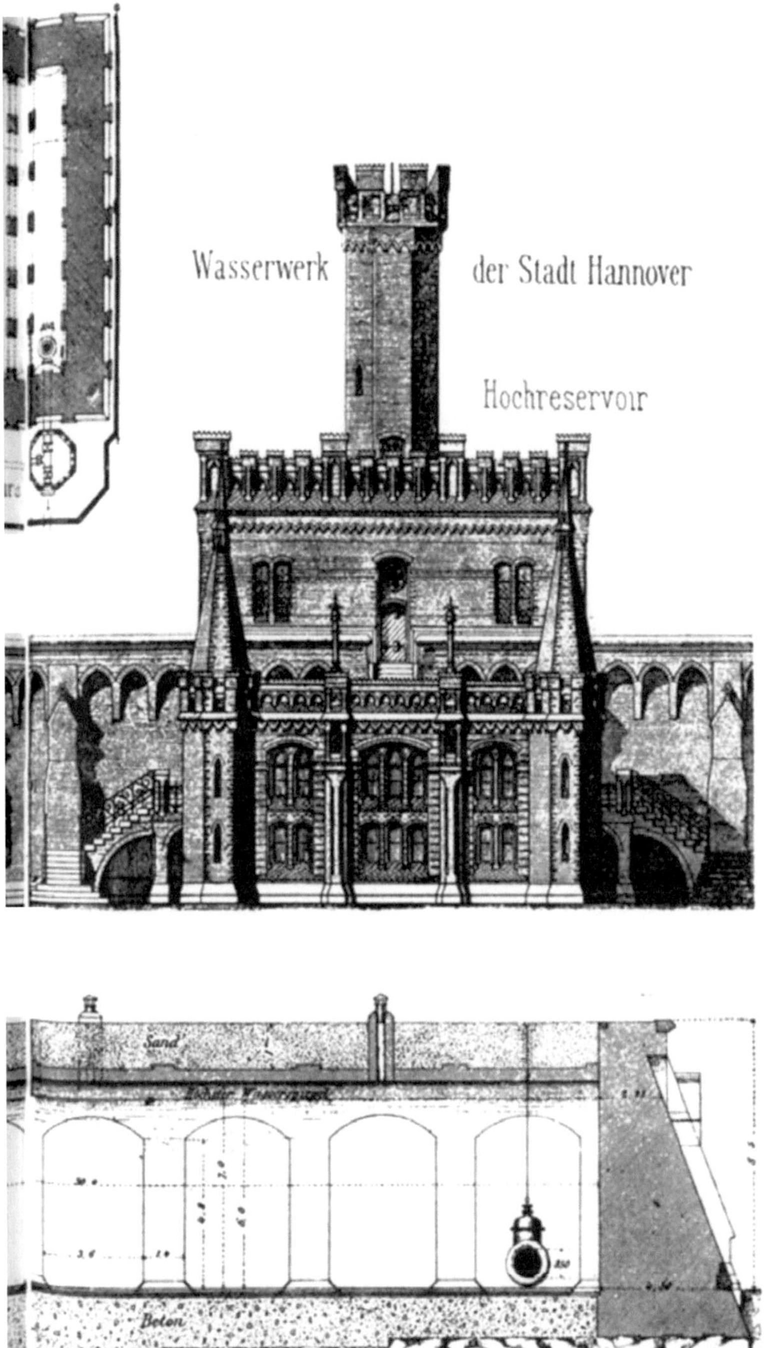

Wasserwerk der Stadt Hannover

Hochreservoir

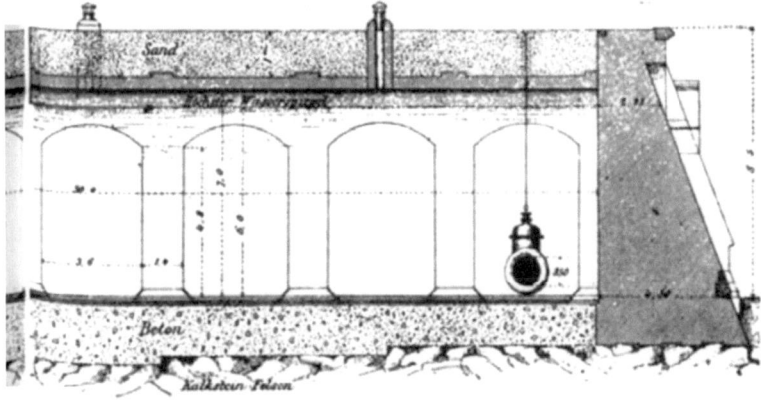

Die Eindeckung des Maschinenhauses, dessen Dachkonstruktion eiserne Polonceauträger mit Gittersparren in Abständen von 5 m bilden, erfolgte in englischem Schiefer mit der Dachneigung 1:2, die des Pumpenhauses in Holzcement auf gewalzten I-Trägern mit einer Neigung von 1:12.

Das *Kesselhaus.* Die Achstheilung ist durch die Kesselentfernung von 3,0 m gegeben. Dazu kommt noch auf beiden Seiten für Gänge je 2,5 m und für Nebenräume (Verbindungsgang, Maschinenstube, Lagerraum) eine Länge von 7,0 m. Fußboden und Außenmauern sind dem Maschinenhause entsprechend ausgeführt. Die den Kesseln gegenüber liegende Wand mußte, um Herein- und Herausschaffen der Kessel zu ermöglichen, in 51 cm breite, 1,29 m starke Pfeiler aufgelöst werden, zwischen denen die Oeffnungen theils als Thüren benutzt werden, theils 13 cm stark ohne Verband mit den Pfeilern ausgemauert und mit je 2 Fenstern versehen sind.

Die Dachkonstruktion besteht aus 3 m entfernten Polonceaubindern und mit T-Eisensparren und gußeisernen Streben. Zur Ventilation ist über den First hinaus eine 1,05 m hohe, 2,5 m breite Laterne gebildet, deren Seitenwände mit offenen Jalousien versehen sind. Die Dachdeckung besteht aus englischem Schiefer auf einfacher Holzschalung mit Dachpappe.

Der über Mitte Kessel 35 m hohe achteckige *Schornstein* hat mit Rücksicht auf eine Maximalverbrennung von 900 kg Kohle pro Stunde einen mittleren Querschnitt von 2,58 qm, unten 2,0 m, oben 1,5 m Lichtweite erhalten. Derselbe ist oben mit gußeisernen Platten abgedeckt. Die Wandstärke beträgt oben 25 cm und nimmt nach unten hin auf je 7,5 Höhe um 13 cm zu. Zur Besteigung sind quer durch den Schornstein kreuzweise 29 mm starke Rundeisen eingemauert.

Das **Steigrohr** vom Maschinenhause zum Hochreservoir besteht aus zwei 600 mm weiten, 2,3 km langen Rohrleitungen, die in unmittelbarer Nähe des Maschinenhauses ihre tiefste Stelle haben und dort unter einander durch ein 250 mm weites absperrbares Rohr verbunden sind, von welchem das Entleerungsrohr sich abzweigt. Es steigt von hier ab ohne verlorenes Gefälle und demnach ohne Luftbuckel (was an einer Stelle nur durch Aufhöhung des Terrains zu erreichen war) bis zum Reservoir mit einer Minimaltiefe unter Terrain von 1,5 m. In der Unterführung der Ricklingerstraße unter der Altenbekener Eisenbahn mußte, um bei Rohrbrüchen die nicht genügend tiefen Fundamente gegen Unterspülung zu schützen, das Rohr in einen oben offenen gußeisernen Kasten, an dessen Oberkante sich eine sohlengewölbartige Ausmauerung der Straßensohle anschließt, verlegt werden. — Die Zeit, welche das Wasser gebraucht, um von der Pumpe in das Hochreservoir zu gelangen, beträgt bei 15000 bezw. 25000 cbm täglicher Förderung 1 Stunde 52 Minuten bezw. 1 Stunde 7 Minuten.

Für die Lage des **Hochreservoirs** war die Bodenerhebung des Lindener Berges (Kalksteinfelsen), welche 42 m über dem ordinären Stauspiegel der Leine und etwa 33 m über der höchsten Straße der Stadt liegt, von Natur gegeben. Die erforderliche Druckhöhe ließ eine Einsenkung desselben in den Erdboden nicht zu. Da auch von einer Erdumschüttung wegen Mangels an geeignetem Material und mit Rücksicht auf leichtere Revision

abgesehen wurde, so ist dasselbe vollständig frei über dem Erdboden liegend aus hartgebrannten Ziegeln in Cementmörtel
ausgeführt worden. Das Aeufsere zeigt einen gothischen Backsteinbau aus rothen und in beschränkter Anzahl grünen und
braunen Formziegeln mit kräftigen Strebepfeilern. Der Sockel
besteht aus Dolomit, die Abdeckung der Mauern, Bekrönungen u. dgl. aus Sandstein. Ein Theil der Ansicht, ein Querschnitt und der Grundrifs des Reservoirs sind aus beistehender
Zeichnung zu ersehen.

Der Fassungsraum des Reservoirs beträgt 10 923 cbm, d. i.
etwa 40 ^{0}/$_0$ des zukünftigen Tagesverbrauches von 25 000 cbm.
Durch eine Mauer, in welche ein 850 mm weites Gufseisenrohr
mit Absperrschieber eingebaut ist, ist der Raum in zwei Theile
getheilt.

Jedes der beiden überwölbten Reservoire ist mit 7 Venti-
lationsschächten versehen und oben mit einer 1,0 m starken
Sand- und einer 0,15 m starken Ackererdeschicht abgedeckt. Die
Böden der Reservoirs erhielten über der Betonschicht eine Ab-
deckung aus 4 Lagen Klinker, welche ebenso wie die inneren
Seitenwände mit Cementputz versehen sind.

Folgende *Rohrleitungen* stehen mit jeder Reservoirhälfte
in Verbindung:

1) Das 30 cm weite Ueberlauf- bezw. Entleerungsrohr, ein
stets geöffnetes Standrohr, welches mit seiner Oberkante den
höchsten Wasserstand im Reservoir begrenzt. Zugleich kann
dasselbe vermittelst einer im Allgemeinen durch einen Schieber
verschlossenen tief liegenden Abzweigung zur Entleerung des
Reservoirs zum Zweck der Reinigung benutzt werden. Die
Rohre der beiden Reservoirhälften vereinigen sich aufserhalb
des Reservoirs und gehen in eine 30 cm weite Thonrohrleitung
über, welche sich an das Lindener Kanalnetz anschliefst.

2) Die beiden Steigrohre, durch welche das Wasser von der
Pumpstation heraufgedrückt wird.

3) Die beiden Fallrohre zur Leitung des Wassers in die Stadt.

Die beiden 600 mm weiten Stränge der zwei letztgenannten
Leitungen sind vor dem Reservoir durch je ein 600 mm weites
Rohr, hinter welchem sie sich auf 850 mm erweitern, verbunden
und derartig mit 5 bezw. 6 Absperrschiebern versehen, dafs jede
Reservoirhälfte erforderlichen Falls mit jedem Steig- oder Fall-
rohrstrange in Verbindung gesetzt werden kann. Im höchsten
Punkte der Rohrstränge angeordnete Luftventile sollen eine
etwa erforderlich werdende Entleerung derselben befördern. —
Für die Absperrschieber sind besondere Vorbauten ausgeführt,
nämlich für die Fallrohre zwei Eckschieberhäuschen, für die
Steigrohre und das Ueberlaufrohr ein über dem Reservoir liegendes oberes und ein vor demselben liegendes mittleres Schie-
berhaus. Ersteres ist durch Freitreppen zugänglich. In dem
letzteren befindet sich zugleich die Wärterwohnung, von der
aus die darunter befindlichen Schieber gehandhabt werden
können. Die Einmündung der Steigrohre erfolgt durch ein bis
auf höchsten Wasserspiegel reichendes Standrohr in Gebäude-
mitte. Eine unmittelbar über dem Boden liegende Austritts-
öffnung ist im Allgemeinen durch einen Schieber vers:hlossen.
Die Fallrohre zweigen dagegen an den beiden vordern Ecken
der Reservoirs mittels 20 cm über dem Fufsboden liegender

trompetenartiger Mundstücke ab. Sämmtliche Rohre sind an den Einmauerungsstellen des dichtern Anschlusses wegen mit angegossenen Rippen versehen.

Das **Rohrnetz** ist eine Kombination des Cirkulationssystems (für den Hauptstrang) mit dem Verästelungssysteme (für die Nebenstränge). Von den Eckschieberhäuschen des Hochreservoirs führt ein Fallrohr in etwa östlicher Richtung quer durch den Vorort Linden, das andere in nördlicher Richtung um Linden herum in die Stadt. Ersteres durchschneidet die Leine und ihren Nebenarm, die Ihme, in der Nähe von Bella Vista, letzteres die Leine unterhalb ihrer Vereinigungsstelle mit der Ihme. Beide Stränge werden durch das die Stadt durchschneidende Hauptrohr (in der gr. Aegidienstrafse, Georgstrafse, Langelaube und Fischerstrafse) zu einem vollen 7,7 km langen Ring verbunden. Innerhalb des Ringes sind zwei Hauptverbindungen angeordnet, deren eine (20 cm weit) Linden durchzieht, während die andere (22,5 cm weit) die Insel zwischen Ihme und Leine versorgt, dabei die Leine (bei der Andertenschen Wiese) kreuzt. Aufserhalb des Ringes ist noch eine um das Königliche Theater herum führende Leitung (20 cm weit) vorhanden, welche sich an beiden Enden an die Hauptleitung anschliefst. Die übrigen gröfsern 200 bis 300 mm weiten Rohre gehen strahlenförmig vom Stammrohr aus, sind jedoch an geeigneten Stellen durch ihre Verästelungen vielfach mit einander in Verbindung gebracht. Die Bestimmung des Rohrdurchmessers ist in der Weise erfolgt, dafs die Geschwindigkeit im Mittel 2,3 m, bei stärkstem Verbrauche (7 % des Tagesverbrauches pro Stunde) 1,12 m nicht überschreitet, jedoch stets eine Druckhöhe von 17,5 m in Strafsenhöhe vorhanden ist. In den Stammröhren beträgt die Geschwindigkeit nur 0,52 m bezw. 0,86 m. Die Länge des Rohrnetzes betrug bei der ersten Anlage ca. 83 km; davon haben 47 km 10 cm Weite. Etwa $4^1/2$ % sind Flantschrohre im Ueberschwemmungsgebiete der Leine und Ihme, da diese leichte Verlegung und Auswechselung unter Wasser gestatten. Sonst sind Muffenverbindungen mit Dichtung durch Hanfstrick und Bleiring angewandt. An den Flufskreuzungen sind schmiedeeiserne, an beiden Enden durch Schieber absperrbare Düker ausgeführt. Sie wurden auf Gerüsten über Wasser montirt und voll Wasser gepumpt, in das vorher ausgebaggerte Flufsbett versenkt. Bei Betriebseröffnung waren ferner 275 Absperrschieber an den Abzweigungen der Strafsenleitungen und 732 Hydranten mit selbstwirkendem Entleerungsventil für Feuerlöschzwecke und Spülung vorhanden. Die Privatleitungen bestehen aus 25 bis 34 mm weiten Rohren von doppelt raffinirtem geschwefeltem Blei, und sind durch eine eiserne Schelle mit Gummischeibe an das angebohrte Strafsenrohr (bei Rohren über 300 mm Durchmesser an einen 100 mm weiten Parallelstrang) angeschlossen. Die Abzweigungen bis zu den an der Grenze der einzelnen Grundstücke aufgestellten Absperrhähnen sind gleich bei Anlage des Rohrnetzes in einer Anzahl von 4410 Stück von der Stadt auf eigene Kosten ausgeführt.

Die **Kosten der Anlage** incl. der Erweiterung im ersten Betriebsjahre, aber excl. der Bauzinsen, betrugen 3 603 124 ℳ. Danach stellen sich die Anlagekosten pro cbm einer täglichen Lieferung von 15 000 cbm auf 240 ℳ. Bei einer Lieferung von 25 000 cbm vermindern sich dieselben unter Hinzufügung überschläglicher Summen für Erweiterung der Sammelrohre und der Maschinenanlage auf 150 $\mathcal{M}$ pro cbm. Dieselben vertheilen sich wie folgt:

Grunderwerb (1,89 $\mathcal{M}$ pro qm) . . . . . . 5,57 %

Sammelrohranlage incl. Hauptbrunnen
(274,46 $\mathcal{M}$ pro lfd. m). . . . . 6,99 %

Maschinen und Kessel . . . . 5,69 %

Bauliche Anlagen der Pumpstation . . . . 8,35 %

Steigrohranlage (54,56 $\mathcal{M}$ pro lfd. m Strang) 6,97 %

Hochreservoir . . . . 17,25 %

Rohrnetz . . . . 45,05 %

Vorarbeiten, Bureaukosten etc. . . . . . . 4,13 %

Betrieb. Die Abgabe des Wassers erfolgt nach einem provisorischen Tarif, welcher im Allgemeinen Pauschalsummen festsetzt, beispielsweise für den gewöhnlichen Hausgebrauch 1 % vom Taxwerthe des Wohngebäudes (excl. des Werthes der Area und der Lage), 10 $\mathcal{M}$ für ein Badezimmer oder ein Kloset, 3 $\mathcal{S}$ Besprengung pro qm Garten oder Hof. Für gewerbliche und andere Zwecke, wie Fontänen, Pissoirs, erfolgt die Abgabe durch Wassermesser, bei wachsendem Jahresverbrauch mit abnehmendem Preise (von 12 bis 7 $\mathcal{S}$ pro cbm).

Ueber die *Betriebsresultate* liegt ein Bericht über das Rechnungsjahr 1. April 1880 bis 31. März 1881 vor. Nach demselben betrug am 31. März 1881 die Länge des gesammten Rohrnetzes einschließlich Steigleitung 97,85 km, davon 51,24 km von 10 cm Durchmesser. Absperrschieber waren 346 Stück, Hydranten 780 Stück aufgestellt. Angeschlossen waren am 31. März 1881 3528, im Mittel für das Jahr 1880/81 3116 Privatgrundstücke. Der Tagesverbrauch ergab sich durchschnittlich zu 6858 cbm. Derselbe stellte sich pro Kopf, 18 Einwohner auf ein angeschlossenes Wohngebäude gerechnet:

als Jahresmittel zu 122 l,

„ Monatsmittel in maximum im Juli zu 133 l,
in minimum im Februar zu 107 l,

„ Tagesmaximum am 16. Juli 170 l,

„ Tagesminimum am 20. April 70 l.

Zieht man jedoch von dem Jahreskonsum zu 2 503 084 cbm die nach Wassermessern und die für öffentliche Zwecke (Spülung des Rohrnetzes, Strafsenbesprengung, öffentliche Fontänen, Feuerlöschzwecke) verbrauchten Quantitäten von 504 539 cbm bezw. 75 100 cbm ab, so ergiebt sich der durchschnittliche Tagesverbrauch für Haushaltszwecke und für den kleinen Gewerbebetrieb pro Kopf zu 94 l.

Die *Temperatur* des Wassers im Hochreservoir Mittags 12 Uhr gemessen betrug in maximum 14° C. (im August), in minimum 5° (im März), während die Lufttemperatur zwischen + 27° (Juli) und — 12° (Januar) lag. Das gröfste Monatsmittel war 11,3° (August), das kleinste 6° (März), gegenüber 21,1° (Juli) und — 3,9° (Januar) der Lufttemperatur.

Die *Maschinen* arbeiten mit 20 Spielen pro Minute und durchschnittlich 10 % Füllung. Die Pumpen förderten pro Hub 270 l bei einem Pumpeninhalt von 288 l (also Volumeffekt 0,938). Pro Tag wurden durchschnittlich 21 Maschinenstunden geleistet und zwar durchweg nur Tagesarbeit mit einer, im Bedürfnisfalle zwei Maschinen. Zur Zeit ist eine Maschine Tag und Nacht, eine zweite nach Bedarf (gewöhnlich in den frühen Morgenstunden) im Gange. Der Verbrauch an westfälischer Kohle betrug im ganzen Jahre 882550 kg, so dafs mit 1 kg Kohle 2,84 cbm gehoben sind. Rechnet man eine durchschnittliche Hubhöhe incl. Widerstandshöhe von 47 m, so ergiebt sich der Kohlenverbrauch zu einer Nutzpferdestärke zu 2,05 kg.

Die *Betriebskosten* haben betragen 43480 ℳ, d. i. pro cbm 1,737 ₰. Rechnet man Verzinsung und Amortisation des Baukapitals und Einlagen in die Reservefonds für Abnutzung der Maschinen hinzu, so stellen sich die Ausgaben auf 243000 ℳ, d. i. auf 9,708 ₰ pro cbm, welchem eine Betriebseinnahme von 194363 ℳ gegenübersteht.

Literatur : Zeitschrift des Hannoverschen Architekten- und Ingenieur-Vereins, Jahrg. 1872, 1873, 1877 und 1880.

Kanalisation.

Das **gegenwärtige Kanalnetz** ist seit Mitte der vierziger Jahre allmählich entstanden, daher ohne einheitlichen Plan angelegt. Drei *Hauptkanäle* suchen auf dem kürzesten Wege die von Süd nach Nord strömende Leine zu erreichen, beginnen an der Eilenriede, durchziehen die Stadt in der Richtung von Ost nach West und münden innerhalb derselben (unter der Goethebrücke) vereinigt in die Leine.

Der mittlere, sog. Schiffgraben- oder Hauptkanal beginnt am «Neuen Hause», wo er das Wasser des Schiffgrabens aufnimmt, folgt den Strafsen Am Schiffgraben und Am Bahnhof, der Theaterstrafse, dem Theaterplatz, der Georgstrafse und wendet sich dann der Goethebrücke zu.

Daran schliefst sich an der Ecke der Karmarschstrafse der die südliche Stadt entwässernde Kanal, der am Pferdethurm beginnt, wo er den Wolfsgraben zur Spülung aufnimmt und unter dem Namen Wolfsgraben-Kanal dem Misburgerdamm, der Marien- und Breitestrafse folgt, sich in der Grofsen Wallstrafse mit dem aus dem Oberwasser der Leine gespülten, die Friedrichstrafse entlang führenden Leinekanal vereinigt, unter diesem Namen durch die Grofse Wall- und die Georgstrafse bis zur Vereinigung mit dem Schiffgraben-Kanal geht.

Von rechts schliefst sich an den Schiffgraben-Kanal der die nördlichen Stadttheile entwässernde Cellerstrafsen-Kanal an, welcher zwischen dem «Neuen Hause» und dem Lister Thurm in der Nähe der Eilenriede beginnt. Zu seiner Entlastung ist neuerdings durch die Münz- und Nikolaistrafse ein etwa gleiche Richtung verfolgender Kanal ausgeführt.

An diese drei Hauptkanäle schliefsen sich mehrfache *Zweigkanäle* an, welche theils durch direkte Verbindung mit den Gräben der Eilenriede, theils durch Zuleitungen aus den obern Theilen des Hauptkanals vermittelst Stauvorrichtungen, theils durch die städtische Wasserleitung gespült werden können. Ferner sind noch eine Anzahl kürzerer Siele zu erwähnen (im Ganzen 11 Stück), welche unabhängig von dem gröfseren Netze direkt in die Leine münden, insbesondere

ein von einem offenen Seitengraben der Leine ausgehender,
der Adolf- und Humboldtstraſse folgender Kanal, welcher die
von der Leine und Ihme eingeschlossene Insel (die Calenberger
Neustadt) entwässert und an seiner Mündung mit einer bei
Hochwasser in Wirksamkeit tretenden Pumpanlage versehen ist.

Es waren im Ganzen am 1. Januar 1882 vorhanden:

Kanäle von 1,5—2,0 qm Querschnitt 1383,3 m,

"	"	1,0 –1,5	"	"	3 650,3	"
"	"	0,5 1,0	"	"	13 719,5	"
"	"	0,25—0,5	"	"	46 477,0	"

Summa 70 933,0 m.

Ihr Gefälle liegt durchweg zwischen 1 : 2000 bis 1 : 1000.

Hieran schliefsen sich kleinere, neuerdings fast anschliefslich
aus glasirten Thonröhren hergestellte Leitungen von 0,1 bis
0,25 qm Querschnitt.

Die gesammte bis jetzt auf das Kanalnetz verwandten
Ausgaben haben betragen 2 076 533,86 ℳ. Dabei sind nicht
nur alle in den letzten Jahren neu angelegten, sondern nachträglich auch eine Reihe älterer Strafsen mit Kanälen versehen.

Die Kanäle nehmen nur das Meteor- und das Haushalts-
wasser auf, ersteres durch Einfallschächte in den Rinnsteinen,
letzteres gröfstentheils durch direkte Verbindungrn der Küchen-
ausgüsse mit den Strafsenleitungen. Es sind jetzt 3503 solcher
Privatanschlüsse ausgeführt und wird dadurch die früher übliche
Abführung vermittelst Rinnstein und Einfallschacht mehr und
mehr verdrängt. Wasserklosets und Abortsgruben dürfen mit
den Kanälen nicht in Verbindung gebracht werden.

Seit Fertigstellung der neuen Wasserversorgung ist man
bestrebt, Hannover auch mit einem **neuen** rationell angelegten
Kanalnetz zu versehen. Einmal der Uebelstand, daſs die Ab-
wässer noch innerhalb der Stadt in die Leine treten und zwar
oberhalb des Stauwerkes der Herrenhäuser Kunst, welches die
Abführung derselben verzögert, ferner der Mangel an genügender
Vorfluth bei starken Regengüssen, insbesondere bei Hochwasser,
endlich der Wunsch, event. die menschlichen Abfallstoffe, welche
bei dem bestehenden Senkgrubensystem den Boden zu infiziren
drohen, rasch abführen zu können, waren Veranlassung, daſs
das Stadtbau-Amt im Jahre 1876 ein generelles Kanalisations-
projekt für den auf dem rechten Leineufer gelegenen Stadttheil aufstellte, in welchem auf thunlichste Benutzung des
bestehenden, damals 46 389 m langen Kanalnetzes Rücksicht
genommen wurde. Hiernach sollte der Hauptkanal die Stadt
mit einem von 1,39—3,72 qm zunehmendem Querschnitt in
einer Gesammtlänge von 8484 m von Süden nach Norden durchziehen, den Eisenbahndamm zweimal schneiden und die Eilenriede beim Neuen Hause berühren, wo zur Spülung das Wasser
des Schiffgrabens aufgenommen wird. Das Gesammtgefälle
würde 5,4 m, das relative Gefälle im obern Theil 1 : 2000, im
untern Theil 1 : 2500 betragen. Zur Spülung kann eine Verbindung mit dem Döhrener Oberwasser der Leine hergestellt
werden.

An diesen Hauptkanal soll sich ein System besteigbarer
Nebenkanäle von 18 033 m Länge, sowie 72 704 m Leitungen
aus kreisrunden Thon- oder eiförmigen Cementröhren an-

schliefsen. 416 neue Strafseneinlässe, 92 Einsteigeschächte für die begehbaren Kanäle und 390 Reinigungsschächte für die kleineren Leitungen sind vorgesehen. Letztere wären zugleich bei starker Füllung der Kanäle zum Entweichen der Luft bestimmt. Sonst sind zur Ventilation 1292 verzinkte Eisenblechröhren projektirt, welche vom Kanal aus an hohen Häusern hinauf zu führen waren. Fünf Schutzvorrichtungen sollen die Spülung einzelner Kanalstrecken ermöglichen.

Für die Berechnung der abzuführenden Wassermengen wurde in den bevölkerteren Stadttheilen auf 26 qm ein Einwohner, für das ganze Stadtgebiet 280 000 Einwohner als Maximum angenommen. Pro Kopf wurden täglich 83 l Verbrauchswasser gerechnet, von denen die Hälfte in 9 Stunden abzuführen wäre. Die Regenmenge wurde zu 25 mm Niederschlagshöhe in 24 Stunden angenommen, wovon die Kanäle die Hälfte fassen sollten. Bei stärkern Regengüssen sollen 8 Nothauslässe den Hauptkanal entlasten, indem sie das Wasser auf kürzestem Wege der Leine zuführen.

Für die Endigung des Hauptkanals ist in erster Linie Einführung in die Leine beim Dorf Herrenhausen unterhalb des Stauwerkes der «Kunst», wo der Leinespiegel 7,78 m unter dem Döhrener Oberwasserspiegel liegt, vorgesehen. Jedoch ist auch auf eine Rieselanlage Rücksicht genommen, für welche sich 7 km unterhalb dieser Stelle geeignete Flächen finden. Für die erste Anlage hält man eine Fläche von 130 ha und eine Triebkraft von 245 Pferdestärken für erforderlich. Die projektirte Einmündung in die Leine würde dann als Nothauslafs dienen.

Abgesehen von dem bis 1876 auf das bestehende Kanalnetz verwendeten Kosten ist das neue Kanalnetz mit 4 850 000 ℳ, die erste Rieselfeldanlage aufserdem mit 1 526 000 ℳ veranschlagt.

Nicht nur die bedeutenden Kosten der Anlage, sondern auch die Frage der Zweckmässigkeit derselben und die noch ausstehende Entscheidung der Regierung, ob, entgegen den allgemeinen Verordnungen, das Kanalnetz der Stadt Hannover in die Leine münden dürfe, haben die weitere Verfolgung des Projektes bisher gehindert. Bei Anlage unentbehrlicher neuer Kanäle wird jedoch auf eine Einfügung in das projektirte Netz möglichst Rücksicht genommen.

Literatur: Zeitschrift des Hannoverschen Architekten- und Ingenieur-Vereins, Jahrg. 1878 und 1881.

3.
Der Central-Schlacht- und Viehhof.

Bearbeitet vom Architekten Theodor Hecht.

Diese Bauanlage wurde in den Jahren 1879 bis 1881 von dem Privat-Architekten *Theodor Hecht* hier für die hiesige Fleischer-Innung (Eigenthümerin) in dem östlichen Stadtgebiet auf einem Bauterrain von ungefähr 7,2 ha, unter Oberaufsicht des Oberbaurathes Berg hier, projektirt und ausgeführt und ist aus anliegendem Situationsplane zu ersehen.

Als Verbindungen mit der Stadt dienen der Misburgerdamm nebst dem neuen breiten Schlachthausweg und ferner mit dem nahe liegenden Gleise der Staatsbahn ein besonderes Verbindungsgleis.

Die Anlage zerfällt in zwei Haupttheile, den rechts liegenden *Schlachthof* und den links liegenden *Viehhof*; aufserdem in zwei Unterabtheilungen, eine Kranken- und eine Pferdeschlachterei, letztere mit einem besonderen Zufuhrwege.

Der Viehhof ist von dem Schlachthofe vollkommen getrennt, um letzteren vor Epidemien zu sichern, die im ersteren ausbrechen sollten. In der Ostfront des Schlachthofes stehen vier Beamten- und Verwaltungsgebäude. Der einzige öffentliche Zugang steht unter scharfer Kontrole.

Das sehr hochstehende Grundwasser bedingte eine Terrainerhöhung von 0,80 m. Die Fundamente ruhen auf feinem mit Wasser durchzogenen Sand, welcher allmählich in Kies übergeht.

Das Aeufsere der Bauten ist in schlichter Ziegelarchitektur von hiesigen guten rothen Ofensteinen mit dunkler Ausfugung hergestellt.

Der Schlachthof
enthält folgende Bauten:

Die Ochsenschlachthalle wurde nach dem Hallensystem erbaut. Ihre Gröfse ist für 200 an einem Tage stattfindende Schlachtungen berechnet.

An der östlichen Giebelseite befinden sich aufserdem: 1 Wagemeisterzimmer, 2 Treppen, 1 Abort und darüberliegend im Zwischengeschofs: 1 Gesellengarderobe- und 1 Zimmer für den Judenschächter.

Der Fufsboden der Halle ist mit grofsen, starken Granitplatten belegt, die Wandflächen sind bis auf 2,0 m Höhe mit harten, *undurchlässigen* Mettlacher Steinen darüber und in dem Gewölbe mit hiesigen, gelben Steinen verblendet.

Die Unterstützung der Gewölbe bilden sichelförmige Gitterträger; Säulen wurden, der Platzgewinnung wegen, vermieden.

Die Windevorrichtungen nebst Laufkatzen (mit patentirter Bremse von Brandenburg in Altona) gestatten in jeder Beziehung eine leichte Bewegung der geschlachteten Thiere und ist zur Bedienung einer Winde nur eine Person erforderlich.

Die Decke der 15 m breiten Halle wird durch eiserne Sichelträger getragen.

Die *Kleinviehschlachthalle*. Die Grundrifsdisposition ist gleich derjenigen der Ochsenschlachthalle, nur mit der Abweichung, dafs die Gewölbe durch eiserne Säulen unterstützt werden. Der Fufsboden besteht hier aus Mettlacher Platten, während der übrige Ausbau analog der Ochsenhalle ausgeführt wurde. Auf dem Dachboden sind die Gewölbe mit einem Gips-Estrich abgedeckt.

Die *Schweineschlachthalle* hat dieselbe Eintheilung wie die Kleinviehhalle. Zum Eintreiben und Tödten der Schweine dienen zwei mit Eisengittern umgebene Buchten. Nach erfolgter Tödtung werden die Schweine durch kleine Laufkrähne gehoben, nach den mittels Dampf erhitzten Brühkesseln transportirt, herabgelassen und gebrüht. Zum Abzug der Dämpfe dienen grofse Holz-Dunstschächte.

Das *Kühlhaus*. Dieses Gebäude ist zur Zeit nur im Erdgeschofs ausgebaut und soll bei späterem Mehrbedarf an Kühlräumen noch der darüberliegende Raum hinzugezogen werden. Die Treppenaufgänge sind bereits hergestellt.

Das Innere besteht aus 94 mit eisernen, dichten Gittern umschlossenen Kühlkammern, in denen die einzelnen Schlachtermeister ihre Fleischvorräthe zum Schutz gegen Verderben aufbewahren. Die Kühlung erfolgt nicht durch Eis, sondern mittels einer Kaltluftmaschine (von Kropff in Nordhausen). Die Luft wird durch im Maschinenhause stehende Ventilatoren eingesaugt und in zwei unterirdischen Kanälen dem, im Kühlhause stehenden Kälteerzeuger zugeführt; von dort strömt dieselbe in Zinkrohre und aus letzteren durch viele kleine Oeffnungen in das Kühlhaus.

Der Fufsboden ist von Asphalt hergestellt, die Wände enthalten Luft-Isolirschichten. Die Flächen der Wände und der gewölbten Decken sind glatt gefugt und mit Kalk geweifst.

Der *Kleinviehstall* gegenüber der Kleinviehschlachthalle, ist zur Aufnahme von Schlachtvieh bestimmt. Der Stall besteht aus zwei Hälften mit einer zwischenliegenden, erhöhten Knechtekammer. Der Stall enthält 44 durch eiserne Gitterwände abgetheilte Buchten. Der Fufsboden besteht aus Asphalt, die Wände und die gewölbten Decken sind glatt gefugt und geweifst. Der Dachboden erhielt einen Gips-Estrich.

Der *Ochsenfutterstall* gegenüber dem Kühlhause dient zur Aufstellung des angekauften, zum Schlachten bestimmten Grofsviehes. Grundrifs und Ausführung gleichen dem Kleinviehstall, jedoch besteht der Fufsboden aus Mettlacher Fliesen auf Betonunterlage und sind zur Fütterung Sandsteinkrippen angebracht.

Der *Ochsenfutterstall* östlich vom Kühlhause hat in Fufsboden, Decken u. s. w. dieselbe Einrichtung erhalten, wie der im vorherigen Absatz aufgeführte Stall. Zur Zeit dient das Gebäude als Häutemagazin und wird erst später, bei

wachsendem Bedürfnifs, seiner wirklichen Bestimmung über-
geben werden.

Der *Ochsenschlachtstall*, auch «Hungerstall» genannt, westlich von der Kleinviehhalle. In diesem Stall wird das Grofsvieh vor seiner Schlachtung aufgestellt. Die Gröfse und
Einrichtung sind dieselben wie die der vorigen Ställe. Krippen
fehlen hier, da nicht gefüttert wird.

Der *Schweinestall*, westlich vom Kühlhause gelegen. Der
Grundrifs ist derselbe wie der des Ochsenschlachtstalles. Der
Fufsboden besteht aus Asphalt, Wände und gewölbte Decken
sind gefugt und geweifst. Die Buchten sind aus Sandstein-
pfeilern und Platten konstruirt.

Der *Wasserthurm*, am westlichen Ende der Längenachse
des Schlachthofes, enthält in seinem obersten Geschofs
4 schmiedeeiserne Reservoire von je 50 cbm Inhalt für die
Wasserleitung.

Der nördliche Anbau enthält die Bäder, die feine und die
grobe Kuttelei; der südliche Anbau die Albuminfabrik und
die Schweine-Kuttelei. Sämmtliche Räume sind überwölbt.
Die Kutteleien erhielten Mettlacher Plattenbelag auf Betonunterlage, 2,0 m hohe Wandverblendung mit Mettlacher Verblendsteinen und darüber sowie im Gewölbe eine Verblendung
von gelben Steinen.

Alles beim Schlachten abfliefsende Blut wird in besonderen
Zinkgefäfsen aufgefangen und nach der Albuminfabrik geschafft.
Dort findet eine Entziehung des Albumins statt, welches alsdann in Trockenräumen getrocknet wird. Die nach Entziehung des Albumins übrigbleibenden Blutreste gelangen in
Trockenöfen, werden dort stark geröstet und dienen in diesem
getrockneten, pulverisirten Zustande als sehr begehrter Dung-
stoff resp. in den Handel kommende Blutkohle.

Die Erwärmung der Trockenkammer und Oefen erfolgt
durch Dampf.

Das *Kesselhaus, Talgschmelze, Maschinenhaus* schliefsen
sich westlich an den Wasserthurm an. Das Kesselhaus enthält 2 Cornwallkessel. Die Talgschmelze ist in zwei Stockwerke getheilt; in dem oberen findet mittels Dampf der
Schmelzprozefs statt, während in dem unteren der geschmolzene
Talg aufgefangen wird und zur Verpackung gelangt.

Der *Pferdestall* mit *Remise*, gegenüber dem östlichen Giebel
der Kleinviehhalle, dient zur Aufnahme der Pferde und Fleisch-
transportwagen der Schlachtermeister. In dem oberen Geschofs liegen noch zwei Dienstwohnungen der angestellten,
für Lohn arbeitenden Schlachtermeister.

Das *Direktionsgebäude*, am Eingang zum Schlacht- und
Viehhofe, enthält die Wohnung des Direktors, dessen Büreau
und zwei Dienstwohnungen.

Die *2 Beamtenhäuser* am Eingang zum Schlachthofe sind
in dem Erdgeschofs gröfstentheils zu Büreaus (darunter 1 Unter-
suchungsraum für Schweinefleisch), in den übrigen Theilen zu
Wohnungen eingerichtet.

Das *Portierhaus* am Haupteingang enthält, aufser einem
Portierzimmer, in dem Keller einen Revisionsraum für das
Kanalwasser, welches hier den Schlacht- und Viehhof ver-
läfst und dem Kanalnetz der Stadt zufliefst.

Der Viehhof.

Der *Gasthof*, am Haupteingange gelegen, ist bereits für ziemlich bedeutende Verkehrsverhältnisse berechnet; er umfafst: ein Restaurant, Raum für 32 Pferde, 1 Wagenremise und Logirzimmer für 100 Betten.

Die *Börse*, in Mitten des Viehhofes, wurde gleichfalls mit ihrem Saal, den Maklerzimmern, Post- und Telegraphen-Büreau, Bank, mit Berücksichtigung des steigenden Verkehrs angelegt.

Die *Ladebuchten*, östlich an den Eisenbahngleisen gelegen, sind mit eisernen Säulen und starken Holzriegeln konstruirt. Für die Reinigung der wieder zurückgehenden Viehtransportwagen dient eine Warmwasserleitung, deren Heizapparat in der Pferdeschlachterei aufgestellt ist.

Der *Schweinestall*, an der nördlichen Seite des Grundstückes, enthält aufser 26 von Sandstein konstruirten Buchten ein erhöht liegendes Knechtezimmer. Der Fufsboden besteht aus Asphalt, Wände und Decken sind glatt gefugt, geweifst und die Gewölbe ruhen auf Eisenkonstruktion. Der Dachfufsboden besteht aus Gips-Estrich.

Der *Kleinviehstall*, neben dem Schweinestall, hat eine ähnliche Grundrifsdisposition wie jener Stall, der Ausbau ist ein ganz gleicher, mit Ausnahme der Buchten, welche aus Schmiedeeisen konstruirt sind.

Der *Ochsenstall*, an der südlichen und westlichen Grenze gelegen, enthält drei Abtheilungen. Die Fufsböden sind von Mettlacher Fliesen auf Beton hergestellt und auch in den übrigen Theilen wie die Ochsenfutterställe des Schlachthofes eingerichtet.

Die *Ochsenmarkthalle*, für den Verkauf von Grofsvieh bestimmt. Der Fufsboden ist von Mettlacher Platten auf Betonunterlage konstruirt. Die Befestigung des Viehes erfolgt an eisernen Barrieren. Die auf massiven Umfassungen und eisernen Mittelsäulen ruhenden Dachverbindungen bestehen in ihren Haupttheilen aus Eisen und ist nur zu den Sparren Holz verwandt worden. Das Dach ist mit Zinkrauten auf Holzschalung bei sehr geringer Steigung eingedeckt.

Die *Kleinviehmarkthalle* dient zum Verkauf von Kälbern, Schweinen und Schafen. Die Ausführung und Grundrifsdisposition ist gleich der Ochsenmarkthalle, mit der Ausnahme, dafs der Fufsboden hier aus Asphalt besteht. Die 128 Viehbuchten erhielten Abgrenzungen durch eiserne Gitter.

Die *offenen Stände* neben der Ochsenmarkthalle, mit Basaltpflaster und eisernen Anbindebarrieren, dienen als Reserveplätze für jene Halle.

Die 2 *Beamtenhäuser* am Eingang zum Viehhofe sind theilweise zu Büreaus, im übrigen zu Dienstwohnungen eingerichtet.

Die 2 *Dunggruben* erhielten einen völlig undurchlässigen Fufsboden und hohe Umfassungsmauern.

Die *Wage*, zwischen Kleinvieh- und Schweinestall, dient zum Wiegen von Kälbern, Hammeln und Schweinen.

Das *Pferdeschlachthaus* besteht aus dem Schlachthaus, der Kuttelei, dem Stall und einem Gesellenzimmer. Die Ausfüh-

rung dieser Räume erfolgte in gleicher Weise wie bei den
Schlachthallen bezw. Ställen des Schlachthofes.

Das *Krankenschlachthaus*. Dieses Gebäude enthält einen
Schlachtraum für Grofs- und Kleinvieh, einen zweiten für
Schweine und einen *Beobachtungsstall* für verdächtiges Vieh.

Die *Kanalisirung* des Grundstücks zerfällt in zwei Haupt-
netze, für den Schlacht- und für den Viehhof, beide vereinigen
sich in der zwischenliegenden Hauptstrafse in einem Kanal.
An drei Stellen der Kanalnetze sind zur Desinfizirung Rühr-
apparate von Dr. M. Friedrich eingeschaltet. Zur Reinigung
von etwa noch vorhandenen Sinkstoffen passirt der Hauptkanal
ein aus zwei Kammern bestehendes Bassin k; von den Kammern ist jederzeit nur eine derselben in Benutzung. Ist die
eine Kammer mit Sinkstoffen gefüllt, so wird deren Ein- und
Ausflufs verschlossen und die gereinigte andere Kammer für
den Durchflufs des Kanalwassers geöffnet. Die Einlaufschächte
in den Gebäuden erhielten Geruchverschlüsse und herausnehm-
bare Schlammkasten.

Die *Bewässerung* erfolgt durch vier auf dem Grundstück
versenkte Abessynier-Brunnen. Die Sauger derselben haben
eine Länge von 4 m, bei 0,304 m lichter Weite, sie bestehen
aufserhalb aus Messinggaze, innen aus eng durchlochtem Messing-
blech, äufsere starke Messingbügel geben die nöthige Ver-
steifung. Eine 40 pferdige Dampfmaschine saugt und drückt
das Wasser durch zwei Saug- und Druckpumpen nach den
vier Bassins des Wasserthurmes, à 50 cbm Inhalt. Die Dampfmaschine dient aufserdem zum Betrieb der Eis- und Kaltluftmaschine für das Kühlhaus. In allen Schlachthallen, Ställen,
Kutteleien und Strafsen sind in reichlicher Weise Zapf- und
Sprenghähne angeordnet.

Die *Beleuchtung* der Strafsen und Gebäude geschieht durch
Gas von Seiten der hiesigen Gasanstalt, welche bis dahin ihr
Rohrnetz verlängerte.

Die *Lüftung* der Gebäude wird fast durchgehend mit über
Dach reichenden Dunstschloten und Oeffnen der Fensterober-
lichter bewirkt.

Die *Strafsen* sind, soweit solche einer starken Benutzung
ausgesetzt, mit Basalt gepflastert, während die übrigen Theile
nur eine starke Bekiesung erhielten.

Die *Trottoire* bestehen aus Asphalt.

Die *Pferdebahn* auf dem Schlacht- und Viehhofe dient zur
Beförderung der mit der Bahn ankommenden Kohlen, des
Kleinviehes und sonstiger Güter.

Das ganze Grundstück wird durch eine 2,5 m hohe Mauer
umgrenzt.

Die ganze *Anlage* genügt in der jetzigen Ausdehnung für
200 000 Einwohner der Stadt und ist berechnet für das Schlachten
von 12 000 Stück Grofsvieh, 24 500 Kälber, 20 500 Hammel,
22 100 Schweine und 1000 Pferde jährlich. Sie wurde am
3. November 1881 eröffnet.

Die *Kosten* derselben mit Grundstück betragen 2 600 000 *M*.
Die Bauarbeiten wurden, mit wenigen Ausnahmen, in öffent-
licher Submission vergeben.

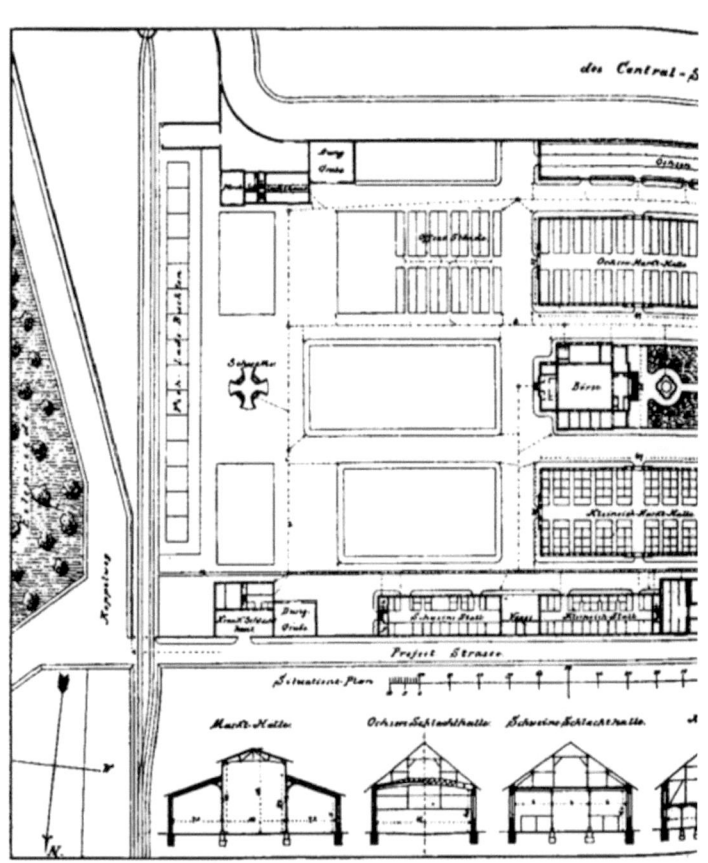

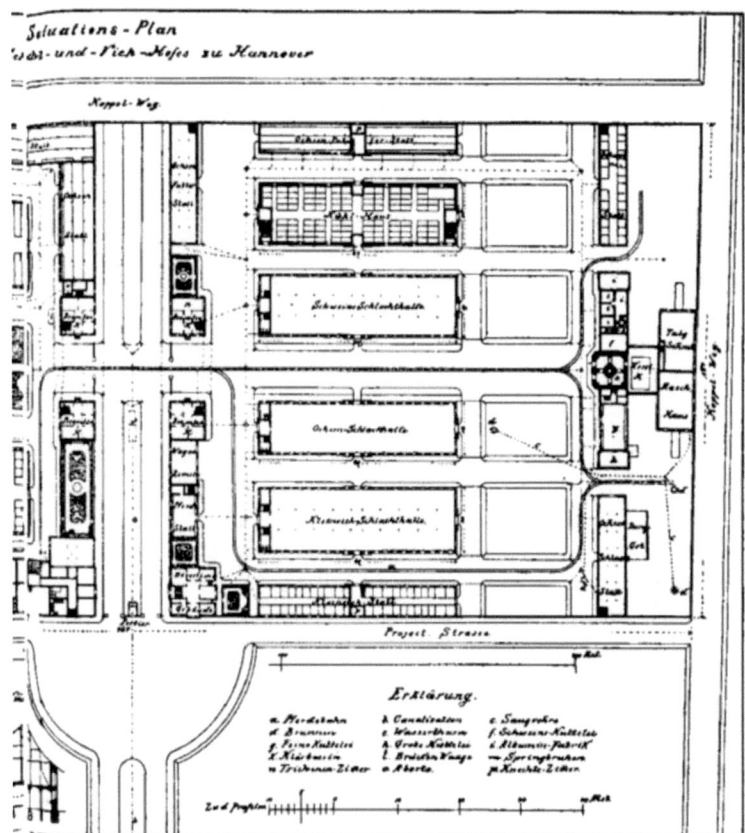

Situations-Plan
...er- und -Vieh-Hofes zu Hannover

Als Unternehmer waren bei speziellen Arbeiten thätig:

für Kanalisation und Wasserleitung: Aird & Marc in Berlin und Mennicke hier,

für Eisenkonstruktionen der Markt- und Ochsenschlachthalle: Sudenburger Brückenbau-Anstalt,

für Eisenkonstruktionen der übrigen Bauten: v. Cölln und Lindener Eisengießerei hier,

für Winden in der Ochsen- und Schweinehalle: Brandenburg in Altona,

für Maschinen, Brühkessel, Reservoire: Knoevenagel hier,

für Talgschmelze: Flottmann & Co., Bochum.

4.
Industrielle Anlagen.

Bearbeitet vom Professor Hermann Fischer.

Das hannoversche Grofsgewerbe (aufser der Hauptstadt die
Vororte Linden, Döhren, List, Hainholz, Herrenhausen und
Limmer umfassend) beschäftigt gegen 15000 Arbeiter und benutzt etwa 240 Dampfkessel. Es ist sehr vielseitig, wie aus
der folgenden Zusammenstellung hervorgeht.

Textil-Industrie.

Hannoversche Baumwollen-Spinnerei und Weberei in Linden,
seit 1855 im Betrieb. Von den 80000 Feinspindeln gehören
54000 den Selbstspinnern (Selfactor), 26000 den Flügelspinn-
maschinen an; sie liefern sowohl Schufsgarn als auch Ketten-
garn. Die Weberei ist unbedeutend. Die Fabrik benutzt rund
1000 Pferdekraft, beschäftigt 600 Arbeiter und liefert jährlich
gegen 2100 t Garne. Bemerkenswerth ist eine 1874 in Betrieb
genommene Garnbleicherei.

Mechanische Weberei in Linden, als Aktien-Unternehmen
1858 gegründet, verfertigt, mit 2100 Arbeitern und etwa 600
Pferdekraft, auf rund 1200, meistens doppeltbreiten Web-
stühlen jährlich über 100000 Stück Sammet, welcher als das
beste derartige Fabrikat gilt. Die bedeutende Färberei hat
namentlich Ruf durch ihre schwarze Farbe.

Flachsspinnerei von *Stelling, Gräber & Co.*, seit 1858,
besitzt gegen 4000 Feinspindeln, beschäftigt 200 Arbeiter und
verarbeitet jährlich gegen 900 t Rohstoff.

Wollwäscherei und Kämmerei in Döhren, 1868 (die erste
Deutschlands) als Lohewäscherei gegründet, 1872 durch Hinzufügung einer grofsen Kämmerei vervollständigt, beschäftigt
gegen 600 Arbeiter und gebraucht etwa 400 Pferdekraft, die
theils durch 8 Turbinen entwickelt werden, und verarbeitet
jährlich etwa 7000 t rohe Wolle.

Aufserdem noch nennenswerth: **Mechanische Weberei** von
Neuberg & Co. (gegen 50 doppeltbreite mechanische Stühle für
Musterweberei), **Teppichweberei** von *Edler*, **Wattenfabrik** von
D. Meyer, **Kunstwollfabriken** von *Jacobson & Co.* und *Grote*,
sowie **Strickerei** von *Wilhelm*.

Metallbearbeitung.

Hannoversche Eisengiefserei, welche 1856 gegründet wurde,
liefert mit etwa 230 Abeitern jährlich rund 3000 t Gufs-
waren, namentlich vorzügliche Röhren für Wasserleitungen.

Eisengiefserei von *Ostermann & Sohn*, seit 1870, verfertigt vorwiegend Nähmaschinengestelle und andere kleine Massengegenstände. Sie benutzt u. a. 26 Formmaschinen und 1 Maschine zum Putzen der Gufsstücke und beschäftigt 180 Arbeiter.

Eisengiefsereien von *Krigar & Ihssen* in Hannover und *Bockelmann, Riechers & Co.* in Linden liefern Bautheile und Maschinengufs und beschäftigen jede 75 Arbeiter.

Hannoversche Maschinenbau-A.-G. vorm. Georg Egestorff in Linden. Sie besitzt eine grofse Giefserei, welche für die gröfsten Maschinentheile eingerichtet ist, eine — jetzt aufser Betrieb befindliche — grofse Räderfabrik und ausgedehnte, sehr gut eingerichtete Werkstätten, in denen — aufser anderen Maschinen und Dampfkesseln — jährlich gegen 220 Lokomotiven verfertigt werden können. Sie lieferte im Juni 1873 ihre 1000ste Lokomotive „Bismarck". In Folge der Zeiten Ungunst werden jetzt nur 950 Arbeiter beschäftigt.

Maschinenfabrik von *A. Knoevenagel* besteht seit 1856 und beschäftigt gegen 100 Arbeiter. Sie liefert vorzügliche Ventildampfmaschinen, Dampfkessel u. s. w.

Armaturfabrik von *Dreyer, Rosenkranz & Droop*, seit 1871 im Betrieb, zeichnet sich aus durch ihre Wassermesser, Indikatoren und Manometer. Sie beschäftigt etwa 140 Arbeiter.

Mit vorzüglichem Erfolg hat sich die **Strahlapparaten-Fabrik** von *Gebr. Körting* entwickelt. Der Betrieb derselben wurde 1872 in bescheidenem Umfange eröffnet; Ende vorigen Jahres konnte sie die Lieferung des 20000sten Strahlapparates feiern. Aufserdem beschäftigt sich die Fabrik mit der Herstellung der Ventile, Dampfheizungen und anderer Gegenstände. Die Arbeiterzahl beträgt über 400.

Als ferner bemerkenswerth sind hier zu erwähnen: **Pumpenfabrik** von *W. Garvens* (bedeutend) mit 120 Arbeitern, **Werkzeugmaschinenfabrik** von *Wohlenberg*, **Maschinenfabrik** von *Knölke, Hävemeyer & Sander*, **Spritzenfabrik** von *Tidow*, **Zink-Ornamentenfabrik** von *Gebr. Söhlmann* (besehenswerth), **Kupferwaarenfabriken** von *Paulmann* und *Rühmkorff & Co.*, (erstere liefert hauptsächlich Einrichtungen für Spiritusfabrikation, letztere gröfsere Kupferwaaren und Phosphorbronze), **Neusilber- und Bronzewaarenfabrik** von *Julius Francke*, **Lampenfabriken** von *Gewecke* (seit 1798) und *Beckmann*, **Hannoversches Gufs- und Walzwerk**, **Schlossereien** von *Dietrich* und *Bode & Troue* (erstere namentlich schmiedeeiserne Kronleuchter, Geländer u. s. w., letztere vorwiegend Geldschränke verfertigend), sämmtlich in Hannover, und **Feilenfabrik** von *Pfuhl* in Linden.

Holzbearbeitung.

Sie ist gegenüber dem sonstigen Grofsgewerbe des vorliegenden Gebietes von geringerer Bedeutung. Als nennenswerth erscheinen: **Baufabrik** der *Hannoverschen Baugesellschaft* in Linden, 1874 eröffnet; **Jalousie- und Holzrouleaux-Fabrik** von *Davids & Co.* in Hannover (besuchenswerth); **Sägerei** von *Mehring & Co.* in Linden, *Rühmann & Sohn* und *Grotian & Sohn* in Hannover, sowie die **Schuhstiftfabrik** von *Isenstein* in List.

Chemische Fabriken.

Hervorragend ist die Fabrik von *E. de Haën* in List. Dieses seit 1861 allmählich gewachsene Werk beschäftigt über 300 Arbeiter und gegen 20 wissenschaftlich gebildete Chemiker; seine Fabrikate sind so vielseitig, daſs es unmöglich ist, hier näher darauf einzugehen.

Erwähnenswerth ist ferner die Fabrik von *Hartmann & Hauers* (seit 1869 im Betrieb, beschäftigt etwa 50 Arbeiter), welche namentlich Zinnober, Essigsäure und deren Verwandte, sowie Pottasche liefert, und diejenige von *Preuss & Dresler*, welche Phosphorsäure, Salmiak, reine Soda und andere Körper für Apotheken u. s. w. fertigt.

Die Fabrik chemischer Produkte in Linden (seit 1839). der *A.-G. Georg Egestorff's Salzwerke* gehörig, beschäftigt gegen 100 Arbeiter und verfertigt jährlich etwa 1500 t Soda, 1600 t Glaubersalz, 2500 t Schwefelsäure.

Seifenfabriken von *Höpner & Wohlfahrt* und *Carl Matthaei* verdienen erwähnt zu werden.

Ultramarinfabriken. Seit 1850 *(Meyer & Röhrig)* wird die Ultramarinfabrikation in Linden betrieben. Neben der genannten Fabrik entstand 1856 die jetzt der *A.-G. Egestorff's Salzwerke* gehörige und später diejenige der *Hannoverschen Ultramarinfabrik A.-G.* Diese drei Werke beschäftigen gegen 200 Arbeiter und liefern jährlich etwa 1800 t Ultramarin.

Farben-Fabriken. Die in den fünf Welttheilen bekannte Druckfarbenfabrik von *Gebr. Jänecke & Fr. Schneemann* besteht seit 1843, beschäftigt etwa 40 Arbeiter und liefert jährlich etwa 700 t Buch- und Steindruckfarben. *Günther Wagner* in Hannover (seit 1840, von C. Hornemann gegründet) verfertigt namentlich feinste Aquarellfarben für Architekten und Ingenieure, aber auch billigere Farben in Farbenkästchen.

Düngerfabriken. Zwei gröſsere Werke widmen sich der Verfertigung künstlichen Düngers, nämlich die *Hannoversche Kunstdüngerfabrik* (seit 1872) und *Meyer & Riemann*, beide in Linden. Erstere verarbeitet namentlich Knochen- und Hornabfälle zu Knochenschrat (jährlich 500 t) Knochenmehl (jährlich 1300 t) und andere Produkte, letztere liefert jährlich gegen 5000 t Superphosphate und ist mit einer Säurefabrik verbunden, welche jährlich 1500 t Schwefelsäure und 100 t Salpetersäure erzeugt.

Weingeist. In der *Kraul & Wilkening'schen* Fabrik (seit 1856) werden jährlich gegen 24000 hl 96% Spiritus aus in Misburg gefertigtem Rohsprit erzeugt.

Weingeistige Getränke verfertigen: *Schulze, G. W. Peters* u. A. in Hannover, *Niemeyer* in Linden.

Bier. Neben mehreren kleineren Brauereien versorgen die 6 gröſseren Werke *(Städtische Brauerei* [seit 1718], *Lindener Aktien-Brauerei* [1854 von Brande & Meyer gegründet], *Hannoversche Aktien-Brauerei* [seit 1872 im Betrieb], *Union-Brauerei* und *Herrenhäuser Vereinsbrauerei)* die Stadt und Zubehör mit jährlich etwa 200000 hl Bier. Berechnet man den Werth des Bieres nach den in den Wirthschaften gezahlten Preisen, so gelängt man leicht zu dem Schluſs, daſs Hannover mit nächster Umgebung jährlich gegen 10000000 ℳ für Bier ausgiebt.

Sonstige Anlagen.

Polygraphische Gewerbe. In den hiesigen Buchdruckereien arbeiten, aufser den Lehrlingen, Handarbeitern und Arbeiterinnen, 260 Schriftsetzer und 90 Drucker, in den Steindruckereien 18 Lithographen und 49 Drucker; im Betriebe sind 91 Buchdruck- und 15 Steindruck-Schnellpressen. Hervorzuheben sind die Druckanstalten von *Klindworth* (Hof-Druckerei 1691, Stadt-Adrefsbuch 1798, Verlagsgeschäft) mit 8 Buchdruck- und 2 Steindruck-Schnellpressen, 60 Arbeiter; *Schlüter* (landschaftliche Buchdr. 1749, Hannov. Tageblatt) mit 7 Buchdruck-Schnellpressen, 130 Arbeiter, darunter gegen 40 Schriftsetzer; *Jänecke* (seit 1827, Hannov. Courier) mit 10 Buchdruck- und 1 Steindruck-Schnellpressen, 160 Arbeiter, darunter etwa 60 Schriftsetzer. Das Tageblatt und der Courier werden auf Rotationsmaschinen gedruckt. — Von grofser Bedeutung ist die Geschäftsbücherfabrikation, welche von *J. C. König & Ebhardt* 1850 begonnen ist; die Firma beschäftigt jetzt 330 Arbeiter, darunter über 50 Gehülfen, in grofser sehenswerther Fabrik mit 19 Buchdruck- und 2 Steindruck-Schnellpressen; sie exportirt nach allen fünf Welttheilen. Aufserdem ist in diesem Geschäftszweig zu erwähnen die Firma *Edler & Krische*, seit 1856, mit 130 Arbeitern, 8 Buchdruck- und 1 Steindruck-Schnellpressen.

Papierwaaren. Die Verfertigung von Schachteln und sonstigen eleganten Pappgegenständen wird schwunghaft betrieben durch *Leunis & Chapman*, seit 1864, mit 120 Arbeitern.

Tapetenfabrik von *G. F. Brackebusch* in Linden, seit 1830, liefert, aufser feinerer Waare, namentlich Maschinentapeten.

Zuckerwaaren. In grofsem Mafsstabe arbeitet die Chokolade- und Zuckerwaaren-Fabrik von *B. Sprengel & Co.*, welche 1851 gegründet ist. Sie beschäftigt jetzt über 100 Arbeiter und liefert jährlich gegen 900 t Bonbons Chokoladen, Confituren, Dragées, Cakes u. s. w. Kleiner, aber erwähnenswerth sind die Fabriken von *Kracke & Co.* (seit 1867) und *Ed. Kleefeld*.

Erwähnenswerth sind noch: **Cichorienfabrik** von *H. Ebhardt* und **Talgschmelzerei** und **Albuminfabrik** von *Christmann & Rieländer.*

Gas. Ebenso wie Hannover die erste öffentliche Strafsenbeleuchtung (1696) einrichtete, so erhielt es auch (1824) die erste öffentliche Gasbeleuchtungsanlage des Festlandes. Dieselbe ist im Besitz der *Imperial-Continental-Gas-Association* und verarbeitet jährlich etwa 25000 bis 28000 t, namentlich westfälischer Steinkohlen.

Ziegeleien. Die vier gröfseren Werke des vorliegenden Gebietes (*Lindener Zündhütchen- und Thonwaarenfabrik*, *H. Stephanus* und *Hannoversche Baugesellschaft* in Linden, sowie *F. Willmer* in Döhren) vermögen jährlich über 20 Millionen Ziegel zu liefern; den gröfsten Theil der Fabrikate bilden gewöhnliche Mauerziegel, jedoch sind mehrere der Werke auch für Fabrikation der Verblendsteine, glasirten und Formsteine eingerichtet.

Thon- und Glaswaaren. *G. Schönewald* in Linden (seit 1815) und *C. H. Brauns* in Hannover (seit 1850) verfertigen neben gewöhnlichen Oefen feinste und stilvolle Kachelöfen und

Majoliken. *Boëtius & Co.* in Hainholz vermögen mit etwa 100 Arbeitern jährlich gegen 5 Millionen Wein-, Bier- bezw. Mineralwasserflaschen zu verfertigen.

Gummi. Die Fabriken der *Hannoverschen Gummi-Kamm-Comp.* (seit 1866) und der *Continental-Caoutchouc- & Gutta-percha-Comp.* (seit 1871) beschäftigen etwa 1200 Arbeiter. Erstere verarbeitet jährlich etwa 25 t Rohgummi zu den verschiedenartigsten Hartgummifabrikaten, letztere liefert Weichgummiwaaren für Zwecke der Technik und der Chirurgie, sowie Gummibälle u. dergl.

Salinen. Die beiden Salinen: *Egestorffshall* (seit 1831) und *Neuhall* (seit 1873) befinden sich in der Hand der *A.-G. Georg Egestorff's Salzwerke.* Sie gewinnen jährlich gegen 26000 t Kochsalz.

Asphalt wird in der Nähe Limmer's seitens der Firmen *The United Limmer and Vorwohle Rock Asphalte Company* und *Deutsche Asphalt-A.-G.* gewonnen. Das Unternehmen der ersteren Firma wurde 1843 von D. H. Henning begründet. Beide Firmen betreiben auch bei Vorwohle bezw. Eschershausen im Herzogthum Braunschweig ähnliche Werke. Die jährliche Gesammtleistungsfähigkeit beider Firmen dürfte 40000 t betragen.

Mafsstäbe. Die Mafsstabfabrik von *C. Bube* erfreut sich eines ausgedehnten Rufes, besonders wegen der Genauigkeit der Erzeugnisse. Sie wurde 1853 von dem jetzigen Besitzer gegründet.

Zündhütchen auch Metallpatronen verfertigt in vorzüglicher Güte und grofsem Mafsstabe die *Lindener Zündhütchen-* und *Thonwaarenfabrik,* welche gegen 120 Arbeiter beschäftigt.

Schmirgel u. dergl. wird von der sehr rührigen Firma *Oppenheim & Co.* in Hainholz verarbeitet. Die sehenswerthe Fabrik verfertigt Schmirgelpulver, Schmirgelscheiben, Schmirgelleinen und Papier, Flintstein- und Glaspapier u. dergl., leider zum Theil unter englischem Namen. Sie ist mit sehr zweckmäfsigen Maschinen-Einrichtungen versehen und beschäftigt über 100 Arbeiter.

Wachstuch verfertigt *J. H. Benecke,* dessen Fabrik 1742 gegründet, jedoch erst 1878 mit Dampfbetrieb eingerichtet wurde. Die Firma beschäftigt gegen 60 Arbeiter.

Knöpfe liefern zwei jüngere Fabriken, nämlich *Gompertz & Meinrath* in Hannover (seit 1876), welche künstliche, hornartige Knöpfe verfertigen, und *Jacob Frank* in Linden (150 Arbeiter), welcher Steinnufsknöpfe fabrizirt.

Puppen und Masken verfertigen *Abt & Franke,* 1865 gegr.

Pianofortemechaniken verfertigt *Carl Goltermann,* 1866 gegründet; 50 Arbeiter.

Aufserdem bestehen zahlreiche Fabriken geringeren Umfanges, die hier wegen Raummangels nicht weiter besprochen werden können.